입시전문가 최승후쌤의

약대 진로 진학 특강

최신 개정판

입시전문가 최승후쌤의
약대 진로 진학 특강 - 최신개정판

1판 1쇄 2021년 6월 15일
개정 1쇄 2022년 6월 15일

지 은 이 최승후

발 행 인 주정관
발 행 처 북스토리㈜
주　　소 서울특별시 마포구 양화로 7길 6-16 서교제일빌딩 201호
대표전화 02-332-5281
팩시밀리 02-332-5283
출판등록 1999년 8월 18일 (제22-1610호)
홈페이지 www.ebookstory.co.kr
이 메 일 bookstory@naver.com

ISBN 979-11-5564-266-5　03370

입시전문가 최승후쌤의

최신 개정판

약대

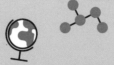

진로

진학

최승후 지음

특강

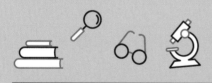

북스토리

개정판 머리말

약대 통합 6년제 전환 첫해였던 2022학년도 약학과 경쟁률은 중앙대 학생부교과전형이 61.8, 한양대(ERICA) 학생부종합전형이 62.12, 성균관대 논술전형이 666.4대 1에 이를 정도로 하늘 높이 치솟았습니다.

인문계 출신 교사가 겁 없이 집필한 약대 책이었지만, 뜨거운 반응과 격려 덕분에 개정판을 집필할 수 있었습니다.

개정판에서는 파트 3 약학과 대입전형(2022학년도)을 2023학년도 내용으로 전면 교체했으며, 파트 4는 수시·정시모집 약학과 면접 기출문제, 파트 5는 입학 결과를 넣어 책의 체제와 내용을 더욱 튼실하게 했습니다.

자문해주신 임대환, 이지우, 임미성, 임병훈, 한충렬, 오수석, 한지아, 장진호, 조국희, 윤종호, 신미경, 유재성 선생님 그리고 기꺼이 인터뷰에 응해주신 가톨릭대, 고려대(세종), 대구가톨릭대, 성균관대, 우석대, 원광대, 이화여대, 전북대 재학생·졸업생·약대 학장님께 깊이 감사드립니다. 이분들이 아니었다면 이 책은 세상에 빛을 볼 수 없었습니다.

제게도 초판에서 부족했던 내용을 보완하고 수정할 수 있어서 의미 있는 작업이었습니다. 괜찮은 어른으로 나이 들고 싶은 꿈에 한 발짝 내딛을 수 있어서 좋았습니다.

모쪼록 이 책이 약사로서 소명 의식을 가진 학생에게 나침반이 되기를 희망합니다. 그리고 사랑하는 막내 세린이 진로에도 영감을 주기를 바랍니다.

끝으로 독자 분께 한 마디.

"진로 없는 진학은 맹목이며, 진학 없는 진로는 공허합니다."

2022년 6월

최승후 저자

머리말

올해부터 전국 37개 약학대학 모두가 통합 6년제로 운영됩니다. 그래서일까요, 약학과 이야기가 여기저기 넘쳐납니다. 하지만 관점을 잡아줄 책은 보이지 않네요. 해괴한 바이러스에 의해 무참히 무너지는 인류 공동체를 물끄러미 지켜보면서 약학과의 비전을 말해보고 싶었습니다. 또한 우수한 인재들이 차세대 동력인 제약산업에 담대하게 뛰어들기 바라는 마음도 컸습니다.

이 분야에 입문한 지 벌써 20년이지만 문과 출신이 과학 분야 책을 집필하는 게 무슨 의미가 있을까 싶다가도 약학이 융합과학이라는 사실에 용기를 냈습니다. 어설프지만 벌거벗은 자료와 정보를 저만의 안목으로 옷을 입혀 정리해내면, 퍼스트 무버가 될 수 있다는 공명심보다는 제자들의 이정표가 될 수 있다고 생각했기 때문입니다.

책의 체재는 간단합니다. 파트 1은 약학과에 대한 '진로', 파트 2는 전문가 '인터뷰', 파트 3은 '진학' 이야기입니다. 이 위계에 맞게 읽으셔도 되지만 순서가 무슨 대수겠습니까.

자문해주신 임대환(물리), 이지우(화학), 임미성(생명과학), 오수석(수학), 임병훈(국어), 조국희(진로), 장진호(진로) 선생님, 그리고 기꺼이 인터뷰에 응해주신 가톨릭대, 고려대(세종), 대구가톨릭대, 성균관대, 우석대, 원광대, 이화여대, 전북대 재학생·졸업생·약대 학장님께 감사드립니다. 이분들이 아니었다면 이 책은 세상에 빛을 볼 수 없었습니다.

모쪼록 이 책 한 권을 들고 약학과 진로·진학 둘레길을 산책할 수 있기를 희망합니다.

끝으로 독자 분께 한 마디.

"진로 없는 진학은 맹목이며, 진학 없는 진로는 공허합니다."

2021년 5월

최승후 저자

CONTENTS

01 약학과 톺아보기

02 약학과 슈퍼비전 (재학생 · 학장 인터뷰)

03 약학과 대입전형 (2023학년도)

04 약학과 면접 기출문제 (2022학년도)

05 약학과 수시 · 정시모집 입학결과 (2022학년도)

01

약학과
톺아보기

CHAPTER 01

약대 통합 6년제 전환

2020년 4월 30일 한국대학교육협의회에서 발표한 '2022학년도 대입전형 시행계획'을 보면, 2022학년도부터 전국 32개 대학에서 총 1,651명의 6년제 약대 신입생을 선발한다. 발표 이후 강원대, 목포대, 부산대, 숙명여대, 충남대가 2022학년부터 약대를 2+4년제에서 6년제로 전환을 확정했다. 이에 따라 전체 37개 약대 모두가 2022학년부터 통합 6년제로 운영된다. 다만, 과도기인 2022, 2023학년도는 편입학을 병행한다.

■ 약학대학 신입생 선발 현황 (2020년 4월 30일 한국대학교육협의회 발표 기준)

대학명	모집시기				합계
	수시	정시(가)	정시(나)	정시(다)	
가천대	21	15			36
가톨릭대	23	12			35
경북대	28	5			33
경상대	23	12			35
경성대	35	20			55
경희대	28	16			44
계명대	20	7		8	35
고려대(세종)	24		12		36
단국대	11	22			33
대구가톨릭대	39		20		59

대학명	모집시기				합계
	수시	정시(가)	정시(나)	정시(다)	
덕성여대	46	40			86
동국대	18	17			35
동덕여대	24		20		44
삼육대	23			14	37
서울대	44		19		63
성균관대	40	30			70
순천대	15			18	33
아주대	15			21	36
연세대	19	17			36
영남대	52		28		80
우석대	38		16		54
원광대	35		10		45
이화여대	30		90		120
인제대	27	12			39
전남대	42		23		65
전북대	24		9		33
제주대	23			10	33
조선대	57	24			81
중앙대	57	74			131
차의과학대	30		12		42
충북대	32	20			52
한양대(ERICA)	16		19		35
합계	959	343	278	71	1,651

01 | 약학대학 학제 주요 개편 내용

1) 수업연한 6년의 약학대학 학제 도입

약사 직무 수행에 요구되는 실무실습기간의 확보, 6년제 약대의 세계적 추세, 의약분업에 따른 약사직무의 변화 대처 등을 감안, 약학대학 수업연한을 6년으로 연장함. '국민보건 증진에 기여할 수 있는 약사 양성 교육체제 구축', '폭넓은 교양과 전문지식을 겸비한 전문인력 양성', '국제적 기준에 상응하는 국제 수준의 약사인력 양성'을 위해 약대를 현재의 4년제에서 6년제로 전환.

2) 2022학년도부터 대학이 자율 선택

2022학년도부터 대학에서 2+4년제와 통합 6년제 중 대학이 자율적으로 선택할 수 있도록 관련 시행령 개정됨. 현행 2+4년제 학제에서 2022학년도부터 2+4년제와 통합 6년제 중 대학이 선택 가능.

3) 약학입문자격시험(PEET : Pharmacy Education Eligibility Test)

약학교육은 기본적으로 국민보건을 위한 약사 양성이 목적이므로 약사 자질에 관한 적성 및 인성 검사 성격의 약학입문자격시험을 의무적으로 부과하며, PEET의 개발 및 관리, 시험결과의 활용 등 구체적 사항은 약학대학 또는 약학대학 간 자율 연합체(Consortium)에서 결정하여 시행.

입학방법	2021학년도 (2020년)	2022학년도 (2021년)	2023학년도 (2022년)	2024학년도~ (2023년~)
편입학	가능	가능	가능	불가능
신입학	불가능	가능	가능	가능

편입학
(PEET)
2011학년도~
2023학년도

※ 2+4학제 : 일반대학 2년+약학대학 4년

- 고등교육법 제2조에 따른 대학 2학년 이상 과정을 수료한 자 또는 2월 수료 예정인 자나 이와 동등한 자격을 갖춘 자.
- PEET(약학대학입문자격시험)에 응시해야만 약학대학 지원 기회 부여.
- 타 대학이나 학과에서 2년(4학기) 동안 기초소양교육 이수 및 PEET 응시 후 일정한 선발 절차를 거쳐 4년제 약학대학에 입학 가능.

신입학
(수시 · 정시)
~2009학년도,
2022학년도~

※ 통합 6년제 : 약학대학 6년

- 2018년 고등교육법 시행령 개정을 통해 2022학년도부터 각 약학대학은 2+4학제 또는 통합 6년제를 자율적으로 선택.
- 고3 수험생 또는 N수생 등 모든 수험생에게 약학대학 지원 기회 부여.
- 수시 · 정시모집을 통해 일정한 선발 절차를 거쳐 6년제 약학대학에 입학 가능.

※ 약학대학 편입학 입시 일정

6~7월	8월	9월	11월	12월	1월	2월
시행공고 PEET접수	PEET 본고사	성적발표	약대 원서접수	1단계 합격자발표	면접진행	최종합격

■ 2022학년도 약대 6년제 선발 시행 시 연도별 선발체제[1]

※ 2024학년도부터 통합 6년제만 선발

구분	'18	'19	'20	'21	'22	'23	'24	'25	'26	'27	'28	'29
2+4 체제	선발(3학년)	4	5	6	배출							
		선발(3학년)	4	5	6	배출						
			선발(3학년)	4	5	6	배출					
				선발(3학년)	4	5	6	배출				
					선발(3학년)	4	5	6	배출			
						선발(3학년)	4	5	6	배출		
6년제					선발(1학년)	2	3	4	5	6	배출	
						선발(1학년)	2	3	4	5	6	배출
							1	2	3	4	5	6
선발 체제	2+4년제 선발				2+4, 6년제 병행선발		통합 6년제로만 선발					

---

1 「약학대학 학제개편의 쟁점 분석과 방향 탐색」, 하연섭(연세대 행정학과 교수)에서 발췌.

03 | 2022학년도 고3부터 6년제 약대 진학 길 열려

코로나19로 신약개발에 대한 국민적 관심이 그 어느 때보다 높다. 바이러스 백신, 신약 연구 개발에 대한 꿈을 갖고 있다면 약학대학에 진학해야 한다. 2009학년도부터 약학을 전공하기 위해서는 다른 대학이나 학과 등에서 2년 동안 일정 학점을 딴 뒤에 약학대학입문자격시험(PEET)에 합격하면 4년제 대학원 과정인 약학전문대학원(이하 약전원)에 입학할 수 있다.

PEET는 약학대학 교육에 필요한 기본적인 능력을 측정하는 시험이다. 화학 영역(일반화학, 유기화학), 물리 영역, 생물 영역의 3영역 4과목으로 구성돼 있다. 시험을 본 뒤 9월에 성적이 발표되며, 11월에 약대 원서접수가 시작된다. 수험생은 가군, 나군에 총 두 개의 학교에 지원이 가능하다. 이후 12월에 대학별 1단계 전형 합격자가 발표되고 면접평가가 실시된다. 이 점수를 합산하여 1, 2월 중으로 최종 합격자가 발표된다.

그런데 2022학년도부터는 '2+4년제'와 '통합 6년제(이하 6년제)' 중 대학이 자율적으로 선택할 수 있다. '2+4년제'는 약대가 아닌 다른 학과·학부 등에서 2년 이상 기초·소양 교육 이수 후 약대에 편입하여 4년의 전공 교육을 이수하는 교육체제다. 6년제는 고등학교 졸업자를 신입생으로 선발하여 6년의 기초·소양 교육 및 전공교육과정으로 이수하는 교육체제다. 2020년 4월 30일 발표된 '2022학년도 대입전형 시행계획'을 보면, 2022학년도부터 전국 32개 대학에서 총 1,651명의 6년제 약대 신입생을 선발한다. 발표 이후 강원대, 목포대, 부산대, 숙명여대, 충남대가 2022학년부터 약대를 2+4년제에서 6년제로 전환을 확정했다. 이에 따라 전체 37개 약대 모두가 2022학년부터 통합 6년제로 운영된다.

6년제로 전환하더라도 약학인력의 안정적 수급을 위해 2022학년도 및 2023학년도 학생 선발 시 2+4년제 방식의 학생 선발을 병행한다. PEET 시험을 병행하는 2022, 2023학년도는 1학년과 3학년을 모두 뽑고, 2024학년도부터는 6년제만 선발한다. 이 때문에 2023학년도까지는 PEET가 여전히 합격의 열쇠를 쥐고 있다.

6년제 약대 학제 개편은 의예, 치의예, 한의예, 수의예 의학계열 학과를 지원하는 자연계 최상위권 학생들 대입 지원에 큰 영향을 줄 것이다.

첫 번째, 의예과를 지원했던 최상위권 지원자가 약학과로 분산될 가능성이 높고, 치의예, 한의예, 수의예 학과 합격선도 변할 것이다. 인서울 약학과의 합격선은 지방 의대 수준 정도로 합격선이 치솟을 것으로 예상된다. 지방 약학과의 합격선은 지방 의대 바로 아래, 지방 한의예과와 엇비슷한 수준일 것이다.

두 번째, 그동안 의전원, 약전원 선수과목 지정과 연계성 때문에 상원권 대학 생명과학, 화학 계열 모집단위 합격선이 매우 높았지만, 이들 학과의 경쟁률과 합격선은 하락할 것이다.

세 번째, 약대로 빠지는 인원에 비례해서 상위권 공과대학의 지원자 감소 및 점수 하락도 쉽게 예측해볼 수 있다.

네 번째, 최상위권 여학생들의 선택지가 넓어져서 교대 경쟁률과 합격선도 하락할 수 있다. 즉, 약대를 지원하는 여학생은 수시모집 여섯 장, 정시모집 세 장의 카드를 교대, 의학계열에 골고루 분산할 것이기 때문이다.

다섯 번째, 지방 소재 약대의 경우 지역 최우수 학생들이 지역인재전형에 몰릴 것이다. 정시모집에 지역인재전형을 실시하는 대학은 경상대, 전남대, 조선대, 충남대, 충북대 5개 대학이 있으며, 모두 수능 100%로 선발한다.

여섯 번째, 교과성적과 비교과활동이 수시모집 지원 수준에 미치지 못하는 지원자들은 정시모집에 대거 도전할 것이다. 신약 개발이라는 블루오션에 뛰어들기 위해 약학과를 지원하는 자연계 N수생 숫자도 무시 못 할 변수다.

약전원 폐지는 우수 인력 쏠림 방지라는 교육부의 취지와 전문성 제고라는 대학의 필요가 모처럼 잘 들어맞은 정책이다. 그동안 상위권 대학들은 약전원 준비생 때문에 생명학과, 화학과 등 기초과학을 가르치는 학과들이 학생 이탈로 골머리를 앓았다. 매년 1만 5,000여 명이 치르는 소위 '약학 고시'로 불린 PEET로 인해 사교육 시장이 커지고, N수생만 양산한 것이 사실이다. 특히, 2022학년도 의학전문대학원으로 신입생을 선발하는 대학이 건국대(충주), 차의과학대 두 곳에 불과해 약전원의 입학 경쟁률은 역대 최고치를 기록할 것으로 보인다. 이렇듯 다른 학문과의 시너지를 통해 약학 발전을 도모하기 위해

도입됐던 약전원은 본래 취지와는 다르게 이공계열 우수 학생들을 블랙홀처럼 흡수하는 병폐만을 남겼다.

6년제 학제를 지지하는 측에서는 신입학으로 약대생을 선발하는 게 사회적 비용을 줄이고 전문성 확보에 도움이 된다고 보는 것 같다. 하지만 이 학제가 다양성이 부족한 학문적 순혈주의로 흐르지 않을까 걱정이다. 약학은 수학, 통계학, 생명학, 생명공학, 화학, 화학공학, 병리학, 물리학, 한의학 등 다양한 학문과의 융합이 필요하기 때문이다. 따라서 이런 문제점을 해결하기 위해서는 입학자격을 자연계 학생으로만 한정하지 말고 인문계, 자연계 나누어 선발하고, 약학의 근간이 되는 물리, 생명과학, 화학에 역량이 있는 학생들을 학생부종합전형으로 선발하는 인원을 대폭 늘려야 한다.

신종플루, 메르스, 코로나19를 경험한 선진국들은 블루오션인 신약 개발 시장에 국운을 걸고 있다. 타미플루는 현재 신종플루 치료제 시장의 90%를 장악하고 있다. 연간 로열티만 4,500억 원이라고 한다. 의사 한 명이 평생 환자 몇 명을 살릴 수 있을까? 2022학년도부터 바뀌는 약대의 6년제 학제가 연구약사 양성이라는 시대적 소명에 부응하길 기대해본다.

CHAPTER 02

약학과 개설 대학

　전국 37개 약학대학이 2022학년부터 약대를 2+4년제에서 통합 6년제로 전환을 확정했다. 지역별로는 서울이 9개 대학으로 가장 많으며, 경상이 8개 대학, 경인, 전라는 7개 대학, 충청이 4개 대학, 강원, 제주가 1개 대학 순이다. 2020학년도부터 제주대, 전북대 약대가 신설됐다.

　한편, 고려대, 단국대, 동국대, 연세대, 한양대는 약학대학이 서울캠퍼스가 아닌 다른 지역에 위치한다. 고려대는 세종캠퍼스(세종시), 단국대는 천안캠퍼스(천안시), 동국대는 바이오메디캠퍼스(고양시 일산), 연세대는 국제캠퍼스(인천시 송도), 한양대는 ERICA(안산)에 위치한다.

■ 약학대학 학부 전환 신입학 선발 현황 (지역별 분류)

지역	대학수		대학명
서울	9		경희대, 덕성여대, 동덕여대, 삼육대, 서울대, 성균관대, 숙명여대, 이화여대, 중앙대
경인	7	경기(5)	가톨릭대(부천시), 동국대(바이오메디, 고양시), 아주대(수원시), 차의과학대(포천시), 한양대(에리카, 안산시)
		인천(2)	가천대(메디컬, 인천시), 연세대(국제, 인천시)
강원	1		강원대(춘천시)
충청	4	충청(2)	단국대(천안시), 충북대(청주시)
		대전(1)	충남대(대전시)
		세종(1)	고려대(세종시)

지역	대학수	대학명	
경상	8	경상(4)	경상대(진주시), 대구가톨릭대(경산시), 영남대(경산시), 인제대(김해시)
		대구(2)	경북대(대구시), 계명대(대구시)
		부산(2)	경성대(부산시), 부산대(부산시)
전라	7	전라(5)	순천대(순천시), 목포대(목포시), 우석대(전북 완주군), 원광대(익산시), 전북대(전주시)
		광주(2)	전남대(광주시), 조선대(광주시)
제주	1	제주대(제주시)	

CHAPTER 03

약학과 소개

'약(藥)'의 사전적 의미는 '병이나 상처 따위를 고치거나 예방하기 위하여 먹거나 바르거나 주사하는 물질'이다. 한자로 의미를 풀어보면, 약의 재료인 풀(艹)로 즐거움(樂)을 주는 것이다. 그렇다면 '신약(新藥)'이란 새로이(新) 제조하여 판매하는 약(藥)이라는 의미이며, 질병 극복을 위해 새로운 치료학적 개념과 과학적 지식을 더한 새로운 약물을 말한다. '약사(藥師)[2]'란 이런 약을 다루는 사람을 말한다. 약학과(藥學科)는 대학에서 약(藥) 즉, 의약품에 관한 학문을 전공으로 연구하는 학과다.

[3]약학은 약효의 원리와 약의 안전하고 효과적인 사용법을 연구하는 학문이다. 약은 인간 혹은 동물에 있어서 질병의 진단, 예방, 처치 혹은 치료에 사용되는 생리적 활성 물질을 말한다. 즉, 약은 인간과 동물이 건강하지 못한 상태에서 건강한 상태로 회복되게 하거나 건강이 유지되도록 하는 것을 의미한다.

약학은 약에 관한 모든 것을 다루는 학문으로 약의 개발, 생산, 사용 및 평가에 이르는 전 과정에 대해 연구하는 학문을 의미한다. 약학은 인간의 생리 및 병리현상을 이해하고, 약으로 사용될 수 있는 물질을 찾아내며, 약이 가지는 치료 효과의 원리와 안전하고 효과적으로 사용하는 방법에 관해 연구하는 학문이다. 따라서 약학은 약이라는 물질의 특성과 인간의 생리현상 및 약의 사용으로 인한 인간과 약의 상호작용에 관해 연구하는 종합 학문이라 할 수 있다.

---

2   약사(藥師, Pharmacist)는 국민 건강 증진을 위하여 일하는 약에 대한 전문가로서, 의약품을 조제 투약하고 약물복용에 대한 복약지도를 하며, 약의 생산 조제 공급 관리를 비롯한 다양한 영역에서 약사법에 의해 약(藥)에 관한 업무를 담당하는 전문 직능인으로 약사 국가시험을 통해 보건복지부 장관의 면허를 받은 사람을 말한다.

3   대한약사회 홈페이지에서 발췌

약학은 전공에 따라 크게 제약학과 약학으로 구분하기도 한다.

제약학은 약의 개발과 생산에 관해 중점적으로 연구하는 분야다. 약은 광물, 식물 혹은 동물 등에서 얻은 자연적 기원이거나 유기화학 합성 혹은 생합성 산물이며, 여기에 생리 활성이 없는 첨가제와 혼합해 여러 가지 제형(모양)으로 만들게 된다. 제약학은 자연계에 이미 존재하는 각종 천연물로부터 새로운 약을 개발하거나 새로운 약을 합성하고, 기존 약물의 투여 방법 등을 개량시켜 새로운 약을 만드는 방법 등에 관해 연구한다.

약학은 약의 사용 및 평가에 관해 중점적으로 연구하는 분야다. 인간의 생리 및 병리현상과 약의 작용 원리를 이해하고, 어떤 약을 어떻게 사용해야 안전하고 적절한 약물치료가 나타나는지에 대해 연구한다. 약은 선택 방법에 따라 전문의약품과 일반의약품으로 나뉘며, 전문의약품은 의사의 처방전이 필요한 약이고, 일반의약품은 환자가 선택할 수 있는 약이다. 약학은 약의 전문가로서 의사의 처방에 의해 사용되는 약이 적절하고 안전한지를 한 번 더 점검하거나, 환자가 일반의약품을 올바르게 선택하고 사용할 수 있도록 약의 전문가로서 약학적 타당성을 평가하여 적절하고 안전한 약물치료가 이루어지도록 하기 위해 연구하는 분야다.

'약학과', '제약학과', '미래산업약학전공' 차이점이 있나요?

국내에는 총 37개의 약학대학이 있으며, 약사면허를 취득할 수 있는 학부 및 학과는 약학부, 약학과, 제약학과, 미래산업약학전공이 있습니다.

계명대와 충북대는 '약학과'와 '제약학과'를 나누어 선발합니다. 약학과는 교육 과정 집중도가 '생명약학 〉 실무약학 〉 산업약학' 순이며, 의약품의 임상응용을 중점적으로 교육하는 과정입니다. 반면, 제약학과는 교육과정 집중도가 '산업 약학 〉 실무약학 〉 생명약학' 순이며, 의약품의 산업응용을 중점적으로 교육하는 과정입니다. 두 학과 모두 약사 면허를 취득할 수 있으며, 졸업 후 진로에도 별 차이가 없습니다.

이화여대는 약학전공과 미래산업약학전공으로 나누어 선발합니다. 이화여대 는 2022학년도 약학대학 통합 6년제 시행을 맞아 기존의 편제를 대폭 변화시 켜 다학제간 융합형 교과과정을 기반으로 한 '미래산업약학전공'을 신설했습니 다. '약학전공'이 의약품에 대한 고도의 전문지식 함양과 신의약품 개발, 약물 요법을 주도할 전문 약학인력 양성을 목표로 한다면, '미래산업약학전공'은 기 존 약학전공 교육의 토대 위에 글로벌 융복합 교육을 추구하며, 인공지능을 이 용한 다양한 컴퓨터공학적 기법, 인문, 경영, 법·행정, 국제학 등과의 융복합 교육으로 글로벌 바이오헬스 산업의 주역으로 활동할 인재양성을 목표로 하고 있습니다. 이를 위해 미래산업약학전공의 경우에는 약학전공 교과목 이외에도 전공선택으로 경영학, 심리학, 마케팅 관련 과목들을 수강하게 되며, 수시·정 시모집 모두 인문계열 학생도 지원이 가능합니다. '미래산업약학전공' 역시 약 사 면허를 취득할 수 있습니다.

01 | 이화여대

1) 약학전공

의약품에 대한 고도의 전문지식을 갖추고 신규 의약품 개발과 약물 요법을 주도할 약학전문인력 양성이 목적인 전공이다.

2) 미래산업약학전공(2022년 신설)

인공지능을 이용한 다양한 컴퓨터 공학적 기법, 인문, 경영, 법·행정, 국제학 등과의 융복합 교육으로 미래 글로벌 바이오헬스 산업의 주역으로 활동할 인재 양성이 목적인 전공이다.

02 | 충북대

제약학과	약학과

생명약학 분야
약물학
생화학
미생물학
예방약학
임상약학

》

실무약학 분야
실험실습
병원실습
약국실습
제약산업실습
약무행정실습

》

산업약학 분야
제약산업학
약제학
물리약학
의약화학
생약학

1) 약학과

2011년도에 설립됐으며, 6년제 약학교육의 취지를 반영하여 기존의 물질중심 이론교육에서 탈피하여 임상약학교육을 기반으로 한 환자중심교육 및 실무실습교육이 강조된 교과운영체제로 약학교육을 수행하고 있다. 이를 위하여 의약생화학, 약학미생물학, 인체생리학 등의 기초약학 이론을 다진 뒤 약물학, 약제학, 약물동력학, 예방약학 및 약물치료학 등의 전공과목들을 공부하게 된다.

2) 제약학과

2011년도에 설립됐으며, 6년제 약학교육의 취지를 반영하여 이론중심교육에서 탈피하여 의약품의 개발, 생산과 관련된 산업약학교육을 기반으로 한 연구 및 실무실습교육이 강조된 교과운영체제로 교육을 수행하고 있다. 이를 위하여 생화학, 약품미생물학, 물리약학, 약용자원학 등의 기초약학 이론을 다진 뒤 약품제조학, 제제학 독성학, 의약품 품질관리학, 의약품제조관리학 등의 전공과목들을 공부하게 된다.

4차 산업시대의 약사의 역할은 무엇인가요?[4]

단순조제업무는 상당부분 인공지능 및 자동화기계로 대체되겠지만 인공지능, 빅데이터 등을 활용한 창의성과 윤리성을 전제로 하는 신약개발 연구, 맞춤약료 및 약료정책을 수립하기 위해서는 앞으로 약사의 역할이 더욱 중요해질 것으로 전망됩니다. 따라서 이와 같은 미래 환경 변화에 부응하기 위한 다양한 약사직능이 새롭게 요구될 것이며, 노인인구의 폭발적 증가와 함께 다약제 사

4　이화여자대학교 홍보 리플릿에서 발췌

용 빈도가 늘어나면서 노인들의 약물사용을 검토하고 상담하는 약사의 직능도 더욱 확대될 것으로 예상됩니다.

생명과학, 화학을 한 번도 공부해본 적이 없는데 약대를 준비해도 되나요?

2+4년제의 경우 약학대학에 늦게 관심이 생긴 학생 또는 생명과학, 화학 계열이 아닌 학생이라도 선수과목 이수, PEET 공부를 통해 약학 전공에 필요한 기초 지식을 다질 수 있습니다. 물론 공부하는 데 조금 더 노력이 필요할 수 있지만 열심히 공부한다면 충분히 따라갈 수 있습니다. 6년제가 되더라도 1학년 때 일반화학, 일반생물학 등 선수과목으로 요구하던 과목이 1학년 과목으로 개설될 것이라 예상하기 때문에 입학 후 성실히 노력한다면 따라갈 수 있습니다.

4차 산업혁명 시대에 약사가 사라진다는 말이 사실인가요?

약국에서 약사가 하는 일에는 약을 제조하는 일처럼 AI가 대체 가능한 영역도 있지만 복약 상담, 처방 중재 등 대체할 수 없는 영역도 있습니다. 따라서 AI를 단순 업무 처리 및 약사 고유 기능 강화 도구로 활용하여 AI와 약사의 장점을 융합한 Co-work 체제로 가는 것이 바람직합니다. AI가 몇 가지 업무를 대체하는 만큼 약사는 환자와 소통하는 커뮤니케이션 능력을 더욱 중요시해야 할 것입니다. 또한 개국약사뿐만 아니라 다양한 진로가 있기 때문에 4차 산업혁명 시대에 약사가 사라진다는 말은 다소 과장된 면이 있습니다.

약학이란

1. 기초학문의 이해

순수기초학문의 이해를 바탕으로, 인체 내의 생체활동의 메커니즘과 질병이 발생하는 원인을 이해하는 것이 약학이라는 학문의 기초입니다. 이러한 여러 학문들을 바탕으로 모든 학문의 기술들이 집약되어 실생활에 바로 적용 가능한 최전선에 약학이라는 학문이 있습니다.

2. 신약물질 개발

인체 내 생체 활동의 메커니즘 및 질병이 발생하는 원인을 이해하게 되면, 그다음으로 질병의 발생원인이 어디인지 연구를 하게 됩니다. 그리고 이 메커니즘을 정상화하는 신약 후보 물질을 찾아내게 됩니다. 이 새로운 물질을 가지고 여러 임상시험을 거쳐, 치료 효과가 있으면서 인체에 해를 끼치지 않는 신약을 개발하게 됩니다.

3. 완제 의약품 생산

최적의 효율을 갖춘 약물이 만들어지면, 신약을 심사하는 기관을 통해 평가를 받게 됩니다. 평가를 통해 심사에 통과하게 되면 신약 물질이 완전 의약품으로 인정받고 생산됩니다. 새로운 치료효과를 나타내는 약물(물질)을 기본으로 하여, 질병이 걸린 환자들에게 최적의 최고의 효율을 낼 수 있도록 하는 제형을 개발하고, 이를 적용하여 완제 의약품 Indication(용법, 용량)을 결정합니다. 이렇게 개발된 완제 의약품을 GMP(Good Manufacturing Practice), 약과 관련된 법규를 기반으로 하여, 많은 환자들에게 널리 사용될 수 있도록 대량생산하게 됩니다. 신약 개발은 질병에 치료 효과가 있는 새로운 물질을 찾는 것에서 시작됩니다. 그 물질이 어떤 분자 구조를 가지고 있는지, 인체에 주입되었을 때 실제로 어떤 반응이 일어나는지 연구 및 문제점을 수정해나가게 됩니다. 이 모든 과정이 약학대학에서 배운 지식들을 바탕으로 진행됩니다. 요컨대, 치료제를 찾아내고 이 약물이 인체에 주입되었을 때 실제로 어떤 반응이 일어나는지 Drug discovery부터 전임상, 임상 1, 2, 3상, 그리고 약이 시판되는 과정까지 모든 과정이 약학입니다.

4. 약물 치료

지금까지의 과정이 약의 개발과 허가의 과정이었다면, 시판 후 과정은 치료 단계로 다음과 같은 내용을 배우게 됩니다.

완제 의약품에 대한 법규 및 판매 허가가 나면, 필요한 환자가 있는 곳으로 유통됩니다. 임상에서 활동하고 계신 약사님이 전문의약품을 필요로 하는 환자의 처방전을 토대로 질병과 알맞은 약이 처방이 되었는지 확인하고, 적절한 약을 조제합니다. 항상 새로운 의약품이 만들어지기 때문에 약사로서의 사명감을 가지고 환자의 치료를 극대화할 수 있는 신약에 대해 스스로 공부하고 배우는 자세를 갖춰야 합니다. 조제한 약을 환자에게 건네줄 때는, 환자의 질병치료에 대한 효과를 높이고 부작용은 낮추는 방향으로 복약지도가 필수적으로 이루어져야 합니다. 환자에게 약에 대해 설명해주고 복용해야 하는 시간, 피해야 하는 상황, 같이 복용하고 있는 약물은 없는지 확인하는 과정을 거쳐야 치료의 극대화가 이루어집니다. 약사님을 통해 환자 한 명 한 명의 치료가 정확히 이루어지면 나아가 국민 보건의료가 증진되며, 건강한 삶의 질을 누릴 수 있게 됩니다.

5. 정리

지금까지 말씀드린 질병의 이해, 선도물질 개발, 최적의 약물로 발전, 임상시험, 생산, 치료까지 전 범위에 걸쳐 약사의 역할이 중요하기 때문에, 이를 약학대학에서 모두 배우게 됩니다.

성균관대학교 약학대학장 한정환

CHAPTER 04

약학과 추천 도서

약학과 진로·진학 설계를 위한 독서 분야는 의약, 생명과학, 화학이 큰 줄기다. 그렇다고 대학 전공 수준의 어려운 책을 읽으라는 뜻이 결코 아니다. 자신의 수준에 맞는 책을 통해 호기심을 확장하고 연계하는 작업이 더욱 중요하다. 약학과 추천도서는 '학과 홈페이지'나 '학과 가이드북'에 자세히 안내가 돼 있다. 약학과에 대한 전반적인 내용을 소개하는 책을 한두 권 읽는 것도 도움이 된다. 약학과에 대한 장밋빛 비전만을 좇기보다는 자신만의 장점과 소명의식을 갖춘 슈퍼비전이 있다면 금상첨화다.

2017년부터 학생부 '독서활동상황'란에는 읽은 책의 제목과 저자만 적기 때문에 독서가 약화됐다는 의견이 많았다. 아쉽긴 하지만 독서역량은 학생부 다른 영역과 자기소개서(이하 자소서), 면접에도 드러나기 마련이다. 평가자는 지원자의 독서역량을 통해 학업역량, 전공적합성, 발전가능성, 인성을 들여다보기 때문에 매우 중요한 영역이다. 독서는 교과수업과 연계하는 것이 기본이다. 교과시간에 생긴 지적 호기심을 독서를 통해 심화된 학습경험으로 연계하는 방식이다. 학교에서 내주는 필독서는 큰 의미가 없지만, 학생이 의미를 제대로 부여해 독서를 했다면 의미 있는 기록이 될 수도 있다. 학년별로 도서의 위계를 맞추면 좋고 진로와 연계해 확장한 독서 경험도 괜찮다. 학년별로 열 권 이상의 책 읽기를 권하고 싶다. 한 학년이 비어 있거나 독서량이 부족하면 좋은 평가를 기대하기는 어렵다.

독서활동상황의 평가는 첫째, 스스로 도서를 선별하여 읽었는지를 평가한다. 예컨대 세계사 시간에 터키에 대해서 배운 후 터키 역사를 알아보고자 터키 역사책을 읽었다면 '자기주도적 도서 선별능력'이 우수한 것이다. 둘째, '도서 위계수준'도 독서 역량 중 하나다. 1학년 때 읽어야 할 책을 3학년 때 읽고, 3학년 때 읽어야 할 책을 1학년 때 읽었다면 위계수준이 안 맞는 독서를 한 것이다. 『하리하라의 생물학 카페』를 읽은 후 생물학과로 진로를 결정한 후 『Campbell의 Biology』를 통해 호기심과 역량을 확장하는 책읽기를 했다면 도서 위계를 지킨 것이다. 셋째, 4차 산업혁명 시대의 핵심역량은 협업이다. 협업의 전제 조건은 자신의 전공뿐 아니라 파트너의 전공에 대한 이해다. 전공에 대한 깊이 있는 독서도 중요하지만 인문학적 상상력을 펼칠 수 있는 '융합·통섭적인 독서 경험'이 중요한 이유다.

독서활동은 특정 주제에 대한 지속적인 관심을 드러내는 것이 좋다. 읽었던 기록을 꼭 독서기록장에 내용과 느낀 점을 기록해두면 자소서와 면접을 준비할 때 유용하다. 과목별 독서기록이 부족하면 공통란을 활용하면 좋다. 교과수업시간과 연계한 독서활동은 '세부능력 및 특기사항'에 진로와 연계한 독서활동은 '진로활동 특기사항'에 기록하는 것도 한 방법이다. 특히 관심 분야의 인물, 사상, 주제, 쟁점 등을 비교·대조한 독서 심화 탐구활동을 자율활동, 진로활동에 기재해주면 좋다.

학생부에 입력 가능한 도서 범위는 ISBN에 기재된 도서로 제한한다. ISBN에 기재된 도서라면 논문 역시 입력이 가능하다. 다만, 정기 간행물은 입력할 수 없다. 원서와 한국어 번역본을 모두 읽은 경우 중복하여 입력 금지한다. 2024학년도 대입(졸업생 포함)부터 즉, 2021년부터 상급학교 진학 시 '독서활동상황'은 제공되지 않는다.

일부 대학에서는 학생들이 독서활동상황에 베스트셀러와 흔한 책들만 기록하는 것을 지적하지만 베스트셀러를 읽는 학생이 베스트셀러마저 읽지 않는 학생보다 낫다는 평범한 사실을 알았으면 한다. 대학에서 독서를 소홀히 여기는 것은 난센스다. 또한 교육부가 독서활동을 강화하기는커녕 2024학년도 독서활동을 대입자료로 반영하지 않는 것은 시대착오적인 발상이다. 대입자료로 제공되지 않는데도 학생들이 과연 책읽기를 예전처럼 왕성하게 할지 의문이다. 사교육 유발효과를 막기 위한 고육책이라고 하나 빈대 잡으려다 독서교육을 잃은 격이다.

조선시대에는 인재를 양성하기 위해 젊은 문신들에게 휴가를 주어 책을 읽게 했던 '사가독서(賜暇讀書)' 제도가 있었다. 중국 송나라의 구양수는 글쓰기를 잘하기 위해선 삼다(三多), 즉 다독(多讀), 다작(多作), 다상량(多商量)이 필요하다고 했다. 많이 읽고, 많이 쓰고, 많이 생각하라는 뜻이다. 미국 시카고대학은 2학년 때까지 인문학 고전 100권을 읽어야 하는 시카고 플랜으로 유명하다.

AI와 경쟁해야 하는 시대, 우리의 무기는 사고력, 창의력이다. 그 자양분은 독서다. 인간은 독서를 통해 닿을 수 없을 것 같은 우리의 깊은 내면에 도달하기 때문이다. 그렇다면, 제도적으로라도 책읽기를 유도하는 것이 뭐가 그리 문제인지 되묻고 싶다.

01 학생부 독서활동 기재 변화

학생부 항목	2023학년도	2024학년도 이후
독서활동상황	도서명과 저자	미반영

02 의약 분야 추천 도서

연번	도서명	저자	출판사
1	MT 약학	대한약학회	청어람(장서가)
2	약학 입문	약학대학 담당교수 등저	신일북스
3	약사가 말하는 약사	김현익, 홍성광 등저	부키
4	위대하고 위험한 약이야기	정진호	푸른숲
5	생명과 약의 연결고리	김성훈	프로네시스
6	약국에 없는 약 이야기	박성규	MID 엠아이디
7	인류를 구한 12가지 약 이야기	정승규	반니
8	인류를 구한 항균제들	예병일	살림출판사
9	슈퍼박테리아, 과학으로 해결할 수 있을까	존 디콘실리오	내인생의책
10	콜레라균이 거리를 깨끗하게 만들었다고?	우미옥	가교
11	면역에 관하여	율라 비스	열린책들
12	면역의 힘	제나 마치오키	윌북
13	세상을 바꾼 전염병의 역사	클라라 프론탈리	봄나무
14	FDA VS 식약청	이형기	청년의사

연번	도서명	저자	출판사
15	제약회사들은 어떻게 우리 주머니를 털었나	마르시아 안젤	청년의사
16	없는 병도 만든다	외르크 블레흐	생각의 나무
17	신약 개발의 비밀을 알고 싶니	김선 글, 이경석 그림	비룡소
18	세계사를 바꾼 10가지 약	사토 겐타로	사람과나무사이
19	새로운 약은 어떻게 창조되나	교토대학대학원약학 연구과	서울대학교출판문화원
20	내 약 사용설명서	이지현	세상풍경
21	제약회사	피터 괴체	공존
22	신약의 탄생	윤태진	바다출판사
23	식후 30분에 읽으세요	건강사회를 위한 약사회	이매진
24	내가 먹는 약이 독일까 약일까	송연화, 최혁재	송정문화사
25	모르는 게 약?	최혁재	열다
26	마법의 탄환	다니엘바젤라, 로버트 슬레이터	해나무
27	세상을 바꾼 14가지 약 이야기	송은후	카시오페아
28	강약중강약	황세진	알마
29	꿈을 찾는 약대생	박정원	렛츠북(book)
30	신약 오딧세이	심재우	위아북스
31	제약마케팅	브렌트 롤린스, 매튜 페리 공저	조윤커뮤니케이션
32	크리스퍼가 온다	제니퍼 다우드나, 새뮤얼 스턴버그 공저	프시케의숲
33	크레이지 호르몬	랜디 허터 엡스타인	동녘사이언스
34	세상에서 제일 좋은 직업 약사	김성진, 김재송, 김필여 공저	범문에듀케이션
35	새로운 약은 어떻게 창조되나	심창구	서울대학교 출판문화원

연번	도서명	저자	출판사
1	HIGH TOP 하이탑 고등학교 생명과학1, 2	배미정, 손희도, 나광석, 오현선 등저	동아출판
2	캠벨 생명과학	닐 캠벨	(주)바이오사이언스출판
3	캠벨 생명과학 포커스	Lisa A. Urry 등저	(주)바이오사이언스출판
4	생활 속의 생명과학	콜린 벨크, 버지니아 보든 마이어	(주)바이오사이언스출판
5	생물학 이야기	김웅진	행성B이오스
6	하리하라의 생물학 카페	이은희	궁리
7	텔로미어	마이클 포셀 등저	쌤앤파커스
8	이것이 생명과학이다	에른스트 마이어	바다출판사
9	MT 생명공학	최강열	청어람(장서가)
10	자산어보	정약전, 이청	서해문집
11	아주 특별한 생물학 수업	장수철, 이재성	휴머니스트
12	호모 심비우스: 이기적인 인간은 살아남을 수 있는가?	최재천	이음
13	생명의 떠오름: 세포는 어떻게 생명이 되는가?	존 메이너드 스미스	이음
14	생명과학 교과서는 살아있다	유영제, 김은기 등저	동아시아
15	이기적 유전자	리처드 도킨스	을유문화사
16	이타적 유전자	매트 리들리	사이언스북스
17	이타적 인간의 출현	최정규	뿌리와이파리
18	생물과 무생물 사이	후쿠오카 신이치	은행나무
19	동적 평형	후쿠오카 신이치	은행나무
20	모자란 남자들	후쿠오카 신이치	은행나무

연번	도서명	저자	출판사
21	나누고 쪼개도 알 수 없는 세상	후쿠오카 신이치	은행나무
22	마이크로코스모스	린 마굴리스	김영사
23	공생자 행성	린 마굴리스	사이언스 북스
24	풀하우스	스티븐 제이 굴드	사이언스 북스
25	플라밍고의 미소	스티븐 제이 굴드	현암사
26	눈의 탄생	앤드루 파커	뿌리와 이파리
27	라마찬드란 박사의 두뇌 실험실	V.S. 라마찬드란	바다출판사

04 화학 분야 추천 도서

연번	도서명	저자	출판사
1	HIGH TOP 하이탑 고등학교 화학1, 2	김봉래, 강응규, 전호균 등저	동아출판
2	줌달의 일반화학	줌달 (Steven S. Zumdahl)	센게이지러닝 (Cengage Learning)
3	줌딜의 대학 기초화힉	줌달 (Steven S. Zumdahl)	시이플러스
4	멘델레예프의 영재들을 위한 화학 강의	강성주, 백성혜 등저	이치사이언스
5	화학으로 이루어진 세상	K. 메데페셀헤르만, F. 하머어, H-J. 크바드베크제거	에코리브르
6	화학 교과서는 살아있다	문상흡, 박태현 등저	동아시아
7	화학, 알아두면 사는 데 도움이 됩니다	씨에지에양	지식너머

연번	도서명	저자	출판사
8	화학에서 인생을 배우다	황영애	더숲
9	미술관에 간 화학자	전창림	어바웃어북
10	재밌어서 밤새 읽는 화학이야기	사마키 다케오	더숲
11	역사를 바꾼 17가지 화학이야기 1, 2	제이 버레슨, 페니 카메론 르 쿠터	사이언스북스
12	가볍게 읽는 유기화학	사이토 가츠히로	북스힐
13	가볍게 읽는 기초화학	사마키 다케오, 테라다 미츠히오, 야마다 요이치 등저	북스힐
14	사라진 스푼	샘 킨	해나무
15	크레이지 호르몬	랜디 허터 엡스타인	동녘사이언스
16	같기도 하고 아니 같기도 하고	로얼드 호프만	까치
17	MT 화학	이익모	청어람(장서가)

05 | 물리 분야 추천 도서

연번	도서명	저자	출판사
1	엔트로피	제레미 리프킨	세종연구원
2	물리학이란 무엇인가	도모나가 신이치로	사이언스북스
3	파인만의 여섯가지 물리 이야기	리처드 파인만	송산
4	최무영 교수의 물리학 강의	최무영	책갈피
5	물리의 언어로 세상을 읽다	로빈 애리앤로드	해냄
6	1,2,3 그리고 무한	조지 가모프	김영사
7	미지의 세계로의 여행 톰킨스 씨의 물리학적 모험	조지 가모프	전파과학사
8	작은 우주, 아톰	아이작 아시모프	열린책들
9	불멸의 원자 필멸의 물리학자가 좇는 불멸의 꿈	이강영	사이언스 북스
10	HIGH TOP 하이탑 고등학교 물리학1, 2	김성진, 김대규, 김은경, 강태욱 공저	동아출판
11	MT 물리학	이기진	칭어람(장서가)
12	빛나는 지단쌤 임대환의 한눈에 사로잡는 물리 고전역학 - 시공간	임대환	들녘
13	빛나는 지단쌤 임대환의 한눈에 사로잡는 물리 전자기학 - 빛	임대환	들녘

연번	도서명	저자	출판사
1	숲의 즐거움	우석영	에이도스
2	월든	헨리 데이비드 소로우	은행나무
3	열두 발자국	정재승	어크로스
4	정재승의 과학콘서트	정재승	어크로스
5	침묵의 봄	레이첼 카슨	에코리브르
6	푸른 요정을 찾아서	신상규	프로네시스
7	사피엔스	유발 하라리	김영사
8	밤으로의 긴 여로	유진 글래드스톤 오닐	민음사
9	과학쌈지(진정일 교수가 풀어놓은)	진정일	궁리
10	총, 균, 쇠	재레드 다이아몬드	문학사상
11	하리하라의 청소년을 위한 의학이야기	이은희	살림Friends
12	통섭	에드워드 윌슨	사이언스북스
13	통섭의 식탁	최재천	움직이는 서재
14	다윈의 식탁	장대익	바다출판사
15	가이아	제임스 러브록	갈라파고스
16	우주의 기원 빅뱅	사이먼 싱	영림 카디널
17	코스모스	칼 세이건	사이언스 북스
18	과학에는 뭔가 특별한 것이 있다	장대익	김영사
19	과학은 논쟁이다	이강영, 홍성욱 외 6인	반니
20	축적의 길	이정동	지식 노마드
21	축적의 시간	서울대학교 공과대학	지식 노마드
22	구글 신은 모든 것을 알고 있다	정하웅, 김동섭, 이해웅	사이언스 북스
23	한 번이라도 모든 걸 걸어본 적 있는가	전성민	센시오

07 과학 고전 소설

연번	도서명	저자	출판사
1	유년기의 끝	아서 C. 클라크	시공사
2	라마와의 랑데뷰	아서 C. 클라크	아작
3	2001 스페이스 오디세이	아서 C. 클라크	황금가지
4	신의 망치	아서 C. 클라크	아작
5	아서 클라크 단편전집 1950~1953	아서 C. 클라크	황금가지
6	아서 클라크 단편전집 1953~1960	아서 C. 클라크	황금가지
7	아서 클라크 단편전집 1960~1999	아서 C. 클라크	황금가지
8	파운데이션	아이작 아시모프	황금가지
9	파운데이션과 제국	아이작 아시모프	황금가지
10	제2파운데이션	아이작 아시모프	황금가지
11	파운데이션의 끝	아이작 아시모프	황금가지
12	파운데이션과 지구	아이작 아시모프	황금가지
13	파운데이션의 서막	아이작 아시모프	황금가지
14	파운데이션을 향하여	아이작 아시모프	황금가지
15	우주복 있음, 출장 가능	로버트 A. 하인라인	아작
16	여름으로 가는 문	로버트 A. 하인라인	시공사
17	하인라인 판타지	로버트 A. 하인라인	시공사
18	낯선땅 이방인	로버트 A. 하인라인	시공사
19	프라이데이	로버트 A. 하인라인	시공사
20	더블스타	로버트 A. 하인라인	시공사
21	해저 2만리	쥘 베른	작가정신
22	신비의섬 1권, 2권, 3권	쥘 베른	열림원

약학과 참고 사이트

CHAPTER 05

01 | 약학대학 홈페이지, 주소, 연락처

대학명	홈페이지	주소	연락처
가천대	http://myhome.gachon.ac.kr/pharm/	인천 연수구 함박뫼로 191	032-820-4822
가톨릭대	http://www.catholic.ac.kr/~pharm/	경기도 부천시 원미구 지봉로 43	02-2164-4057
강원대	http://pharmacy.kangwon.ac.kr	강원 춘천시 강원대학길1	033-250-6901
경북대	http://pharmacy.knu.ac.kr/	대구시 북구 대학로80	053-950-8553
경상대	http://pharm.gnu.ac.kr/main	경남 진주시 진두대로 501	055-772-2420
경성대	http://ks.ac.kr/pharmacy	부산시 남구 수영로 309	051-663-4888
경희대	http://pharm.khu.ac.kr	서울 동대문구 경희대로26	02-961-0355
계명대	http://newcms.kmu.ac.kr/pharmacyhome/index.do	대구 달서구 달구벌대로 1095	053-580-6641
고려대	http://pharm.korea.ac.kr	세종특별자치시 세종로 2511	044-860-1603
단국대	http://hompy.dankook.ac.kr/pharmacy	충남 천안시 동남구 단대로 119	041-550-1446
대구가톨릭대	http://pharm.cu.ac.kr/	경북 경산시 하양읍 하양로 13-13	053-850-3603
덕성여대	https://dspharm.modoo.at/	서울 도봉구 삼양로 144길 33	02-901-8164
동국대	http://pharm.dongguk.edu	경기도 고양시 일산 동구 동국로 32	031-961-5203~5
동덕여대	http://www.dongduk.ac.kr/pharmacy/index.do	서울 성북구 화랑로 13길 60	02-940-4520
목포대	http://pharmacy.mokpo.ac.kr	전남 무안군 청계면 영산로 1666	061-450-2702
부산대	http://pharmacy.pusan.ac.kr	부산 금정구 부산대학로 63번길 2	051-510-1684
삼육대	https://www.syu.ac.kr/pharmacy	서울 노원구 화랑로 815	02-3399-1616
서울대	http://www.snupharm.ac.kr/korean	서울 관악구 관악 1	02-880-7825

대학명	홈페이지	주소	연락처
성균관대	http://pharm.skku.edu	경기도 수원시 장안구 서부로 2066	031-290-7720
숙명여대	http://pharmacy.sookmyung.ac.kr	서울 용산구 청파로 47길 100	02-710-9576
순천대	http://www.sunchon.ac.kr	전남 순천시 중앙로 255	061-750-3750
아주대	http://pharm.ajou.ac.kr	경기도 수원시 영통구 월드컵로 206 약학대학 211호	031-219-3431
연세대	http://pharmacy.yonsei.ac.kr	인천 연수구 송도과학로 85	032-749-4103
영남대	http://pharm.yu.ac.kr	경북 경산시 대학로 280	053-810-2805
우석대	http://pharm.woosuk.ac.kr	전북 완주군 삼례읍 삼례로 443	063-290-1567
원광대	http://colpha.wonkwang.ac.kr	전북 익산시 익산대로 460	063-850-6812
이화여대	http://home.ewha.ac.kr/~pharm21	서울 서대문구 이화여대길 52 약학대학 A동 209호	02-3277-3003
인제대	http://pharm.inje.ac.kr	경남 김해시 인제로 197	055-320-3939
전남대	http://pharmacy.jnu.ac.kr/	광주 북구 용봉로 77	062-530-2904~6
전북대	https://pharmacy.jbnu.ac.kr/pharmacy/index.do	전북 전주시 덕진구 백제대로 567	063-219-5636
제주대	http://ibsi.jejunu.ac.kr/?m1=application%25&menu=12%25&type=application%25	제주특별자치도 제주시 제주대학로 102	064-754-3990~1
조선대	http://www.chosun.ac.kr/user/indexMain.do?siteId=pharmacy	광주 동구 필문대로 309(서석동)	062-230-6363
중앙대	http://www.pharm.cau.ac.kr/151127/index.php	서울 동작구 흑석로 84	02-820-5590
차의과학대	http://www.cha.ac.kr/	경기도 포천시 해룡로 120	031-850-9314
충남대	http://pharm.cnu.ac.kr/html/kr/	대전 유성구 대학로 99	042-821-5912
충북대	http://pharm.chungbuk.ac.kr	충북 청주시 서원구 충대로1	043-261-2804
한양대	http://pharmacy.hanyang.ac.kr	경기도 안산시 상록구 한양대학로 55	031-400-5794

02 ︱ mega MD : http://www.megamd.co.kr/megamd.asp

- 메가스터디가 설립한 약학대학/의·치의학 전문대학원/로스쿨/변호사시험 입시 전문 교육기관.

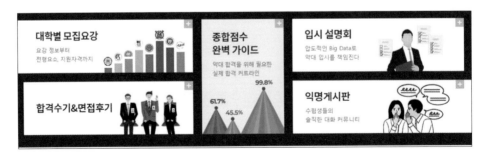

03 | 약대 가자 : https://m.cafe.naver.com/prepharm.cafe

● 약학대학 진학을 위한 네이버 카페.

● 보건의료인 시험 국가고시 전문기관.

05 대한약사회 : http://www.kpanet.or.kr/

● 약사 및 약학에 대한 연구개선과 발전을 도모하여 약사의 권익을 보호하고 약사윤
리를 확립하며, 사회복지의 증진과 국민보건 향상을 위해 설립된 사단법인.

● 보건의약계를 대표하는 전문신문.

● 대한약사회 신문.

● 2007년 운영을 시작한 KOCW는 온라인 대학공개강의로 한국교육학술정보원에서 운영하는 한국형 OCW다. 국내·외 대학 및 기관에서 자발적으로 공개한 강의 동영상, 강의자료를 무료로 제공하여, 배움을 필요로 하는 누구든지 언제 어디서나 이용 가능하다. 우리나라 OER운동의 일환으로 만들어진 국내 강의공개 서비스 중에서는 가장 많은 이러닝 강의를 보유하고 있다. 대학의 교양, 전공 강의를 모두 제공하며, 인문과학, 사회과학, 공학, 자연과학, 교육학, 의약학, 예술체육 등 다양한 분야에 강의가 구축되어 있다. K-MOOC와는 달리, 강의 시청을 완료해도 이수증 발급 등 학습관리 서비스는 제공하지 않는다.

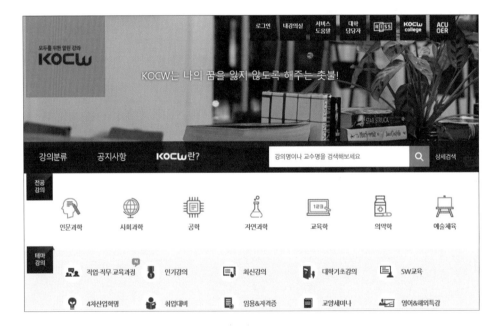

순서	제목	링크
1	왜 미래인가	https://www.youtube.com/watch?v=CHfb5PIRKm4&list=PLMnpPtfoflgGSLo-bpNzgrdEiq9RJzZrT&index=2&t=8s
2	미래를 바꿀 7가지 기술	https://www.youtube.com/watch?v=fcjgEAUpbTg&list=PLMnpPtfoflgGSLo-bpNzgrdEiq9RJzZrT&index=2
3	수평의 시대	https://www.youtube.com/watch?v=thc6t7DVjGw&list=PLMnpPtfoflgGSLo-bpNzgrdEiq9RJzZrT&index=3
4	공유의 시대	https://www.youtube.com/watch?v=XJvlkoKHseE&list=PLMnpPtfoflgGSLo-bpNzgrdEiq9RJzZrT&index=4
5	감성의 시대	https://www.youtube.com/watch?v=Yl_RgSbKjAo&list=PLMnpPtfoflgGSLo-bpNzgrdEiq9RJzZrT&index=5
6	융합협업의 시대	https://www.youtube.com/watch?v=Ysf_jfpHi14&list=PLMnpPtfoflgGSLo-bpNzgrdEiq9RJzZrT&index=6
7	드론의 세계	https://www.youtube.com/watch?v=5Ac6ScvlGYg&list=PLMnpPtfoflgGSLo-bpNzgrdEiq9RJzZrT&index=7
8	클라우드서비스	https://www.youtube.com/watch?v=5d4LjOTXK_U&list=PLMnpPtfoflgGSLo-bpNzgrdEiq9RJzZrT&index=8
9	빅데이터	https://www.youtube.com/watch?v=X4hMFym0-uo&list=PLMnpPtfoflgGSLo-bpNzgrdEiq9RJzZrT&index=9
10	웨어러블 디바이스	https://www.youtube.com/watch?v=yk0vBs0zPH4&list=PLMnpPtfoflgGSLo-bpNzgrdEiq9RJzZrT&index=10
11	3D 프린터	https://www.youtube.com/watch?v=Aku5bsUHAaw&list=PLMnpPtfoflgGSLo-bpNzgrdEiq9RJzZrT&index=11
12	우리의 뇌 어디까지 알고 있나요?	https://www.youtube.com/watch?v=HXtAxiNGYAI&list=PLMnpPtfoflgGSLo-bpNzgrdEiq9RJzZrT&index=12
13	쓰레기의 여행	https://www.youtube.com/watch?v=PTJh3ixZgSQ&list=PLMnpPtfoflgGSLo-bpNzgrdEiq9RJzZrT&index=13

순서	제목	링크
14	Did you know 한국판	https://www.youtube.com/watch?v=JvRUNvGtH_U&list=PLMnpPtfoflgGSLo-bpNzgrdEiq9RJzZrT&index=14
15	사랑의 묘약 도파민	https://www.youtube.com/watch?v=CdPy1zLXxW8&list=PLMnpPtfoflgGSLo-bpNzgrdEiq9RJzZrT&index=15
16	꿈의 신소재 그래핀	https://www.youtube.com/watch?v=XwRvdwVn7d8&list=PLMnpPtfoflgGSLo-bpNzgrdEiq9RJzZrT&index=16
17	우주개발 르네상스	https://www.youtube.com/watch?v=pEy4e4UHXCl&list=PLMnpPtfoflgGSLo-bpNzgrdEiq9RJzZrT&index=17
18	사물인터넷 IoT	https://www.youtube.com/watch?v=T1-Zeedt1A4&list=PLMnpPtfoflgGSLo-bpNzgrdEiq9RJzZrT&index=18
19	코딩과 미래	https://www.youtube.com/watch?v=MTMBdKoFNFw&list=PLMnpPtfoflgGSLo-bpNzgrdEiq9RJzZrT&index=19
20	모바일 하우스	https://www.youtube.com/watch?v=fAC445PTd6l&list=PLMnpPtfoflgGSLo-bpNzgrdEiq9RJzZrT&index=20
21	스마트 워크	https://www.youtube.com/watch?v=w0hZ27XtUDg&list=PLMnpPtfoflgGSLo-bpNzgrdEiq9RJzZrT&index=21
22	도시농업	https://www.youtube.com/watch?v=6JxtlWxAl8s&list=PLMnpPtfoflgGSLo-bpNzgrdEiq9RJzZrT&index=22
23	버추얼 피팅	https://www.youtube.com/watch?v=_egx2OYCA0s&list=PLMnpPtfoflgGSLo-bpNzgrdEiq9RJzZrT&index=23
24	디지털화폐	https://www.youtube.com/watch?v=abTsWcFMC_o&list=PLMnpPtfoflgGSLo-bpNzgrdEiq9RJzZrT&index=24
25	제로에너지	https://www.youtube.com/watch?v=_68TTNfAp4M&list=PLMnpPtfoflgGSLo-bpNzgrdEiq9RJzZrT&index=25
26	로봇, 미래의 도우미	https://www.youtube.com/watch?v=DyMXNTs06qY&list=PLMnpPtfoflgGSLo-bpNzgrdEiq9RJzZrT&index=26
27	유전자 기술	https://www.youtube.com/watch?v=TCi6wnA32gg&list=PLMnpPtfoflgGSLo-bpNzgrdEiq9RJzZrT&index=27
28	스마트도시	https://www.youtube.com/watch?v=W0EsqhGrBeg&list=PLMnpPtfoflgGSLo-bpNzgrdEiq9RJzZrT&index=28

순서	제목	링크
29	실시간 통역, 미래의 대화	https://www.youtube.com/watch?v=nCKmk984GaU&list=PLMnpPtfoflgGSLo-bpNzgrdEiq9RJzZrT&index=29
30	로봇과 생활혁명	https://www.youtube.com/watch?v=7YtCgbmiVbA&list=PLMnpPtfoflgGSLo-bpNzgrdEiq9RJzZrT&index=30
31	우리는 얼마나 스마트해졌는가	https://www.youtube.com/watch?v=Eb3FRAybSgw&list=PLMnpPtfoflgGSLo-bpNzgrdEiq9RJzZrT&index=31
32	미래를 바꿀 기술	https://www.youtube.com/watch?v=Gxt9A7-EKTI&list=PLMnpPtfoflgGSLo-bpNzgrdEiq9RJzZrT&index=32
33	미래의 학교를 가다	https://www.youtube.com/watch?v=9vGlrFe6cLU&list=PLMnpPtfoflgGSLo-bpNzgrdEiq9RJzZrT&index=33
34	현실이 된 영화, 트루먼쇼	https://www.youtube.com/watch?v=jINI9KpHFxs&list=PLMnpPtfoflgGSLo-bpNzgrdEiq9RJzZrT&index=34
35	아두이노, 라즈베리 파이, 비글본 블랙	https://www.youtube.com/watch?v=tj4tPm2mCRM&list=PLMnpPtfoflgGSLo-bpNzgrdEiq9RJzZrT&index=35
36	향후 10년 5대 트렌드	https://www.youtube.com/watch?v=Oh-YhvifiV0&list=PLMnpPtfoflgGSLo-bpNzgrdEiq9RJzZrT&index=36
37	IT & 정보코딩과 미래	https://www.youtube.com/watch?v=7PoWL2jiO4Q&list=PLMnpPtfoflgGSLo-bpNzgrdEiq9RJzZrT&index=37
38	미래의 주방	https://www.youtube.com/watch?v=lTLMoxdeyLw&list=PLMnpPtfoflgGSLo-bpNzgrdEiq9RJzZrT&index=38
39	동물 로봇	https://www.youtube.com/watch?v=dh6VlYWnpuU&list=PLMnpPtfoflgGSLo-bpNzgrdEiq9RJzZrT&index=39
40	미래의 첨단무기	https://www.youtube.com/watch?v=ofNnkMIEOL4&list=PLMnpPtfoflgGSLo-bpNzgrdEiq9RJzZrT&index=40
41	미래의 음식	https://www.youtube.com/watch?v=YHgNIG1zYP4&list=PLMnpPtfoflgGSLo-bpNzgrdEiq9RJzZrT&index=41
42	스트롱 시니어	https://www.youtube.com/watch?v=Xwto_skUl3A&list=PLMnpPtfoflgGSLo-bpNzgrdEiq9RJzZrT&index=42
43	현대판 진시황, 커즈와일	https://www.youtube.com/watch?v=tPbuC9eL_uk&list=PLMnpPtfoflgGSLo-bpNzgrdEiq9RJzZrT&index=43

순서	제목	링크
44	호흡세 (Breathing Tax)	https://www.youtube.com/watch?v=9WSCPEp1LK4&list=PLMnpPtfoflgGSLo-bpNzgrdEiq9RJzZrT&index=44
45	브레인 클라우드	https://www.youtube.com/watch?v=H1q-M0pXAuo&list=PLMnpPtfoflgGSLo-bpNzgrdEiq9RJzZrT&index=45
46	슈퍼 아이 (Super Eye)	https://www.youtube.com/watch?v=0DzMhPT5Y_0&list=PLMnpPtfoflgGSLo-bpNzgrdEiq9RJzZrT&index=46
47	달로 떠나는 여행 (1)	https://www.youtube.com/watch?v=--hORAKPlEg&list=PLMnpPtfoflgGSLo-bpNzgrdEiq9RJzZrT&index=47
48	달로 떠나는 여행 (2)	https://www.youtube.com/watch?v=Ha9Lbpn-BpQ&list=PLMnpPtfoflgGSLo-bpNzgrdEiq9RJzZrT&index=48
49	인지컴퓨팅의 시대	https://www.youtube.com/watch?v=FOdNSDZeCsU&list=PLMnpPtfoflgGSLo-bpNzgrdEiq9RJzZrT&index=49
50	생태인식의 미래	https://www.youtube.com/watch?v=VcLFpCA2oi0&list=PLMnpPtfoflgGSLo-bpNzgrdEiq9RJzZrT&index=50
51	증강현실	https://www.youtube.com/watch?v=OD8l8PisQD0&list=PLMnpPtfoflgGSLo-bpNzgrdEiq9RJzZrT&index=51
52	포노사피엔스	https://www.youtube.com/watch?v=X-CtiSbRE4Q&list=PLMnpPtfoflgGSLo-bpNzgrdEiq9RJzZrT&index=52
53	에너지 패러다임의 변화, 셰일자원	https://www.youtube.com/watch?v=vNPyaSFlH3o&list=PLMnpPtfoflgGSLo-bpNzgrdEiq9RJzZrT&index=53
54	라이파이의 시대	https://www.youtube.com/watch?v=Z4G0YDp_3QU&list=PLMnpPtfoflgGSLo-bpNzgrdEiq9RJzZrT&index=54
55	온라인 교육혁명, MOOC	https://www.youtube.com/watch?v=7NFD4wulo3k&list=PLMnpPtfoflgGSLo-bpNzgrdEiq9RJzZrT&index=55
56	모바일 헬스케어	https://www.youtube.com/watch?v=zSLITyY9q5Q&list=PLMnpPtfoflgGSLo-bpNzgrdEiq9RJzZrT&index=56
57	탄소나노튜브	https://www.youtube.com/watch?v=VVY3NOR2Gkl&list=PLMnpPtfoflgGSLo-bpNzgrdEiq9RJzZrT&index=57
58	꿈의 유전자 치료	https://www.youtube.com/watch?v=3NwfROvbZXg&list=PLMnpPtfoflgGSLo-bpNzgrdEiq9RJzZrT&index=58

순서	제목	링크
59	아바타! 뇌파로 연결하다	https://www.youtube.com/watch?v=JhmJfuWlH1w&list=PLMnpPtfoflgGSLo-bpNzgrdEiq9RJzZrT&index=59
60	인공지능 비서	https://www.youtube.com/watch?v=VDj3g8nmoak&list=PLMnpPtfoflgGSLo-bpNzgrdEiq9RJzZrT&index=60
61	눈으로 만지는 미래, VR	https://www.youtube.com/watch?v=b53er6fQk28&list=PLMnpPtfoflgGSLo-bpNzgrdEiq9RJzZrT&index=61
62	웨어러블 로봇	https://www.youtube.com/watch?v=KU-pKX2NmZU&list=PLMnpPtfoflgGSLo-bpNzgrdEiq9RJzZrT&index=62
63	우주인의 식탁	https://www.youtube.com/watch?v=CIXHbGPBR2w&list=PLMnpPtfoflgGSLo-bpNzgrdEiq9RJzZrT&index=63
64	인공지능 예술	https://www.youtube.com/watch?v=AstVS085mKQ&list=PLMnpPtfoflgGSLo-bpNzgrdEiq9RJzZrT&index=64
65	미래의 새로운 광고시장, 꿈 속 광고	https://www.youtube.com/watch?v=9ad8bLSCID0&list=PLMnpPtfoflgGSLo-bpNzgrdEiq9RJzZrT&index=65
66	비행 자동차	https://www.youtube.com/watch?v=EdGi6cXxDTU&list=PLMnpPtfoflgGSLo-bpNzgrdEiq9RJzZrT&index=66
67	최초의 에코시티, 마스다르 시티	https://www.youtube.com/watch?v=ts_TTZA_RcU&list=PLMnpPtfoflgGSLo-bpNzgrdEiq9RJzZrT&index=67
68	미래호텔에서의 하루	https://www.youtube.com/watch?v=c1ZFTF6Mnul&list=PLMnpPtfoflgGSLo-bpNzgrdEiq9RJzZrT&index=68
69	우주항해시대	https://www.youtube.com/watch?v=BAIQqbWidm8&list=PLMnpPtfoflgGSLo-bpNzgrdEiq9RJzZrT&index=69
70	웨어러블 헬스케어 디바이스	https://www.youtube.com/watch?v=HcZNjYKH6Ac&list=PLMnpPtfoflgGSLo-bpNzgrdEiq9RJzZrT&index=70
71	기르는 다이아몬드	https://www.youtube.com/watch?v=yrH9bP0qrzw&list=PLMnpPtfoflgGSLo-bpNzgrdEiq9RJzZrT&index=71
72	미래핵심기술이란 무엇인가?	https://www.youtube.com/watch?v=9EbK1aDqVQM&list=PLcACsDgz3NJIMAghUdecwxs01ODF5oUe1&index=9

순서	제목	링크
73	미래핵심기술 – 수소경제	https://www.youtube.com/watch?v=t8KjyeoJjgg&list=PLcACsDgz3NJIMAghUdecwxs01ODF5oUe1&index=1
74	미래핵심기술 – 지능형 반도체	https://www.youtube.com/watch?v=RPi5wuisUMI&list=PLcACsDgz3NJIMAghUdecwxs01ODF5oUe1&index=2
75	미래핵심기술 – 신재생 에너지	https://www.youtube.com/watch?v=aB2XZBSG8KE&list=PLcACsDgz3NJIMAghUdecwxs01ODF5oUe1&index=3
76	미래핵심기술 – 신약개발	https://www.youtube.com/watch?v=hJqO59g7uDc&list=PLcACsDgz3NJIMAghUdecwxs01ODF5oUe1&index=4
77	미래핵심기술 – 양자기술	https://www.youtube.com/watch?v=f7Qh4goqnhA&list=PLcACsDgz3NJIMAghUdecwxs01ODF5oUe1&index=5
78	미래핵심기술 – 나노소재	https://www.youtube.com/watch?v=GGxy9c-YYB8&list=PLcACsDgz3NJIMAghUdecwxs01ODF5oUe1&index=6
79	미래핵심기술 – 바이오+ICT 융합	https://www.youtube.com/watch?v=nuqN30_Nzf0&list=PLcACsDgz3NJIMAghUdecwxs01ODF5oUe1&index=7
80	미래핵심기술 – 바이오경제 생태계	https://www.youtube.com/watch?v=wvdBbl-wgag&list=PLcACsDgz3NJIMAghUdecwxs01ODF5oUe1&index=8

10 | 미래용어사전 유튜브 동영상 링크 목록(출처 : 세계미래포럼)

순서	제목	링크
1	포노사피엔스	https://www.youtube.com/watch?v=EH8ZlNn7ZZs&list=PLcACsDgz3NJmB08bUVex2MuncXSLJB0e9&index=1
2	키오스크	https://www.youtube.com/watch?v=HtTzcCj_gik&list=PLcACsDgz3NJmB08bUVex2MuncXSLJB0e9&index=2
3	폴리페서	https://www.youtube.com/watch?v=J8t3WbJltGs&list=PLcACsDgz3NJmB08bUVex2MuncXSLJB0e9&index=3
4	빅브라더	https://www.youtube.com/watch?v=F1WQv5e20IQ&list=PLcACsDgz3NJmB08bUVex2MuncXSLJB0e9&index=4
5	디지털 발자국	https://www.youtube.com/watch?v=rNJe1o6lum4&list=PLcACsDgz3NJmB08bUVex2MuncXSLJB0e9&index=5
6	빅테크	https://www.youtube.com/watch?v=zkr4uVrjWig&list=PLcACsDgz3NJmB08bUVex2MuncXSLJB0e9&index=6
7	테크핀	https://www.youtube.com/watch?v=JQ0I7VKvMSM&list=PLcACsDgz3NJmB08bUVex2MuncXSLJB0e9&index=7
8	유니콘 기업	https://www.youtube.com/watch?v=_YaKiiQ29Xc&list=PLcACsDgz3NJmB08bUVex2MuncXSLJB0e9&index=8
9	다크데이터	https://www.youtube.com/watch?v=x-KznLSMMYM&list=PLcACsDgz3NJmB08bUVex2MuncXSLJB0e9&index=9
10	제로데이 공격	https://www.youtube.com/watch?v=nyrme3oxypE&list=PLcACsDgz3NJmB08bUVex2MuncXSLJB0e9&index=10
11	딥페이크	https://www.youtube.com/watch?v=XMGCg6CSOu8&list=PLcACsDgz3NJmB08bUVex2MuncXSLJB0e9&index=11
12	페르소나	https://www.youtube.com/watch?v=-DevLTw1P98&list=PLcACsDgz3NJmB08bUVex2MuncXSLJB0e9&index=12
13	오피니언 마이닝	https://www.youtube.com/watch?v=YeRb8uCTkpU&list=PLcACsDgz3NJmB08bUVex2MuncXSLJB0e9&index=13

순서	제목	링크
14	스테이케이션	https://www.youtube.com/watch?v=Xj3PRuTNegQ&list=PLcACsDgz3NJmB08bUVex2MuncXSLJB0e9&index=14
15	ASMR(자율,감각,쾌락,반응)	https://www.youtube.com/watch?v=6swi5J65IQY&list=PLcACsDgz3NJmB08bUVex2MuncXSLJB0e9&index=15
16	쉬코노미	https://www.youtube.com/watch?v=_aVWzF2qkvE&list=PLcACsDgz3NJmB08bUVex2MuncXSLJB0e9&index=16
17	펫코노미	https://www.youtube.com/watch?v=tFEJA4TOX6c&list=PLcACsDgz3NJmB08bUVex2MuncXSLJB0e9&index=17
18	배리어프리	https://www.youtube.com/watch?v=FekW1wKZq_E&list=PLcACsDgz3NJmB08bUVex2MuncXSLJB0e9&index=18
19	프롭테크	https://www.youtube.com/watch?v=PpFOUeNZIBc&list=PLcACsDgz3NJmB08bUVex2MuncXSLJB0e9&index=19
20	쇼루밍/역쇼루밍	https://www.youtube.com/watch?v=4tuMBPrMXHQ&list=PLcACsDgz3NJmB08bUVex2MuncXSLJB0e9&index=20
21	통크족	https://www.youtube.com/watch?v=KQJ82x5kO9E&list=PLcACsDgz3NJmB08bUVex2MuncXSLJB0e9&index=21
22	핑프족	https://www.youtube.com/watch?v=_KQe3VW-YLs&list=PLcACsDgz3NJmB08bUVex2MuncXSLJB0e9&index=22
23	프로추어	https://www.youtube.com/watch?v=wc0zpmeO8_Q&list=PLcACsDgz3NJmB08bUVex2MuncXSLJB0e9&index=23
24	슬리포노믹스	https://www.youtube.com/watch?v=duj0QimgzUU&list=PLcACsDgz3NJmB08bUVex2MuncXSLJB0e9&index=24
25	미닝아웃	https://www.youtube.com/watch?v=kjh-mh8Hdql&list=PLcACsDgz3NJmB08bUVex2MuncXSLJB0e9&index=25
26	애그테크	https://www.youtube.com/watch?v=HeRDIjRZAbM&list=PLcACsDgz3NJmB08bUVex2MuncXSLJB0e9&index=26
27	인포데믹스	https://www.youtube.com/watch?v=CbMTyjZYjT0&list=PLcACsDgz3NJmB08bUVex2MuncXSLJB0e9&index=27
28	리모트워크	https://www.youtube.com/watch?v=opz3UgM_si0&list=PLcACsDgz3NJmB08bUVex2MuncXSLJB0e9&index=28

순서	제목	링크
29	온디맨드 경제	https://www.youtube.com/watch?v=UijfaeB9C0Y&list=PLcACsDgz3NJmB08bUVex2MuncXSLJB0e9&index=29
30	뷰니멀족	https://www.youtube.com/watch?v=38tO1OvKkkE&list=PLcACsDgz3NJmB08bUVex2MuncXSLJB0e9&index=30
31	사물인터넷	https://www.youtube.com/watch?v=2T0QNMJD5HU&list=PLcACsDgz3NJmB08bUVex2MuncXSLJB0e9&index=31
32	팬데믹	https://www.youtube.com/watch?v=0XxNOJHXj7k&list=PLcACsDgz3NJmB08bUVex2MuncXSLJB0e9&index=32
33	머신러닝	https://www.youtube.com/watch?v=jjwVSS1_6Hw&list=PLcACsDgz3NJmB08bUVex2MuncXSLJB0e9&index=33

주제	영상 링크
[사이언스 슬램D] **슈퍼컴퓨터, 미래를 여는 치트키** (김명일, 한국과학기술정보연구원)	https://youtu.be/c1feECkn6pl
[사이언스 슬램D] **소리없는 살인자 미세먼지** (권오석, 한국생명공학연구원)	https://youtu.be/Q5p-7hVT0Rc
[사이언스 슬램D] **시각장애인용 전자책?!** (이지수, 한국전자통신연구원)	https://youtu.be/aeo7liUC8Vs
[사이언스 슬램D] **물질, 한계를 넘어서** (김튼튼, 기초과학연구원)	https://youtu.be/ImgQZssL8Sw
[사이언스 슬램D] **우주위험과 대한민국의 대응체계** (조중현, 한국천문연구원)	https://youtu.be/9uaSAM5O5R4
[사이언스 슬램D] **짠! 뇌투어** (이은경,기초과학연구원)	https://youtu.be/Z9yOv1tDnfg
[사이언스 슬램D] **산업용 IoT시대를 만들다** (박희웅, UST)	https://youtu.be/rDnpNE1qca8
[사이언스 슬램D] **종이 한 장으로 세상을 구하다** (최종순, 한국기초과학지원연구원)	https://youtu.be/FVpHNJJiO7c
[사이언스 슬램D] **과학탐험 신비의 세계** (문경수, 과학탐험가)	https://youtu.be/abxDktPEgN4
[사이언스 슬램D] **더 실감나는 영상 만들기** (이정진, KAI)	https://youtu.be/7DRFvuWlN1Y
[사이언스 슬램D] **생각의 지평을 넓혀주는 슈퍼컴퓨터**(이식, 한국과학기술정보연구원)	https://youtu.be/wqHsbAlwlmE
[사이언스 슬램D] **식물 오감을 찾아서** (류충민, 한국생명공학연구원)	https://youtu.be/elkwfaA9-Jc
[사이언스 슬램D] **실험실의 안무가**(이정섭, KAIST)	https://youtu.be/gheUvuo-ZvM
[사이언스 슬램D] **처음부터 촉매였다!** (김희연, 한국에너지기술연구원)	https://youtu.be/FUVbNyls6_Y
[사이언스 슬램D] **미래의 기후 얼마나 예측 가능할까?**(이준이, 기초과학연구원)	https://youtu.be/irhlMcmhSvc

주제	영상 링크
[사이언스 슬램D] ICL, 은하단의 비밀을 밝혀줘 (우재원, UST)	https://youtu.be/_wKDTeqdAO8
[사이언스 슬램D] 우리도 소행성에 간다 (문홍규, 한국천문연구원)	https://youtu.be/WXTjwhT_4OU
[사이언스 슬램D] 닮은꼴 찾기 : 겨울철 한파와 핵 융합 성공의 관계?(권재민, 국가핵융합연구소)	https://youtu.be/NxzEaHfRzrE
[사이언스 슬램D] 인삼에 대해 알아보자 (최고야, 한국한의학연구원)	https://youtu.be/_luybRBr1o8
[사이언스 슬램D] 유령입자 (서선희, 기초과학연구원)	https://youtu.be/XimCsKYLVmU
[사이언스 슬램D] 에피제네틱스 : 환경이 유전자를 조절하는 원리(김미랑, UST)	https://youtu.be/974ssvhAfsA
[사이언스 슬램D] 쿼크와 함께 춤을 (장산현, 기초과학연구원)	https://youtu.be/NtkxGct_MFQ
[사이언스 슬램D] 네트워크로 바라보는 바이오의료 빅데이터(백효정, 한국과학기술정보연구원)	https://youtu.be/BAkZ-RXFaBl
[사이언스 슬램D] 생각하는 로봇을 만들어 봅시다 (권기현, 마젠타 로보틱스)	https://youtu.be/0ol1GEngPVE
[사이언스 슬램D] You are my sunshine: 세상 을 밝히는 태양광(이정인, 한국에너지기술연구원)	https://youtu.be/nEAxFDZFZjw
[사이언스 슬램D] 물안개로 미세먼지 막기 (함영복, 한국기계연구원)	https://youtu.be/4PBq3WMDQHo
[사이언스 슬램D] Hello~ 바이오 헤키! (윤재영, 기초과학연구원)	https://youtu.be/xoeSKFCK7yA
[사이언스 슬램D] 네트워크로 바라보는 바이오의료 빅데이터(박민규, UST)	https://youtu.be/1sOueKSflPA
[사이언스 슬램D] 자연과 함께하는 과학 (임현의, 한국기계연구원)	https://youtu.be/sRlg7Lu8Xjg
[사이언스 슬램D] 인공위성과 우주쓰레기, 우주감 시가 필요해(최은정, 한국천문연구원)	https://youtu.be/qh1lG7uybjk
[사이언스 슬램D] 3차원공간 교통체계 (문영준, 한국교통연구원)	https://youtu.be/CXvVjm066Cg

주제	영상 링크
[사이언스 슬램D] 현미경으로 보는 혈관의 세계 (박인태, 기초과학연구원)	https://youtu.be/CzxgDg2F7_E
[사이언스 슬램D] 원자를 비추다 '투과전자현미경' (장재혁, 한국기초과학지원연구원)	https://youtu.be/KhcPAVGcQQA
[사이언스 슬램D] 너는 이미 포위되어 있다 – 식물 육종과 미생물상(정준휘, UST)	https://youtu.be/KBI54dWOyxM
[사이언스 슬램D] 예측 불가능한 지진에 대비하는 꿀팁(최진혁, 한국지질자원연구원)	https://youtu.be/FtqsQ69gOPQ
[사이언스 슬램D] 인공지능 덕후가 이야기하는 인 공지능 자동 설계(유용균, 한국원자력연구원)	https://youtu.be/e0i_BR4ZOEs
[사이언스 슬램D] 물질, 한계를 넘어서 (김튼튼, 기초과학연구원)	https://youtu.be/7J7M15Og9fQ
[사이언스 슬램D] 딸기육종과 여러 가지 베리들 (정준휘, UST)	https://youtu.be/DNv-QGGZIVY
[사이언스 슬램D] 후성유전학으로의 초대 (김미랑, UST)	https://youtu.be/UMifoCTjkGk
[사이언스 슬램D] 식물 오감을 찾아서 (류충민, 한국생명공학연구원)	https://youtu.be/TVe17kZA6IA
[사이언스 슬램D] 로봇, 한계를 넘어서 (박종원, 한국원자력연구원)	https://youtu.be/geN1Vu-3Sgw
[사이언스 슬램D] 자연과 함께하는 과학 (임현의, 한국기계연구원)	https://youtu.be/4kgv7zCcU6U
[사이언스 슬램D] 종이 재발견 (최종순, 한국기초과학지원연구원)	https://youtu.be/nxcexE-I6oM
[사이언스 슬램D] 화성에서 보낸 하루 (문홍규, 한국천문연구원)	https://youtu.be/wYmF9zyQCAc
[사이언스 슬램D] 머리를 좋아지게 하는 자석의 힘 (김성신, 기초과학연구원)	https://youtu.be/szS0M1DU0Dw
[사이언스 슬램D] 활기찬 커뮤니티 블록체인 (금창섭, 빅피처랩)	https://youtu.be/wSsH-GOuJMc
[사이언스 슬램D] 나노물질 조립하기 (심형철, 한국기계연구원)	https://youtu.be/DKJtJgwbJ4c

주제	영상 링크
[사이언스 슬램D] 새로운 에너지를 찾아서 (이수연, 한국화학연구원)	https://youtu.be/n9ioFXhrT8I
[사이언스 슬램D] 돌리에서 스너피까지 (김민규, 엠케이바이오텍)	https://youtu.be/ILapOFwuuFk
[사이언스 슬램D] 우리는 어떻게 아픔을 함께 느낄까?(김애리, 기초과학연구원)	https://youtu.be/j8DtrrCf79o
[사이언스 슬램D] 우리가 만든 적정기술 (윤남선, UST(한국화학연구원))	https://youtu.be/m6V1cN3skgg
[사이언스 슬램D] 로봇, 감당하실 수 있겠습니까? (최태용, 한국기계연구원)	https://youtu.be/Sj94-Zi-Vh0
[사이언스 슬램D] 드론, 하늘을 수놓다 (황상연, 어썸텍)	https://youtu.be/b5K0m2ReWJA
[사이언스 슬램D] 자율주행차 IQ는 몇일까? (최정단, 한국전자통신연구원)	https://youtu.be/X95arFdPg_c
[사이언스 슬램D] 그들이 지하로 간 까닭은? (하창현, 기초과학연구원)	https://youtu.be/cHDmJm-uMXA
[사이언스 슬램D] 시대를 바꾸는 힘! 제련 (강정신, 한국지질자원연구원)	https://youtu.be/ybgtp1hqnQs
[사이언스 슬램D] 연구를 위한 나의 열정 GRIT (정일래, UST(한국원자력연구원))	https://youtu.be/pMwxMOkb0ys
[사이언스 슬램D] 우리 몸 속 미생물 이야기 (이대희, 한국생명공학연구원)	https://youtu.be/FDwPmifdQQk
[사이언스 슬램D] 자율주행, 도로위에서 내 옆으로 (천홍석, 트위니)	https://youtu.be/tWQUQX3sPLU
[사이언스 슬램D] 블랙홀의 영상을 얻기까지 (조일제, UST(한국천문연구원))	https://youtu.be/9exnhfM3bRY
[사이언스 슬램D] 과학으로 만드는 안전한 세상 (김현철, I CAPTAIN)	https://youtu.be/2c55_sC60is
[사이언스 슬램D] 줄기세포, 어디까지 알고있니? (하정민, UST(한국생명공학연구원))	https://youtu.be/v7IFNTw4JM4
[사이언스 슬램D] 공간 인공지능으로의 첫걸음 (신동원, 광주과학기술원)	https://youtu.be/_yVh46uuRCc

주제	영상 링크
[사이언스 슬램D] **시냅스, 그것이 알고싶다** (강재승, 기초과학연구원)	https://youtu.be/bLTWPPLe9Rs
[사이언스 슬램D] **4차혁명 물결 속, 우리를 위한 안내서**(황석준, UST(KIST))	https://youtu.be/Og2-20pmzS4
[사이언스 슬램D] **지하수야 어디로 가고 있니?** (최한나, 한국지질자원연구원)	https://youtu.be/I0MrrWwYBW4
[사이언스 슬램D] **돋보기 물질, 버려지는 에너지를 모아줘**(김미소, 한국표준과학연구원)	https://youtu.be/6IeLci_gWyw
[사이언스 슬램D] **미세먼지, 너는 누구니?** (이규홍, 안전성평가연구소)	https://youtu.be/GvSSRnafq6g
[사이언스 슬램D] **별세포에게 물어봐** (전희정, 기초과학연구원)	https://youtu.be/4zvfVwEhD7I
[사이언스 슬램D] **우리 엄마는 콩이 좋다고 하셨어** (권요섭, 한국기초과학지원연구원)	https://youtu.be/4i7zabN_qS4
[사이언스 슬램D] **환경지킴이 바이오플라스틱** (황성연, 한국화학연구원)	https://youtu.be/gUBInakuc6g
[사이언스 슬램D] **뚱뚱한 MRI 몸짱 프로젝트!** (조영식, 한국전기연구원)	https://youtu.be/BNetgJmUk38
[사이언스 슬램D] **새로운 발견의 신대륙, 극한** (이윤희, 한국표준과학연구원)	https://youtu.be/CIdjljyBytc
[사이언스 슬램D] **매미도 사투리를 쓸까?** (윤기상, 세종과학예술영재학교)	https://youtu.be/HLdVmWNuX8I
[사이언스 슬램D] **인공위성과 AI로 지구 이해하기** (전태균, SIA)	https://youtu.be/o9Aje_NqvzQ
[사이언스 슬램D] **옷만 입었을 뿐인데, 힘이 불끈!** (박철훈, 한국기계연구원)	https://youtu.be/xdcUvII4tKw
[사이언스 슬램D] **눈감고 하늘을 날아보기** (서영빈, UST(ADD))	https://youtu.be/mPOPnccp2cM
[사이언스 슬램D] **컴퓨터로 단백질과 화학 반응 관찰하기**(박지용, IBS)	https://youtu.be/GRoCNtmn6fQ
[사이언스 슬램D] **소프트웨어 개발자도 전기안전을 지킨다**(강현주, 한국전자통신연구원)	https://youtu.be/e9SGy7mKZqk

주제	영상 링크
[사이언스 슬램D] 우리는 어디서 유해물질을 흡입하는가?(김용현, 안전성평가연구소)	https://youtu.be/SrqBxvZea2U
[사이언스 슬램D] 농약?! 넌 약이니? 독이니?(염현석, 한국화학연구원)	https://youtu.be/Z5x6_VpYT8g
[사이언스 슬램D] 곤충, 내 피부를 지켜줘!(채성욱, 한국한의학연구원)	https://youtu.be/3niWE5H2yq4
[사이언스 슬램D] 갈색지방! 내 지방을 부탁해(배호성, IBS)	https://youtu.be/Fxj3Ke_aveQ
[사이언스 슬램D] 하이드로젤, 우리몸을 지켜줘(홍기현, UST(KIST))	https://youtu.be/cAZObl7A-G8
[사이언스 슬램D] 스마트 로봇 의족(우현수, 한국기계연구원)	https://youtu.be/wRqfApWVDzo
[사이언스 슬램D] 우리나라도 산유국이다(이경북, 한국지질자원연구원)	https://youtu.be/w90zrc1mHFQ
[사이언스 슬램D] 모바일로 의사를 만나는 시대(김요섭, 핏케어)	https://youtu.be/1TENF_IHNN8
[사이언스 슬램D] 21세기 퀴리부인(정일래, UST(한국원자력연구원))	https://youtu.be/sbK51C9jNwM
[사이언스 슬램D] 매미도 사투리를 쓴다고?(윤기상, 세종과학예술영재학교)	https://youtu.be/rbP2c_rLvoQ
[사이언스 슬램D] 미세먼지 속에서 살아남기!!(이규홍, 안전성평가연구소)	https://youtu.be/VmWx_AfFmPE
[사이언스 슬램D] 우리 엄마는 콩이 좋다고 하셨어(권요셉, 한국기초과학지원연구원)	https://youtu.be/NP_tvrQioX0
[사이언스 슬램D] 스마트 로봇 의족(우현수, 한국기계연구원)	https://youtu.be/MJqQmWclCBY
[사이언스 슬램D] 조커의 호흡기는 괜찮을까?(김용현, 안전성평가연구소)	https://youtu.be/yD4SESnsFLY
[NST X 국민기획 과학톡] 과학기술 미래를 연다, 국가과학기술연구회	https://youtu.be/G9qUgLupEiQ
[NST X 국민기획 과학톡] 세상을 바꾸는 힘, 신소재	https://youtu.be/dnZm4OM3OiQ

주제	영상 링크
[NST X 국민기획 과학톡] 의료가 달라진다, 게놈혁명	https://youtu.be/RQOQYTZSedg
[NST X 국민기획 과학톡] 깨어나는 백두산 화산	https://youtu.be/_fe-Np9Wxgo
[NST X 국민기획 과학톡] 인수공통바이러스, 정체는?	https://youtu.be/wqm49YLJN4g
[NST X 국민기획 과학톡] 건강을 위협하는 공기 쓰레기, 미세먼지	https://youtu.be/RPIXfYG8CMo
[NST X 국민기획 과학톡] AI, 인공지능과의 공존	https://youtu.be/s2c5lrwy1Ho
[아는척 과학] 미국은 어떻게 AI 강국이 되었을까?	https://youtu.be/PCwr5fgwHlg
[아는척 과학] 슈퍼컴퓨터로 1만년 걸릴문제를 양자컴퓨터로 200초만에?	https://youtu.be/4xFAwbQEIrg
[아는척 과학] 단순히 큰(BIG) 데이터가 아닌 빅데이터! Data Technology에 대해 알아보겠습니다.	https://youtu.be/DQFj41o_Bhs
[아는척 과학] 기후비상사태(Climate Emergency)에 들어선 기후변화(Clinate Change), 극복할 수 있을 것인가?	https://youtu.be/IwJRK_MYe8Q
[아는척 과학] 비만, 당뇨병부터 암 치료까지 기대되는 혁신기술, 유전자 가위	https://youtu.be/4yxdYaVSBNE
[아는척 과학] AI가 답은 알려주는데 왜 그런지 이유를 알려주지 않아요, 이유를 설명해주는 인공지능이 필요해요	https://youtu.be/9NhSC5osrKw

CHAPTER 06

졸업 후 진로

01 | 의학계열 대학 졸업 후 진로[5]

학과	졸업자수 (명)	고용률 (%)	정규직 비율 (%)	300인 이상 규모업체 취업비율 (%)	월평균 소득 (만원)	300인 이상 월평균소득 (만원)	주당평균 근로시간 (시간)	자격증 보유비율 (%)
의학	1,430	93.9	20.0	41.5	419.2	386.0	56.7	89.8
치의학	1,456	86.5	50.2	11.8	213.3	309.8	41.5	95.1
한의학	707	100	25.9	3.5	351.6	340.0	45.5	94.5
약학	1,876	88.1	52.2	33.5	414.6	370.4	44.0	86.9

2019년 의학계열 대졸자 취업통계를 보면, 약학과 졸업자의 월평균 소득은 의학과 졸업자와 엇비슷한 수준이지만, 주당 평균 근로시간은 44시간으로 의학과 56.7시간보다 적은 걸 알 수 있다.

[6]'약학과 졸업생'은 크게 임상약사, 산업약사, 연구약사 등의 세 분야로 진출하게 된다. 임상약사는 병원약국 및 지역약국에서 활동하면서 국민들에게 약료를 제공하게 되며, 산업약사는 제약회사를 중심으로 한 기업체로 진출하여 신약의 임상연구 수행, 의약품 인허가 업무 등 국내 및 다국적 제약사의 의약품 개발업무를 수행하게 된다. 약학과 관련된 연구 분야는 특정 분야에 제한되지 않으나 주로 신약개발과 관련된 업무 즉, 신물질 탐색, 타깃 발굴 등의 업무를 담당하게 되며, 식약처나 보건복지부 등의 국가기관에서 연구

---

5   대졸자 취업정보(한국고용정보원 2019년 통계)에서 발췌

6   계명대학교 전공소개에서 발췌

관, 사무관 등 의약품 허가 및 약가제도와 관련된 업무를 수행하게 된다. 특별히 연구에 관심이 있는 학생들이 대학원 진학을 통해 연구원 또는 교수요원으로 성장하게 되며, 변리사와 같은 지식재산권 관련 전문가로도 성장할 수 있다.

'제약학과 졸업생'은 주로 연구약사 및 산업약사 분야로 진출하게 된다. 연구 및 산업약사는 제약회사 및 국공립연구소, 제약공장 등에서 활동하면서 인류에 기여할 신약개발과 우수품질의 의약품 생산을 위해 노력하게 된다. 제약학과와 관련된 연구 분야는 주로 신약개발, 의약품 제제개발 및 품질관리 등의 업무를 하게 된다. 그러나 진출분야가 이들 특정 분야에 제한되는 것은 아니며 신약원료 개발, 천연물로부터의 신물질 탐색 업무, 새로운 타깃 발굴업무 등도 수행하며, 아울러 신약처나 보건복지부 등의 국가기관에서 연구관, 사무관 등 의약품 허가 및 약가제도와 관련된 업무를 수행하게 된다. 특별히 연구에 관심이 있는 학생들이 대학원 진학을 통해 연구원 또는 교수요원으로 성장하게 되며, 변리사와 같은 지식재산권 관련 전문가로도 성장할 수 있다.

02 | 약사의 직역별 출신학교 구성비 상위 10순위

순위	약국 대표약사	약국 근무약사	제약수출업 종사	병원약사
1	중앙대(10.9%)	중앙대(8.2%)	중앙대(13.4%)	이화여대(11.1%)
2	조선대(9.4%)	영남대(7.7%)	서울대(11.1%)	부산대(8.1%)
3	영남대(7.9%)	조선대(6.7%)	성균관대(10.1%)	숙명여대(7.6%)
4	성균관대(6.6%)	이화여대(6.6%)	이화여대(9.4%)	덕성여대(6.3%)
5	덕성여대(5.6%)	부산대(6.1%)	숙명여대(7.2%)	조선대(6.3%)
6	이화여대(5.4%)	덕성여대(5.8%)	덕성여대(5.5%)	영남대(6.3%)
7	부산대(5.1%)	대구가톨릭대(5.6%)	경희대(4.6%)	중앙대(6.2%)
8	숙명여대(5.1%)	성균관대(5.2%)	조선대(4.0%)	대구가톨릭대(5.2%)
9	대구가톨릭대(4.9%)	숙명여대(5.1%)	충북대(3.7%)	전남대(3.8%)
10	충북대(4.6%)	전남대(4.8%)	충남대(3.7%)	동덕여대(3.7%)

대한약사회 의약품정책연구소가 2020년 11월 공개한 '약사회원통계 활용성 제고 방안 연구'에 따르면 약국 대표약사와 약국 근무약사는 중앙대 약학대학 출신이 가장 많았다. 약국 대표약사는 중앙대가 10.9%로 가장 많은 것을 비롯해 조선대 9.4%, 영남대 7.9%, 성균관대 6.6%, 덕성여대 5.6% 순으로 높은 비중을 보였다. 이어 이화여대 5.4%, 부산대 5.1%, 숙명여대 5.1%, 대구가톨릭대 4.9%, 충북대 4.6% 순이었다. 약국 근무약사 역시 중앙대 출신이 가장 많았다. 약국 근무약사 가운데 중앙대를 졸업한 약사의 비중은 8.2%를 보였으며, 영남대 7.7%, 조선대 6.7%, 이화여대 6.6% 순을 보였다. 또, 부산대 6.1%, 덕성여대 5.8%, 대구가톨릭대 5.6% 성균관대 5.2%, 숙명여대 5.1%, 전남대 4.8% 비중을 나타냈다. 제약수출업에 종사하는 약사 역시 중앙대 비중이 높았으며, 서울대 출신의 비중도 비교적 높은 것으로 파악됐다. 중앙대 출신 제약수출업 종사 약사는 13.4%였으며, 서울대 11.1%, 성균관대 10.1%, 이화여대 9.4%, 숙명여대 7.2% 순을 나타냈다. 병원약사는 이화여대 출신이 가장 많았고, 여대가 비교적 높은 비중을 차지했다. 이화여대 출신 병원약사 비중은 가장 높은 11.1%를 기록했으며, 부산대 8.1%, 숙명여대 7.6%, 덕성여대 6.3%, 조선대 6.3% 순이었다. 또, 영남대 6.3%, 중앙대 6.2%, 대구가톨릭대 5.2%, 전남 3.8%, 동덕여대 3.7%를 기록했다.

03 ▎ 분야별 졸업 후 진로

1) 개국약사 및 근무약사

약학대학을 졸업 한 후 국가시험을 통과하여 약사 면허를 취득한 약사는 약국을 개업하거나, 약국에 근무 및 관리약사로 종사할 수 있다.

2) 병원약사

약사는 종합병원 또는 일정 규모 이상의 병원의 약국에서 근무할 수 있다. 병원약사는 병원이라는 다양한 보건의료 인력이 세분화된 전문 직능을 발휘하는 복잡한 구조의 조직 사회에서 '약과 연관된 모든 문제를 해결한다.

3) 제약회사 근무약사

제약회사에서 약사는 모든 의약품의 생산을 관리하고 지도하는 중요한 역할을 한다. 제약회사에서 약사의 또 다른 업무는 제품의 개발, 허가 및 판매에 따른 제반업무를 관장하거나, 마케팅부에서 약품의 시장성을 판단하고 조사하고, 품질관리약사로 활동하며 의약품 제조공장에서 전체 제조과정을 감독하고 조사하기도 한다. 또한 제약회사 연구소에서 직접 신약을 개발과 기존 제품의 품질향상을 위한 일을 한다.

4) 공직(공무원)약사

보건복지부, 식품의약품안전청이나 보건소 등에서 보건행정에 관련된 일을 맡아 처리하는 기술행정직, 의약품의 안전에 필요한 실험이나 평가 · 허가하는 연구직, 또는 보건소, 시 · 군 · 구청, 병원 및 의료원 등에서 행정업무 및 보건위생 검열 등의 업무를 담당한다.

5) 의약품도매상 근무

의약품도매상에서 의약품의 보관, 관리(마약류에 관련된 업무 등) 및 반출 · 입에 관련된 업무를 담당한다.

6) 학문분야(연구자)

석사, 박사 과정을 거쳐 전문가로서 필요한 많은 지식과 정보를 얻으면, 교수, 부교수, 조교수 등으로서 학문에 대한 연구, 의약품의 연구 및 실험, 또는 후진양성의 역할을 한다.

7) 기타

약사는 또한 화장품 및 식품회사의 제품 생산과 관리에 참여할 수 있어 다양한 건강관련 제조업 분야에서의 활동이 가능하다.

※ 한국보건의료인국가시험원(국시원) 홈페이지에서 발췌

04 ｜ 분야별 졸업 후 진로에 필요한 역량

1) 임상약사 : 약국개업/관리약사

- 지역민의 건강 상담, 약력(약물복용경력)관리, 조제 및 투약.
- 약국을 개국하여 개국약사(약국장)로서 약국을 운영, 관리. 또는 관리약사로서 처방전 검토 및 조제, 투약, 복약지도를 담당.
  * 필요한 역량 : 전문성, 정의감(사명감), 의사소통 능력, 봉사정신

2) 임상약사 : 병원약국

- 의사의 복약 처방전의 적정성 여부 확인 및 모니터링, 약물 복용 상담, 환자의 약력관리, 조제 및 투약.
- 병원 내의 의약품 관리, 처방 검토 및 조제, 투약, 복약지도, 의약품 정보제공, 임상시험연구, 팀의료 등 다양한 업무를 수행.
  * 필요한 역량 : 전문성, 정의감(사명감), 의사소통 능력, 봉사정신, 협업능력

3) 산업약사 : 제약회사

- 의약품의 영업, 마케팅, 개발, 허가, R&D, 품질관리, 판매에 따른 제반 업무, 신약개발 연구.
  * 필요한 역량 : 정의감(사명감), 전문성, 의사소통능력, 탐구정신, 논리적 분석력, 협업능력, 도전정신

4) 공직(공무원)약사

- 보건소 : 지역 주민의 질별을 예방, 관리하고 건강 증진을 위한 다양한 사업을 진행.
- 식품의약품안전처 : 의약품, 바이오, 의료기기 및 임상시험에 대한 허가 및 심사와 사후 품질관리.
- 건강보험심사평가원 : 새로운 약제에 대한 보험등재, 급여기준 설정, 비급여 약제 사용 승인 등에 대한 검토 및 정책지원 업무를 수행.

● 국민건강보험공단 : 의약품 관련 제도 운영 및 관리, 약제비 분석 및 모니터링, 약가 협상, 약가 사후 관리, 요양급여비용 계약 등의 업무를 수행.

　＊ 필요한 역량 : 정의감(사명감), 전문성, 의사소통 능력, 봉사정신, 협업능력

5) 국공립 연구소

식품의약품안전처, 보건복지부, 한국생명공학연구원, 국립과학수사연구소 등의 국가 행정 기관에서 약품의 생산과 유통과 관련된 전반적인 연구.

　＊ 필요한 역량 : 정의감(사명감), 전문성, 의사소통능력, 도전정신, 탐구정신, 논리적 분석력, 협업능력

6) 대학원 진학

학부 과정을 마치고 보다 깊이 있는 약학 분야의 지식을 길러 국내외 대학의 교수, 국 공립 연구소의 공무원, 제약회사 연구소의 연구 책임자 등 약학전문가로 종사.

　＊ 필요한 역량 : 정의감(사명감), 전문성, 의사소통능력, 도전정신, 탐구정신, 논리적 분석력, 협업능력

7) 기타

변리사, 법조인, 벤처사업가, 정치인, UN NGO 활동가 등 건강관련 제조업 분야 외에 다양한 분야에서 활동.

　＊ 필요한 역량 : 정의감(사명감), 전문성, 의사소통능력, 협업능력, 도전정신

1) 학부 졸업생

- 대학원 진학
- 제약회사 취업
- 병원약국 취업
- 약국 개업/운영

2) 석사 졸업생

- 제약회사 취업
- 국공립연구소 연구원 취업
- 특허관련 회사
- 공무원 취업

3) 박사 졸업생

- 국내외 약학대학교수, 의과대학교수, 자연과학대학교수, 공과대학교수로 진출
- KIST, 화학연구소, 생명공학연구소 등 국공립연구소 연구책임자 취업
- 제약회사 취업 및 연구소의 핵심연구원으로서 개발관련 업무에 종사
- 공무원으로서 식품의약품 안전청, 국립보건원, 보건복지부 등 연구관련 업무에 종사

※ 서울대학교 약학대학 홈페이지에서 발췌

1) 지역약국개국 약사

우리 곁에서 쉽게 만날 수 있는 건강상담자인 지역약국 약사로서, 저는 다음과 같은 업무를 수행하고 있습니다. 첫째, 가장 기본적인 조제업무입니다. 조제 업무란 단순히 의사의 처방에 따라 조제하는 것을 넘어서 처방전의 오류를 검토, 수정요청하며 최종적으로 환자에게 투약될 때까지의 모든 과정을 포함하고 있습니다. 정확한 조제 및 투약을 위해 의사와의 소통도 중요하며 이를 위해 꾸준히 약물치료학적 지식을 공부합니다. 둘째, 환자에게 정확하고 올바른 복약지도를 합니다. 약사는 작은 의약품 하나라도 환자의 체질과 증상을 신중히 고려하여 약을 적용해야 합니다. 동일한 증상이라도 각 환자마다 체질이 다르므로 반드시 충분한 상담을 거쳐야 하며, 일반의약품으로 치료 가능한 경증질환인지 병의원 처방이 필요한 질환인지를 신중히 생각하여 적절한 처방을 내립니다. 셋째, 사업자로서 약국을 경영합니다. 지역약국 약사는 약학지식뿐만 아니라 경영적 측면 또한 잘 이해해야합니다. 사업자로서 약국을 운영하기 위해 매장관리, 세금, 심사청구, 재고관리 등 경영지식을 쌓는 것은 물론, 최신 의·약학 이슈와 약국환경의 변화에 대해 끊임없이 공부해나가고 있습니다. 지역약국 약사는 약이 환자에게 전달되는 '처방의 가장 마지막 단계'를 책임지므로, 약학 지식은 물론이거니와 환자에게 복약에 대해 쉽게 설명할 수 있는 능숙한 커뮤니케이션 스킬도 요구됩니다. 비록 다른 직종에 근무하는 약사보다 상대적으로 긴 근무 시간을 갖지만 가장 가까운 곳에서 환자를 도울 수 있기에 성취감이 크다는 점이 지역약국 약사가 가진 가장 큰 장점이라고 생각합니다.

2) 병원 약사

저는 대학 시절, 우리 약대의 폭넓은 약학 커리큘럼과 실습활동을 통해 깊은 배움과 빠른 진로 설정을 동시에 이룰 수 있었고 그 결과 현재는 3차 의료기관인 대학병원의 약제팀 일원으로서 일하게 됐습니다. 저는 5년간의 이론 수업을 통해 약학지식을 갖춘 후 6학년 때 병원 임상실무실습을 나가게 되었는데, 그때 경험한 총 24주의 병원 실습을 통

---

7   아주대학교 2021학년도 약학대학 모집요강 졸업생 인터뷰에서 발췌

해 약사의 다양한 진로 중에서도 병원 약사에 매력을 느끼게 됐습니다. 병원 약제팀에서는 거의 모든 종류의 약물을 다룰 수 있으며 동시에 임상 약학을 실현할 수가 있는데, 그러한 병원 약사의 업무가 저의 적성에 매우 잘 맞았기 때문입니다. 지금 제가 근무하고 있는 파트는 병동조제 파트로서 원내 입원환자들을 대상으로 약을 조제하는 부서입니다. 우리 병동약국에서는 약 1,000베드에 달하는 입원환자들에게 투여되는 모든 종류의 약물을 관리하며 불출하고 있습니다. 저는 모든 약물들을 처방에 따라 정확하게 조제하고 검수하면서 동시에 약물의 용량, 용법, 처방일수 등이 적절한지에 대한 처방검토도 함께 진행하여 잘못된 처방에 대해서는 병동과 연락을 주고받으며 수정하는 일들을 하고 있습니다. 아직은 새내기 약사로서 실수도 많고 어려운 일도 많지만 잘못된 처방을 중재하거나 새로운 약물에 대해 알게 되었을 때 뿌듯함을 느끼곤 합니다. 약사의 직능을 제대로 펼치고 싶으시다면 병원약사를 고려해보시는 것도 좋은 선택일 거라고 생각합니다.

3) 제약회사 약사

저는 제약회사 개발본부의 임상팀에서 약물감시 업무를 통해 약사로서의 역할을 수행하고 있습니다. 약물감시란 약물의 유해 작용 또는 약물관련 안전성 문제를 탐지하고 평가하여 약물로 인한 피해를 예방하는 활동을 의미합니다. 개발 과정을 통해 안전성이 확인된 약물임에도 불구하고 시판 후 예상치 못한 문제가 발생할 수 있으므로 약물감시 활동을 통해 지속적인 검증이 필요합니다. 과거에 있었던 수많은 약물 안전성 이슈로 인해 안전성 문제 해결에 대한 중요성이 더욱 강조되고 있고, 그에 따라 약물 감시제도 또한 더욱 엄격해지며 안전관리 책임자로서의 약사의 역할 또한 주목받고 있습니다. 제약회사에서의 약사로서 역할을 수행하기 위해서는 나음과 같은 능력이 필요하다고 생각합니다. 첫째, 다양한 부서의 다양한 전공을 가진 사람들과 협력하여 일을 수행하기 때문에 유연한 커뮤니케이션 능력이 필요합니다. 둘째, 여러 부서에서 단계적·복합적으로 업무가 진행되기 때문에 업무를 체계화하여 빠른 진행이 이루어지도록 하는 추진력이 필요합니다. 그리고 무엇보다도, 주어진 과업에 대한 목표 설정 능력과 목표를 이루기 위한 철저한 계획 수립, 그를 수행하는 능력이 요구됩니다. 제가 제약회사로 진로를 정할 때 특히, 아주대 약대의 다양한 분야로의 실습 커리큘럼이 많은 도움이 됐습니다. 아주대 약대의 폭 넓은 교육 커리큘럼을 바탕으로, 학생시절부터 자신이 종사하고 싶은 분야에 대한 관심을 가지고 준비를 해나간다면 원하는 바를 이룰 수 있을 것입니다.

■ 제약회사 약사[8]

현재 근무하시는 곳을 말씀해주세요.

대원제약 서울연구소 Clinical R&D실 임상팀에서 근무하고 있습니다.

약학대학의 교육과정이 현재 근무하시는 직종에 어떤 관련이 있을까요?

제약 산업의 업무 전반에 약학대학 교육과정이 크게 도움이 된 것 같습니다. 의약품 허가 신고 및 심사 민원 등 RA(Regulatory Affair) 업무는 약학대학에서 배운 약사법과 연관이 깊습니다. 이뿐만 아니라 임상시험 설계 및 수행 시에는 약학대학 교육과정 중 약물치료학, 약물학 및 병원 실습 등을 통해 배운 임상적, 약학적, 실무적 지식이 큰 도움이 되었습니다. 그 외 제제학, 생화학, 의약화학, 생약학 등의 교육과정에서 배운 내용들이 제약 산업 전반 및 실무를 이해하는 데 큰 도움이 됐습니다.

약학과 진학을 희망하는 학생들에게 필요한 역량과 길러야 할 자질은 무엇인가요?

많은 지식을 습득하기 위한 암기력과 무거운 엉덩이가 필요할 것입니다. 그 외 미래의 보건의료인에 걸맞는 윤리의식과 하루에도 봇물 터지듯 쏟아

8 가톨릭대학교 재학생 인터뷰 중에서 발췌

져 나오는 약학 지식을 흡수할 수 있는 호기심이 있으면 좋을 것 같습니다. 길러야 할 자질은 '문제를 발견하는 능력'이라고 생각합니다. 야마구치 슈의 저서 『뉴타입의 시대』에서는 전문 지식을 통해 문제 해결에만 집중하는 올드타입보다는 드러나지 않은 문제를 발견하는 뉴타입의 능력을 강조합니다. 이런 관점에서 약사 또한 약학 전문 지식을 넘어서 환자의 미병 상태나 결핍 영양소, 환자의 드러나지 않은 이상상태를 발견할 수 있는 능력을 기른다면 훌륭한 약사가 되실 수 있을 것 같습니다.

만약 약학대학에 입학한다면 미래를 위해 생각하고 있어야 할 것은 어떤 것이 있을까요?

약학대학에서의 교육은 약과 연관되어 있는 광범위한 학문을 배운다는 것이 특징입니다. 따라서 약학대학 졸업 후의 진로도 굉장히 다양합니다. 식약처, 건강보험공단 등 공직에서부터 연구소, 제약회사, 공장, 약국 약사, 병원 약사 및 증권사의 벤처캐피탈리스트까지 다양한 직종에 도전할 수 있습니다. 따라서 약학대학에 입학 후에는 본인이 어떤 직종과 맞는지 생각하고 다양한 경험을 통해 진로를 구체화할 수 있으면 좋을 것 같습니다.

마지막으로 약학과를 희망하는 학생들에게 격려의 말 부탁드립니다.

약사로서 할 수 있는 일이 많지만 아직 해결하지 못한 일들이 많습니다. 꼭 희망하시는 약학대학에 합격하셔서 좋은 동료 약사로 같이 활동할 기회가 생기면 좋겠습니다.

4) 대학원 약사

약학대학이 6년제로 바뀌며 기존의 4년제보다 실무실습이 강화됐습니다. 실습은 크게 3가지로 임상실습, 제약실습, 연구실습이 있는데, 임상실습은 병원에서 약사의 일에 대해 실습하는 것이고, 제약실습은 제약회사에서의 약사업무 실습이며, 연구실습은 지도교수님의 연구실에서 어떤 연구를 하는지를 배우는 것입니다. 실습의 목적은 실질적인 약사 실무를 경험하는 데 있습니다. 또한 이를 통해 진로 설정도 보다 수월해집니다. 저는 실습을 경험하기 전에는 막연히 졸업 후 지역약국 약사를 하겠거니 생각했습니다. 그러나 제약실습을 통해 제약회사의 약사업무에 큰 흥미를 느끼게 되었고, 곧 제약회사 약사로 진로를 설정하게 되었습니다. 하지만 제약회사의 연구소를 가기 위해서는 석사학위가 필요했고, 또 본사에서 일을 하게 될 경우 연구 분야에서 펼칠 저만의 경쟁력이 필요하다는 생각이 들어 먼저 대학원에 진학하게 됐습니다. 많은 대학원생이 보통 오전 9시부터 오후 9시까지 학교에서 생활을 하게 되는데, 학교에서 보내는 시간이 많기 때문에 시간 활용을 잘 하여 자기개발에 몰두할 수 있어 좋습니다. 그리고 실험실에 외국인 학우들이 많기 때문에 영어를 공부하기에도 아주 좋은 환경입니다. 또한 제약회사 재직자들도 파트타임으로 석·박사 공부를 하러오기 때문에, 제약회사에 관한 최신 정보를 얻을 수가 있습니다. 제약회사 입사를 희망하거나 심화된 연구를 하고 싶은 친구들이라면 대학원에 진학하는 것도 좋은 선택이라고 생각합니다.

5) 공직 약사[9]

약사는 다른 사람들의 건강과 행복을 위해 일하는 고귀한 직업입니다. 약사는 보건의료에서 주춧돌 역할을 하는 의약품의 공급을 담당할 뿐만 아니라 아픈 사람들, 도움이 필요한 사람들이 건강하게 일상을 살아갈 수 있도록 최적의 약료 서비스를 제공하는 역학을 합니다. 저는 ㅇㅇㅇㅇ년에 가톨릭대학교 약학대학을 졸업하고 약사가 된 후에 보건복지부 소관 비영리 공익 재단법인인 의약품정책연구소에서 연구원으로 일하고 있습니다. 도움이 필요하지만, 손길이 닿기 어려운 보건의료의 사각지대에 놓인 사람들을 위해 봉사하겠다는 사명감을 가지고 앞으로 더 배우기 위해 연구소에 들어왔습니다. 이렇게 부지런히 배우며 우리나라 그리고 세계의 사람들이 건강하게 살 권리를 지켜주는 정책이 만

---

9   가톨릭대학교 2022학년도 진로진학가이드북에서 발췌

들어질 수 있도록 연구를 계속하려 합니다. 돌봄이 필요한 사람들이 늘어나면서 이 시대의 약사는 점점 발전된 역할을 요구받고 있습니다. 사람들과 가장 가까운 보건의료의 최전방에서 건강을 지키는 데 필요한 정보를 제공하기도 하고, 거동이 불편한 사람들을 직접 찾아가 복잡한 약들을 잘 먹을 수 있도록 도와주기도 합니다. 앞으로는 약사님들이 건강한 미래를 이끌어나갈 수 있도록, 대학이라는 지식의 상아탑에서 새로운 향기의 꽃을 피울 미래의 약사님들을 기다리고 있겠습니다.

CHAPTER 07

약사 면허 시험

■ 약사 국가시험 안내

국내에는 약학대학을 통해 매년 1,600여 명의 약사 면허시험 합격자가 배출되고 있으며, 해당 대학교별로 약학·제약학 등 약학을 전공하는 학부(과)를 통해 교육이 이루어진다.

1. 응시 자격

약사법 제3조 제2항 각호에 의거 다음에 해당하는 자는 약사 국가시험에 응시할 수 있다.

- 약학을 전공하는 대학을 졸업하고 약학사 학위를 받은 자
- 보건복지부장관이 인정하는 외국의 약학을 전공하는 대학을 졸업하고 외국의 약사 면허를 받은 자

2. 응시 제한

약사법 제4조 제1항 각호에 의거 다음에 해당하는 자는 약사 국가시험에 응시할 수 없다.

- 정신질환자
- 금치산자 한정치산자 파산선고를 받고 복권되지 아니한 자
- 마약 기타 유독물질의 중독자

3. 약사 국가시험 과목(총 4과목)

- 생명약학, 산업약학, 임상·실무약학, 보건·의약 관계 법규

4. 국가시험 관련 문의

- 한국보건의료인국가시험원 시험운영본부
- 전화: 1544-4244
- 홈페이지: www.kuksiwon.or.kr

5. 면허발급 재발급 등 등록 관리 관련 문의

- 보건복지부 운영지원과
- 전화: 044-202-2144
- 홈페이지: www.mohw.go.kr

CHAPTER 08

약사 직업 전망[10]

1. 약사

국민 건강증진을 위하여 의약품을 조제·투약하고 약물 복용에 대해 지도하며, 약의 생산·조제·공급 관리를 비롯한 다양한 영역에서 약사법에 따라 약에 관한 업무를 담당한다.

2. 하는 일

약사는 근무처나 하는 일에 따라 불리는 명칭이 다른데, 본인의 약국을 개설하는 약사를 개국약사, 약국에 고용되어 근무하는 약사를 관리약사, 병원에서 근무하는 약사를 병원약사, 식약청 등의 공공기관에서 근무하는 약사를 공직약사, 제약회사나 판매회사에서 근무하는 약사를 제약약사, 유통약사 등으로 부른다.

개국약사, 관리약사 그리고 병원약사는 주로 약국에서 근무하면서 의사가 처방한 약을 지어 환자에게 제공한다. 환자가 제시한 처방전에 이상이 없는지 확인한 후 약물의 무게와 양을 측정하여 조제해준다. 환자에게 조제된 약에 대해 설명해주고, 복용 시 주의사항 및 부작용 위험 등을 설명하면서 투여 경로, 투여량, 투여 간격 등의 복용방법을 확인시켜준다. 이 외에 환자의 약력을 기록하고 보험청구 업무를 한다. 약품의 반출입을 관리하고, 변질이 될 수 있는 의약품은 냉동 및 기타 방법으로 저장·보관한다.

제약회사에서 근무하는 약사의 경우 질병을 예방·진단하고 치료하기 위해 새로운 의약품을 연구하여 개발하고, 약품의 효능을 재평가하거나 부작용에 대해 연구한다. 대체약품을 개발하고, 실험을 통해 환자에게 효율적이고 안전한 약물투여 방법을 연구한다. 약품의 생산라인을 관리하거나 제품을 실험하는 등의 업무도 수행한다.

---

10 한국교육개발원, 2021년 한국직업전망 중에서 발췌

공공기관이나 연구원 등에서 근무하는 경우 새로운 화학물질이나 식품첨가물, 화장품, 농약 등의 독성 및 안전성 평가 등을 통해 사용 여부를 판단할 수 있는 기준을 제공한다. 마약이나 독약, 부정의약품 등의 성분을 분석하여 감식하는 업무, 의약품 및 식품 등의 점검 업무, 바이러스 역학조사 등의 업무도 수행한다.

3. 업무환경

약사가 제일 많이 근무하고 있는 약국은 보통 하루 10시간 이상 문을 열기 때문에 교대로 근무하는 곳이 많다. 지역 내 당번약국으로 지정되면 공휴일 및 심야에도 근무해야 한다. 병원에 근무하는 약사도 입원 및 응급환자를 위해 야간이나 주말에도 근무한다.

4. 되는 길

6년제(2+4년 체제) 학제로, 전공과 관계없이 학부 또는 학과에 입학하여 2년 이상 기초 교육과정을 마친 뒤 4년간 약학전공 및 실무교육 과정을 이수해야 한다. 2년간 일반화학, 생물학, 물리학, 유기화학 등의 약학과 관련된 선수과목을 이수해야 하며, 이후 평점, 외국어 능력 등 대학별로 요구하는 지원 자격을 갖춰야만 약학대학입문시험(PEET : Pharmacy Education Eligibility Test)에 응시할 수 있고, 이에 합격해야 약학대학에 입학할 수 있다. 2020년 기준으로 약학을 배울 수 있는 35개의 약학대학이 있다. 약학대학 수료 후에도 약사 국가면허시험에 합격하여 면허를 취득해야 한다.

- 관련 학과: 약학과, 제약학과, 약학부 등
- 관련 자격: 약사 국가면허(한국보건의료인국가시험원)

5. 적성 및 흥미

환자 등 다른 사람을 보호하고 치료해주기 위한 활동을 선호하는 사회형 흥미유형과 처방전 등 약학 자료에 대한 명확하고 질서정연하며 체계적인 조작을 필요로 하는 활동을 선호하는 관습형 흥미유형이 적합한 직업이다. 혼자 일하기보다는 사람들과 일하는 것을 좋아하며 타인들과 개인적인 유대관계 형성을 선호하는 성격이 필요하다.

6. 경력 및 개발

약사 면허 취득 후 개인약국을 개업할 수 있으며, 대형약국에서 관리약사로 근무할 수 있다. 병원 및 제약회사로도 다수가 진출하여 약제 성분시험 및 신약개발 등의 업무를 수행하고 있으며, 화장품제조업체, 건강식품업체 등에서 생산품질 관리업무를 담당한다. 이외에 약학 관련 연구소에서 연구 · 개발 업무를 수행한다.

7. 일자리 전망

향후 10년간 약사의 고용은 다소 증가할 것으로 전망된다.

「2019-2029 중장기 인력수급전망」(한국고용정보원, 2020)에 따르면, 약사 및 한약사는 2019년 약 4만 1천 명에서 2029년 약 4만 8천 명으로 향후 10년간 7천 명(연평균 1.7%) 정도 증가할 것으로 전망된다.

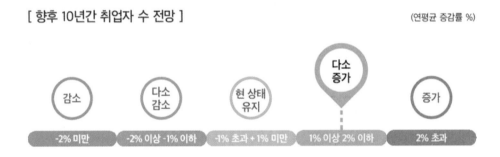

[향후 10년간 취업자 수 전망]   (연평균 증감률 %)

감소	다소 감소	현 상태 유지	다소 증가	증가
-2% 미만	-2% 이상 -1% 이하	-1% 초과 +1% 미만	1% 이상 2% 이하	2% 초과

한국보건의료인국가시험원에 의하면 약사면허 취득자는 2020년에는 1,936명, 2019년에는 1,896명, 2018년에는 1,839명으로 최근 3년간 연평균 약 1,890명 정도의 약사가 배출되었다.

인구의 고령화와 국민소득의 증가 및 신약품의 개발, 약품에 대한 건강보험급여의 확대 등 다양한 요인이 약사의 고용증가에 긍정적인 영향을 미칠 것으로 평가되고 있다. 아울러 약사의 활동영역이 넓어지면서 다양한 방면에서 약사의 역할이 요구되고 있다. 특히 식품과 약품의 안정성이나 효율성에 대한 국민의 관심 증대는 약사의 활동영역을 더욱 넓힐 것으로 판단된다. 2013년 우리나라 면허등록 약사 수는 6만 3,292명에서 2018년 6만 9,347명으로 5년간 약 9.6% 증가하였다.

[약사 면허등록자 및 약국 수 현황]   (단위 : 명, 개소)

연도	2013	2014	2015	2016	2017	2018
약사 면허자 수	63,292	63,150	65,510	66,992	68,616	69,347
약국 수	20,886	20,500	21,546	21,640	20,941	22,207

자료 : 보건복지부, 보건복지통계연보 2019, 건강보험심사평가원

의약분업 이후 병원이나 의원 인근을 중심으로 약국이 대형화되고 있는데, 이러한 약국은 의사의 처방전을 갖고 쉽게 약을 구매할 수 있다는 지리적 장점 때문에 영업수익이 높은 편이라 약국을 개원하기 위한 경쟁이 치열하다.

약사 면허를 취득한 사람 중 여성의 비율이 높기 때문에 결혼이나 출산 등의 이유로 이·전직이 일어나는 경우도 잦고, 일부 지역에서는 약사 채용에 어려움을 겪고 있어 향후에도 대체 수요에 의한 고용이 지속적으로 발생할 것이다.

또한, 의료서비스의 발전에 따라 다양한 임상지원업무, 특수환자(암환자, 이식환자, 신장질환환자, 당뇨환자, 항응고약물요법환자, 호흡기환자, 파킨슨병 질환환자, 천식환자, 혈액 및 복막투석환자 등) 및 특수약물(warfarin, theophylline, 흡입제, 항암제 등)에 대한 복약지도의 필요성이 커지고 있다. 환자들에게 더욱 안전하고 효과적이며 비용 경제적인 약물요법을 실시하고, 환자 중심의 선진적 약제 서비스를 지속적으로 개발하고 확대해나가는 과정에서 약사에 대한 수요는 증가할 수밖에 없다. 이뿐 아니라 약사의 활동영역이 다양화되면서 제약회사 및 식품회사의 연구 및 품질개발 분야, 약품의 임상시험관리 분야, 그리고 식약청 등 공공기관에서 행하는 의약품이나 식품 등의 안전관리와 정책입안 등의 분야에서도 약사의 활동이 활발할 것으로 전망된다. 하지만 4차 산업혁명 과정에서 자동조제기계(Automatic Tablet Counter)와 같은 조제로봇에 의한 조제과정의 자동화 확대, 인공지능화된 웰페어기기 등을 활용한 자가 진단으로 질병에 대한 예방적 효과 증대 등은 약사에 대한 수요를 감소시킬 수 있는 요인이다.

전망요인	증가요인	감소요인
인구구조 및 노동인구 변화	• 고령인구 증가	• 저출생
가치관과 라이프스타일 변화	• 건강관리 및 의료 비용 지출 증가	
과학기술 발전		• 인공지능이 접목된 자가진단 기기 개발 및 보급 확대 • 자동조제기계 확대
산업특성 및 산업구조 변화	• 제약 시장 확대	
법·제도 및 정부정책	• 건강보험 적용범위 확대 • 의약품 및 식품 안전관리 강화	

종합하면, 고령인구 증가, 의약품 및 식품 안전관리 강화 등은 약사 취업자 수를 증가시키지만 저출생, 자동조제기계 확대 등으로 인해 향후 10년간 약사 취업자 수는 다소 증가할 것으로 전망된다.

8. 관련 정보

- 관련 직업: 한의사, 전문의사, 일반의사, 간호사
- 분류 코드: 한국고용직업분류(KECO) : 3030
  한국표준직업분류(KSCO) : 2420
- 관련 정보처: 보건복지부 129 www.mohw.go.kr
  대한약사회 (02)581-1201 www.kpanet.or.kr
  한국보건의료인국가시험원 1544-4244 www.kuksiwon.or.kr

교육과정

약학대학 통합 6년제 교육에 대학 특성에 맞춘 2개의 전공트랙을 설치하고 커뮤니케이션 교과를 신설하자는 표준교육과정안이 제시됐다. 한국약학교육협의회(이하 약교협) 손동환 이사장은 2022년부터 시행되는 약학교육 통합6년제와 관련해 전국 약학대학에서 운용할 표준교육과정에 관한 연구 사업을 완료했으며 그 결과를 2021년 2월 8일 전국 37개 약학대학에 배포했다고 9일 밝혔다. 아울러, 약교협의 '표준교육과정(안)'을 바탕으로 각 대학에서 교과과정을 설치할 경우 각 대학의 교육목표와 특성을 반영할 수 있도록 고려한 '약교협 권고사항'을 함께 배포했다고 덧붙였다.

'통합6년제 교육과정연구'(연구책임자 삼육대학교 정재훈 교수)는 2019년 5월 약교협이 설정한 인재상(교육 목적)과 핵심역량(교육 목표)을 기반으로 전국약학대학의 총의를 모아 "환자중심의 약사, 인간중심의 리더, 제약·바이오산업 선도자, 창의적 연구자"를 양성하기 위한 세부역량과 교육내용, 교과목, 교육 시간, 단계별 배치, 운영지침 등의 교육과정 전반을 검토한 후 표준교육과정을 제안했다. 이 연구는 4대 핵심별 세부책임자를 포함해 전국 37개 약학대학에서 추천받은 학과장과 교수, 약학분야 전문가, 분과회 대표, 약사회를 비롯한 약학관련 기관, 그리고 약대 재학생 대표자를 포함해 다양한 의견수렴과 청취 과정을 거쳐 완성된 포괄적 연구이며, 이와 별도로 약교협에서 수행한 △약학대학 통합 6년제 전환에 따른 실험교육과정 연구 △인공지능(머신러닝·딥러닝)과 빅데이터 기반 디지털헬스케어와 약학교육의 미래 △약학대학 임상실무 수행능력 평가시험 모델 개발 연구와 상호 연계해 교과과정 구성의 완성도를 높였다.

약교협의 표준교육과정(안)을 세부적으로 살펴보면 표준교육과정에서 제시된 교과목은 63개 과목, 총 학점은 250학점이며 각 대학은 이를 바탕으로 대학의 교육목표와 특성화에 따라 교과목을 조정해 설치할 수 있다. 또한 소규모 대학도 2개의 전공트랙(임상약학과 산업약학)을 설치해 운영할 수 있도록 설계했으며 기본 약학교육에 해당하는 내용은 공통약학 분야에 배치했고, 임상약학 전공트랙은 '공통약학+임상약학' 교과목을 이수하고 산업약학 전공트랙은 '공통약학+산업약학' 교과목을 이수할 수 있도록 배치했다. 이를 응용하면 소규모 대학도 대학 특성에 맞춰 특화된 전공트랙을 운영할 수 있을 것으로 기대한다.

세부 내용으로는 △약학기초 교과목 : 일반화학, 유기화학, 생물학, 의약통계 등 13개 과목 △공통약학 교과목 : 약물치료학, 약물학, 제제학, 생약학 등 23개 과목 △임상약학 교과목 : 임상화학, 임상약동학, 의약정보학 등 11개 과목 △산업약학 교과목 : 제약산업학, 바이오의약품학, 신약개발 등 11개 과목 △공통약학현장실무실습 : 지역약국, 의료기관, 제약산업 등 5개 과목이다. 이번 표준교육과정(안)의 또 다른 특징은 2+4학제에서 학기별 평균 20~24학점을 이수했던 것을 학기별 18~21학점으로 수업부담을 줄이는 대신 실험실습교육을 강화함으로써 제약강국으로서 미래를 이끌어갈 전문인 양성을 위해 능동적이고 창의적인 교육에 집중할 수 있도록 구성했다. 아울러 2+4학제 교육과는 차별적으로 통합6년제에서는 일반화학, 일반생물학과 같은 전공기초 교과뿐만 아니라 말하기와 글쓰기, 공감과 소통(커뮤니케이션), 심리학, 약사(藥事)커뮤니케이션 등의 교과를 도입해 약무 현장에서 약사로서 가져야할 환자들을 이해하고 소통할 수 있는 능력을 배양하도록 했다.

약교협의 연구결과에 기반한 표준교육과정(안)을 기반으로 각 대학이 해당 교과목을 설치할 경우 발생할 수도 있는 경직성을 탈피하고 대학의 자율성에 기반한 교육목표 및 특성화 전략을 최대한 살릴 수 있도록 약교협은 별도의 권고사항을 마련해 각 대학에 배포했다. 약교협이 안내한 권고사항으로는 △약사국가시험에 국한되지 않는 미래를 향한 첨단이론교육 도입 △제약바이오 전문가를 양성할 수 있는 실험실습교육 강화 △교수의 연구와 학생교육을 연계하는 졸업논문제도 도입 △교내 OSCE를 통한 임상실무실습교육 강화 △인공지능과 보건의료 빅데이터 교육기반 도입의 내용을 담고 있다.

이번 연구 사업에 대해 손동환 이사장은 "약교협의 표준교육과정(안)이 비록 많은 토론과 설문조사, 공청회 등을 거쳐 마련된 '표준교육과정'임에도 여전히 한계점이 있을 수 있으므로, 각 대학이 교과목을 설정할 경우의 어려움과 문제점이 있을 수 있을 것으로 생각한다"며 "이를 해소하기 위한 권역별 토론회를 3월경에 개최할 예정임을 밝히고, 아무쪼록 2022년으로 다가온 통합 6년제 교육의 시행이 원만하게 잘 정착될 수 있기를 기대한다"고 밝혔다.

	1학년			
	1학기		2학기	
	교과목	학점(범위)	교과목	학점(범위)
약학기초	말하기와 글쓰기	2	공감과 소통(커뮤니케이션개론)	2
	생물학Ⅰ 및 실험	3(2~3)	생물학Ⅱ	2(2~3)
	일반화학Ⅰ 및 실험	3(2~3)	일반화학Ⅱ	2(2~3)
	물리학Ⅰ	2(2~3)	물리학Ⅱ	2(2~3)
	약학개론	2(2~3)	의약통계	3(2~4)
공통약학				
임상약학				
산업약학				
대학별 특성	대학별 교양	6(4~8)	대학별 교양	7(5~9)
이수학점		18(15~21)		18(15~21)

	2학년			
	1학기		2학기	
	교과목	학점(범위)	교과목	학점(범위)
약학기초	데이터사이언스	3(2~3)	심리학	2
	유기화학Ⅰ	2(2~3)	유기화학Ⅱ 및 실험	3(2~3)
	분자생물학	3(2~5)	해부생리학Ⅰ	2(2~3)
	약사(藥事)윤리	2		
	해부생리학Ⅰ	2(2~3)		
공통약학	의약품분석화학Ⅰ	3(2~4)	의약품분석화학Ⅱ	2(2~3)
			물리약학Ⅰ	3(2~3)
			약학실험Ⅰ	1
임상약학				
산업약학				
대학별 특성	대학별 선택 과목	3(2~5)	대학별 선택 과목	5(3~7)
이수학점		18(15~21)		18(15~21)

	3학년			
	1학기		**2학기**	
	교과목	학점(범위)	교과목	학점(범위)
약학기초				
공통약학	물리약학 II	2(2~3)	의약품합성화학 I	3(2~4)
	생약학 I	3(2~3)	생약학 II	2(2~3)
	병태생리 I	3(2~3)	병태생리 II	2(2~3)
	약품생화학 I	3(2~3)	생화학 II	2(2~3)
	약품미생물학 I	3(2~3)	약품미생물학 II	2(2~3)
	사회약학 I	2(1~3)	사회약학 II	2(2~3)
	약학실험 II	1	약학실험 IV	1
	약학실험 III	1	약학실험 V	1
임상약학	상담학	2(2~3)	임상화학	2(2~3)
산업약학	의약산업정보학	2(2~3)	천연물의약품화학	3(2~4)
대학별 특성	대학별 선택 과목		대학별 선택 과목	
이수학점		21(18~24)		21(18~24)

	4학년			
	1학기		**2학기**	
	교과목	학점(범위)	교과목	학점(범위)
약학기초				
공통약학	의약품합성화학 II	2(2~3)	한약제제	3(2~4)
	약물학 I	3(2~4)	약물학 II	3(2~4)
	예방약학 I	3(2~4)	예방약학 II	2(2~3)
	제제학 I	2(2~3)	제제학 II	3(2~3)
	면역학	3(2~5)	독성학 I	2(1~3)
	약학실험 IV	1	약학실험 VIII	1
	약학실험 VII	1		
임상약학	약물유전체학	3(2~4)	임상약동학	3(2~4)
	임상의약정보학	2(2~3)	건강기능식품	2(2~3)
산업약학	바이오의약품학 I	2(2~3)	바이오의약품학 II	2(2~3)
	의약화학 I	3(2~3)	의약화학 II	2(2~3)
대학별 특성	대학별 선택 과목		대학별 선택 과목	
이수학점		21(18~24)		21(18~24)

	5학년			
	1학기		2학기	
	교과목	학점(범위)	교과목	학점(범위)
약학기초				
공통약학	약물치료학Ⅰ	3(2~4)	약사(藥事)커뮤니케이션	2(2~3)
	약물치료학Ⅱ	3(2~4)	약물치료학Ⅲ	3(2~4)
	생물약제학	3(2~4)	보건·의약관계법규	3(2~4)
	의약품품질관리학	3(2~4)	기초실무	3(2~4)
	독성학Ⅱ	2(1~3)	약학연구와 세미나Ⅰ	2
	약학실험Ⅸ	1	약학실험Ⅹ	1
임상약학	조제학	2(2~4)	약업경영학	3(2~4)
	일반의약품학(OTC상담)	2(2~3)		
산업약학	약물송달학	2(2~4)	제제공학	3(2~4)
	산업약학Ⅰ	2(2~3)	산업약학Ⅱ	2(2~3)
	신약개발	2(2~4)	의약빅데이터와 AI	3(2~4)
대학별 특성	대학별 선택 과목		대학별 선택 과목	
이수학점		21(18~24)		21(18~24)

	6학년			
	1학기		2학기	
	교과목	학점(범위)	교과목	학점(범위)
약학기초				
공통약학	약학연구와 세미나Ⅱ	1	졸업논문	2
	지역약국-기초실무실습	4(3~5)	연구-심화실습Ⅱ	6(4~8)
	의료기관-기초실무실습	6(5~7)		
	행정기관-기초실무실습	2(1~3)		
	제약산업-기초실무실습	3(2~4)		
	연구-심화실습Ⅰ	2(2~3)		
임상약학			지역약국-심화실습	8(6~10)
			의료기관-심화실무실습	8(6~10)
산업약학			제약산업-심화실무실습	8(6~10)
			행정기관-심화실습	8(6~10)
대학별 특성	대학별 선택 과목		대학별 선택 과목	
이수학점		18(16~20)		16(14~18)

약학과는 인류의 질병을 예방 또는 치료하기 위하여 의약품 활용에 필요한 전문인을 양성함을 목적으로 한다. 약학과에서는 의약품 등 생리활성물질의 생체내 작용, 약효와 약리, 조제와 복약지도, 병원약학 및 환경과 건강 등에 대한 교육을 실시한다.

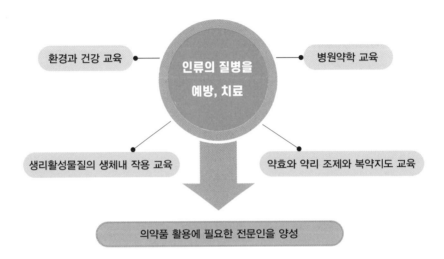

제약학과는 신약개발, 의약품의 원료 및 자원의 개발 및 의약품의 제조에 관한 이론과 기술을 개발할 수 있는 전문인을 양성함을 목적으로 한다. 제약학과에서는 신의약품의 개발, 개발정보관리, 원료의약품 및 신약후보물질의 합성, 천연물이나 유전공학의 활용을 통한 신약후보물질의 탐색, 의약품제제개발, 제약공장관리 및 의약품 품질관리 등에 필요한 교육을 실시한다.

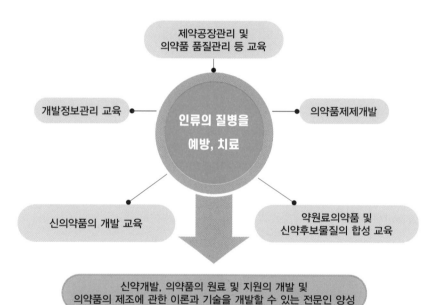

1) 화학

- 일반화학
- 유기화학
- 의약화학
- 의약품합성학
- 약화학
- 약품분석학
- 약품생화학
- 약품물리화학
- 약품제조화학
- 의약화학
- 무기방사성의약품학
- 약물학
- 임상화학

2) 생명과학

- 생물학
- 분자생물학
- 세포생물학
- 병태생리학
- 약물치료학
- 독성학
- 약품미생물학
- 해부생리학
- 약품면역학
- 병태생리학
- 생물약제학
- 면역학
- 생약학

3) 물리학

- 물리학
- 약품물리화학
- 약제학
- 제제학
- 약물동태학
- 약물송달학
- 물리약학

4) 수학

- 약학/의학 통계
- 생물통계학

5) 법학

- 약사법규
- 보건 · 의약 관계법

6) 경영 · 경제

- 약사경영학
- 의약 빅데이터와 AI
- 산업약학
- 의약산업정보학
- 약사 커뮤니케이션

7) 실습

- 약학실습
- 제약실무실습
- 지역약국실무실습
- 기초약무실수실습
- 약무행정실무실습
- 병원실무실습

약학은 '응용학문의 꽃'이라는 말로 대표되며, 이에 맞게 약학과의 교과과정은 사회에 다방면으로 이바지할 수 있는 약사양성을 목표로 하여 생물학, 물리학, 화학을 근간으로 약학의 다양한 응용과목들로 구성된다. 3~5학년 때는 이론 및 실험실습 강의를 통해 약학의 전반적인 지식을 집중적으로 습득할 수 있으며, 6학년에는 제약, 지역약국, 병원약국, 연구 실무실습 과정이 있어 이 모든 과정을 통해 지식과 경험이 조화된 약사로 양성될 수 있다.

1) 3학년

생물통계학, 약품미생물학, 약품분석학1, 2, 약품물리화학1, 약품면역학, 병태생리학, 생약학1, 해부생리학, 약품생화학1, 2, 약화학, 약학실습1, 2, 분자유전학, 법화학, 영성, 인간학1

2) 4학년

약품제조화학1, 2, 약물학1, 2, 3, 예방약학1, 2, 의약화학1, 2, 제재학1, 2, 약품물리화학2, 무기방사성의약품학, 생약학2, 생물약제학, 약학실습3, 4

3) 5학년

약물치료학1, 2, 3, 4, 5, 6, 약물동태학, 약물송달학, 병원실무실습1, 2, 기초약무실무실습, 사회약학, 바이오의약품학, 고급병태생리학, 한약제제학, 병원약국학, 비처방약물학

4) 6학년

제약실무실습, 지역약국실무실습, 전문약사심화실무실습, 약학연구심화실습, 약무행정실무실습, 약전및품질관리, 약사법규, 고급생물약제학, 고급의약화학, 고급약품제조화학, 독성학, 임상약물학, 약사윤리, 의약정보학, 나노약과학, 의약품제조공학 및 관리학, 소아노인약학

1) 전공코어/전공핵심

해부생리학, 약화학, 약품분석학, 약품생화학, 약품미생물학, 생약학, 약품분자생물학, 생물약제학, 물리약학, 병태생리학, 약품면역학, 천연물약품화학, 의약화학, 독성학, 예방약학, 약제학

2) 전공심화/전공일반

바이오제약산업개론, 신약개발전략, 펩타이드소재개발, 유전자 및 세포치료제, 바이오제약경영학, 바이오의약품전달학, 바이오의약품기기분석학, 바이오의약캡스톤디자인, 바이오의약인허가론, 바이오분자약학, 모델링기반의약품설계, 단백질의약품학, 무기 및 방사성의약품학, 천연물방제학, 생약본초학, 약무정책개론, 바이오약품개론, 약물작용기초이론, 기본제조약학, 약물구조설계학, 유기반응화학, 약물구조분석학, 천연물신약론, 약학연구설계론, 생체분자약학, 바이오의약품학, 약물신호전달학, 신약개발연구개론, 공중보건약학, 임상영양 및 건강식품학, 약물남용학, 보건의료개론, 약물전달시스템개론, 나노약과학, 규제과학개론, 의약품개발론, 제약공학 및 제조관리학, 제제설계학, 제약산업학, 기능성향장품품학, 산학연약학현장실습, 약물유전체학, 비처방약, 약학통계학, 임상약물동력학, 조제학, 임상약품면역학, 임상독성학, 임상병태생리학, 복약지도론, 약국경영학, 병원약학

3) 실험실습

약학실습, 약학연구

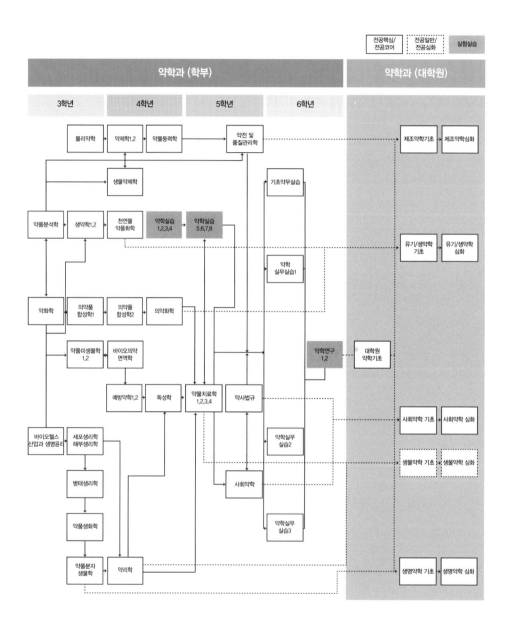

CHAPTER 10

학과 활동

약학대학은 전문의료인으로서 전문지식 습득을 위해 학술제, 전공동아리, 전공캠프 등의 교과 활동 프로그램을 운영하고 있다. 또한 보건의료인으로서 윤리봉사 정신의 함양을 위해 봉사활동, 예체능 동아리 등 비교과 활동 프로그램을 다수 운영하고 있다. 약학대학은 이런 학과 활동에 학생들의 자발적 참여를 독려하고 선배와 지도교수들이 멘토 역할을 수행하고 있다. 예를 들어 이화여대는 약학대학 아너스 프로그램(Honors Program)을 실시하여 아너스 리서치, 연구실 인턴십을 포함한 다양한 분야의 학문적 체험과 자기주도적 지적 성취 기회 제공 및 우수 학생을 시상하고 있다. 그리고 팜챌린지, 캡스톤, 해외실무실습, 보건행정 부트캠프, 복약상담 경연대회, TALK & SHARE 등의 활동 기회와 지원을 통해 관심 분야를 스스로 탐색하고 도전할 수 있다. 그럼 몇몇 약학대학의 대표적인 학과 활동을 살펴보자.

01 가톨릭대

동아리 활동

① **팜디**(Pharmaceutical Dream)
학술 동아리로 매주 모여 약학과 관련된 자유로운 주제를 토론하고 친목을 다집니다.

② **팜빛**
커뮤너스라는 가천대, 가톨릭대, 아주대, 연세대, 한양대 총 5개 약학대학 학생들로 이루어진 연합 봉사 동아리입니다. 주로 한 달에 한 번씩 가는 정기 투약 봉사활동뿐만 아니라 KT&G재단에 협력 동아리로 등록되어 KT&G에서 진행하는 벽화 그리기나 해외 봉사 등 다양한 비정기 봉사를 하거나, 서울시 의사회, 부천외국인노동자센터 등 10개의 기

관에서 정기적인 조제 봉사활동 및 다양한 연례행사를 진행합니다.

③ 유니폴로

주변에서 접할 수 있는 다양한 생약을 조사 및 연구하는 생약 동아리입니다. 매해 약초원 견학을 하며 생약학에 대한 친밀한 접근과 생약주 담그기, 하우스 맥주 만들기 등 생약을 이용한 활동을 하여 이를 통해 친목을 도모하는 동아리입니다.

④ 팜퐁(Pharm Pong)

작은 테이블 안에서 펼쳐지는 짜릿한 승부! 건전한 스포츠로 스트레스를 푸는 탁구 동아리입니다. 정기적인 훈련을 하며 약대 전체 교수님과 학생들이 참여하는 탁구대회도 개최합니다.

⑤ 야캭(YAKAK, 약학+찰칵)

가약인들의 소중한 순간을 한 장 한 장 기억하는 기억저장소입니다. 교수님들과 함께 출사를 나가 사진도 찍고 친목도 도모하는 동아리로 평소에는 명소를 찾아 출사를 나가며, 연말에는 한 해의 활동을 정리하며 사진전을 개최하는 등 꾸준하게 활동을 하고 있습니다.

⑥ 가축

축구 동아리 가축은 교내 및 교외의 축구대회에서 우수한 성적을 거두고 있습니다. 특히 2020년에는 전국약대생축제 체육대회에서 준우승을 차지하는 쾌거를 이뤘습니다.

⑦ 약꾹

신규 약대 농구 동아리로서 동아리가 만들어진 기간은 얼마 안 되지만, 농구 실력을 향상시키기 위해 꾸준히 연습하고 있습니다.

⑧ 약센트

밴드 동아리이자 자유 음악 동아리인 약센트는 자유로운 음악을 추구합니다. 음악을 즐기고, 공연을 준비하며 끈끈해지는 동아리입니다. 아주대, 단국대 약대 등과 연합공연도 정기적으로 실시하고 있습니다.

⑨ Cloud9

댄스 동아리로 월드디제이페스티벌, 라운지 바, 가얏인의 밤 공연, 댄스 동아리 연합과의 합동 공연 등의 활동을 하며 춤은 물론 선후배 간의 끈끈한 정 두 마리 토끼를 모두 잡을 수 있는 동아리입니다.

02 | 고려대(세종)

1) 학생회

새내기배움터, 졸업식, 스승의날, 체육대회, 고연전 등 다양한 연례행사뿐만 아니라 E-Sports, 간식행사, 공동구매 등 학우들의 복지 향상을 위한 다양한 프로그램을 직접 기획하고 제공하는 고려대학교 약학대학 학생자치기구.

2) 교지편집부

'비상'은 교수님, 졸업하신 선배님, 또는 다양한 업계에 계시는 분들의 취재부터 촬영, 교열, 디자인까지 체계화된 고려대학교 약학대학 교지편집부.

3) 봉사활동

'고고팜'은 전인지 골프선수의 후원을 받아 운영중인 고려대학교 약학대학 봉사 동아리입니다. 매달 고려대학교 안산, 안암, 구로 병원 약사님들과 함께 진행하는 의료봉사뿐만 아니라 자체적인 프로그램을 기획해 아동센터, 경로당에서 지역 봉사도 진행.

4) 동아리

KLAP(댄스 동아리), NKB(농구 동아리), SCV(축구 동아리) 등 다양한 학과 내 동아리가 있으며, 타 대학 학생들과 함께 전국약학대학학생협회(KPSA), 한국약학대학생연합(KNAPS) 등의 활동을 할 수 있습니다. KPSA는 약 30년간 이어져 온 약학대학 학생들의 대표기구로, 약학대학 학생이라면 별도의 지원 없이 누구나 회원이 됩니다. KNAPS는 전 세계 약학대학생들이 소속된 국제약학대학생연합(IPSF)에서 한국약학대학생을 대표하는 비정부, 비종교, 비정치적 학생 단체.

03 ┃ 덕성여대

1) 전문약사 기숙영어프로그램

학생회와 함께 약대 신입생을 대상으로 전문약사 기숙영어프로그램을 운영.
프로그램 후 만족도 조사를 통해 기숙영어프로그램의 질적 향상을 지속적으로 유지.

2) 해외임상실무실습 프로그램

USC 임상실무실습 연수 프로그램.
Western University 임상실무실습 연수 프로그램.

3) 덕성 글로벌 챌린저 프로그램

덕성여대 대외협력처에서 주관하는 글로벌 역량강화 교육 프로그램.
다양한 연구주제로 지원팀을 선정하여 현장 방문, 인터뷰, 발표 등을 실시.

4) 봉사활동

- 학생 개인이나 외부 단체의 봉사활동에의 참여 등을 적극 장려하는 활동(홈페이지 공지 사항이나 별도 배너)이나 프로그램(약학대학 자체 봉사 활동 등)을 운영하고 있으며, 이에 대해 예산을 지원.
- 덕성여자대학교는 덕성여자대학교 공식 봉사활동 단체인 '덕성사회봉사단'은 장애 아동들과 함께하는 나들이 봉사팀(C.G.L.), 방과 후 공부방 봉사팀(AfterSchool), 벽화 및 건축 봉사팀(지음), 보드게임 봉사팀(We즐), 총 4개팀으로 구성되어 있으며 매학기 봉사단원을 모집하여 활동하고 있음.
- 덕성여자대학교는 사회봉사 교과목을 운영하고 있음. 사회봉사1, 2 과목은 매학기

교양과정 일반교양으로 개설되어, 학기 중 봉사활동을 통해 1학점을 이수할 수 있음. 2012년 2학기부터는 서울시 동행프로젝트와 학점연계로 진행되고 있음.

04 | 성균관대

1) 동아리활동

① PHAROS(패로스)

Rock을 사랑하고 연주하는 동아리 PHAROS는 1982년 창단된 약대 유일의 락밴드입니다. PHAROS는 각 학번별로 보컬, 기타, 베이스, 드럼, 키보드의 5개 세션이 한 팀으로 구성되어 락밴드로 활동하며 즐거운 약대 생활을 꾸며나가는 동아리입니다.

② 狂想(광상)

1975년에 설립된 연극 동아리로 캐스팅과 기획(조명, 음향, 분장·의상, 소품, 무대)으로 이루어져 매년 두 번씩 공연을 합니다. 공연 이외에는 매학기 연극 보러 가기, MT 등의 활동을 통해 친목을 다지고 있습니다.

③ CALLON(깔롱)

싱균관대학교 댄스 동아리인 CALLON은 2017년 첫 정기공연을 시작으로 내넌 봄 공언(5월), 가을 공연(11월)을 열고 있습니다. 공연 관련 행사로 리허설과 공연 영상회가 있으며, 공연 영상을 Youtube '깔롱 CALLON' 채널에 업로드하고 있습니다. 동아리원 간 친목을 다지기 위한 MT 등의 행사도 활발히 이루어지고 있습니다.

④ PIMA(피마)

1986년 9월 5일 창단된 성균관대학교 약학대학 클래식기타 동아리입니다. 매년 3월 봄 신입생환영연주회와 9월 가을 정기연주회를 열어 왔으며, 매회 공연 영상은 Youtube 채널 'PIMA'에 업로드하여 공유하고 있습니다. 또한 10월에는 녹우재에서 야외 음악회에 참여하여 덕성여대, 숙명여대, 서울대 약대의 클래식기타 및 오케스트라 동아리와 활발히 교류하고 있습니다.

2) 삼부활동

① 분석부

- 의약분석 및 논리적인 사고와 방법 습득.
- 공부의 신 프로젝트, 축제 부스 참가.

② 생약부

- 생약연구 동아리.
- 하계방학 중 울릉도 탐방 & 생약 채집, 생약주 담그기.

③ 제제부

- 제제학술연구 및 낙후된 벽지에 의약품 봉사활동.
- 하계방학 중 낙후된 벽지 의약품 봉사 및 농촌활동, 의약품 제조 실습.

학생부종합전형 활동

약학대학 통합 6년제 선발 첫해 수시모집 종합전형 합격선은 예상대로 하늘 높이 치솟았다. 자칫 종합전형을 잘못 이해하고 일회성 활동을 많이 나열하기보다는 실험 하나라도 진득하게 매조지하길 권한다. 활동의 양보다는 진정성 있는 활동 하나가 고만고만한 학생부들 사이에서 더욱 빛날 것이기 때문이다. 예컨대 '생활과 과학' 과목에서 항생제의 역사를 배운 후 지적 호기심이 생겼다면, 거기서 머물지 말자. '항생제를 비롯한 약물의 오남용 사례를 조사하고, 그것이 건강에 미치는 영향'이 무엇인지 조사하여 보고서를 작성하고 발표하는 일련의 활동을 했다면 이 학생은 성장한 것으로 평가자는 판단할 것이다.

어렵게 생각할 필요 없다. 간단한 활동부터 시작해보자. '과학사' 과목에서 백신의 역사를 배웠다면, 국가별 코로나19 예방 포스터와 대응을 비교하는 보고서를 작성하고 발표하자. 대학 진학 후에도 평가는 보고서 제출과 프레젠테이션이 그 핵심이기 때문이다. 자연계 학생들에게도 요구되는 중요한 학업역량은 쓰기와 말하기다. 또한 쓰기와 말하기의 전제 활동은 독서다. 『하리하라의 생물학 카페』를 읽은 후 약학과로 진로를 결정했다면, 『Campbell의 Biology』를 통해 호기심과 역량을 확장하는 책읽기를 시도해보자. 찰스 다윈은 갈라파고스 제도에 사는 "핀치새의 부리의 모양과 크기가 왜 다를까?"라는 궁금증에서 『종의 기원』의 영감을 받았다. 이렇듯 공통점과 차이점을 찾는 비교 · 대조의 탐구방법은 모든 과학자가 수행하는 연구방법론이다. 약학과와 관련 있는 사상 · 실험 · 인물 · 주제가 있다면 관련 책들을 읽고 비교하고 대조해보자.

동아리도 괜찮은 활동이다. 동아리 구성원들과 공통 주제를 정한 후, 각각 자신의 의견을 보고서를 작성하고 세미나를 열어서 토론해보자. 그리고 토론에서 모아진 심화 내용으로 동아리 활동집을 만들어보자. 예컨대 교내 과학동아리를 통해서나 아니면 대학과 연계해 실험할 기회가 생긴다면 아세트아미노펜의 간독성실험이나, 아스피린 합성실험 등 대학에서 진행하는 실험들을 해보는 것도 추천하고 싶다. 아스피린 합성실험은 키트를 구입해 간단히 해볼 수 있다. 먼저 '아스피린 키트'를 구입해 아스피린 합성실험을 한 후 그 작용기전을 알아보는 그룹 프로젝트를 진행해보자. 아스피린이 아니어도 자신의 관심 있는 약을 하나 정해 직접 어떤 성분이 있고 어떤 작용으로 병을 치료하는지 조사하여 보고서를 작성하고 발표하면 된다. 이때도 마지막은 보고서 제출과 프레젠테이션임을 잊지 말자.

그럼 이제 약대 지원을 희망하는 수험생이 알아두면 좋은 교과연계활동을 '통합과학', '과학탐구실험', '과학사', '생활과학', '화학', '생명과학', '융합과학' 교과서 내용과 탐구활동에서 실마리를 찾아보자.

학생부종합전형 자연계 모집단위 관련 '과학' 교과[11]

모집단위	물리학	화학	생명과학	지구과학
수학과	○	○	○	–
물리학과	○	○	–	–
화학과	–	○	–	–
지구시스템과학과	○	○	○	○
천문우주학과	○	○	○	○
대기과학과	○	○	○	○
화공생명공학부	○	○	–	–
전기전자공학부	○	–	○	–
건축공학부	○	○	–	–
도시공학과	○	○	○	○
사회환경시스템공학부	○	○	–	–
기계공학부	○	○	–	–
신소재공학부	○	○	○	–
산업공학과	–	○	○	–
시스템생물학과	–	○	○	–
생화학과	–	○	○	–
생명공학과	–	○	○	–
컴퓨터과학과	○	–	○	–
치의예과	–	○	○	–
의예과	–	○	○	–
약학과	○	○	○	–

11 연세대학교 자료 인용

학생부종합전형 준비 가이드('강원대학교 2023 학생부종합전형 안내'에서 발췌)

인재상	• 창의적이고 진취적인 사고를 바탕으로 융합 및 첨단 응용과학기술을 이용하여 제약·바이오산업을 선도하는 약학 선구자 • 인간 중심의 사회적 가치와 환자 치료를 위해 따뜻한 인성과 직업윤리를 갖춘 의약품 전문가 • 환자 중심의 질별 예방과 치료 및 국민 보건에 헌신하는 약사
이런 교과가 중요해요!	• 화학(I , II), 생명과학(I , II), 물리학(I , II), 수학교과
이런 활동이 좋은 평가를 받아요!	• 과학 관련 교내대회, 동아리 및 프로그램 활동: 융복합 과학 기반의 전문적 약학 지식 학습 및 신약개발과 같은 약학 연구를 위해 필요함 • 공공단체 자원봉사 활동: 환자 치료와 보건 향상을 위하여 따뜻한 인성과 직업윤리를 가진 약사로서 필요한 공익성 및 봉사성 함양
이런 역량이 필요해요!	• 질병 치료와 신약 개발에 관한 과학적 탐구 능력: 난치병 극복 및 질병 치료제 개발을 위한 과학적 창의력 필요 • 의약품 안전관리자로서의 과학적 사고력: 의약품 생산 및 관리를 위한 응용과학적 사고력 필요 • 보건의료인으로서의 마음가짐: 환자 중심의 질병 치료와 국민 보건에 헌신하는 약사로서의 윤리적 소양 필요
추천도서	• 약사가 말하는 약사(부키/홍성광 외) • 세상에서 제일 좋은 직업 약사(범무에듀케이션/김성진 등) • 내 약 사용설명서(세상풍경/이지현) • 인류를 구한 12가지 약 이야기(반니/정승규) • 새로운 약은 어떻게 창조되나(서울대학교출판문화원/심창구)

[교과서 탐구생활]

산화를 막아라
---

1. 문제 인식

과일이나 채소에 많이 포함된 바이타민 C는 항산화제로 알려져 있다. 항산화제란 다른 물질이 산화되는 것을 막아주는 물질을 말한다. 바이타민 C는 우리 몸속에서 어떻게 항산화제로 작용할 수 있는 것일까?

2. 활동하기

바이타민 C가 항산화제로 작용할 수 있는 원리를 알아보고, 여러 가지 음료 속에 바이타민 C가 얼마나 들어 있는지 검출해보자.

〈준비물〉
- 아이오딘–녹말 용액 ■ 바이타민 C 용액 ■ 여러 가지 음료(녹차, 레몬주스, 탄산음료 등)
- 비커 ■ 시험관 ■ 시험관대 ■ 스포이트 ■ 유리 막대 ■ 보안경 ■ 실험용 고무장갑
- 실험복

❶ 시험관에 아이오딘–녹말 용액을 5mL를 넣자.

❷ 스포이트를 사용하여 과정 ❶의 시험관에 바이타민 C 용액을 한 방울씩 계속 넣으면서 잘 젓고, 색깔 변화를 관찰해보자.

❸ 바이타민 C 용액 대신 여러 가지 음료를 넣으면서 위의 과정을 반복해보자.

3. 정리하기

❶ 아이오딘–녹말 용액의 색이 사라지는 까닭을 조사해보고, 이것으로부터 바이타민 C가 우리 몸속에서 어떤 역할을 하는지 토의해보자.

❷ 깎아놓은 사과의 표면에 바이타민 C 용액을 뿌려놓으면 어떤 효과가 있을지 예상해보고, 그 까닭을 설명해보자.

---

12   미래N에서 펴낸 『통합과학』 교과서에서 발췌

■ **다음은 속이 쓰릴 때 복용하는 제산제를 설명한 것이다.**

위액 속에는 산성 물질인 위산이 들어 있는데, 위산의 주성분은 강산인 염산(HCl 수용액)이다. 따라서 위산이 과다하게 분비되면 위벽이 헐어 속 쓰림을 느끼게 된다. 이때 복용하는 것이 제산제인데, 제산제는 염산과 반응하여 산성의 세기를 줄여준다. 제산제에는 주로 약한 염기성 성분인 탄산수소나트륨($NaHCO_3$), 수산화 마그네슘($Mg(OH)_2$) 등이 들어 있다.

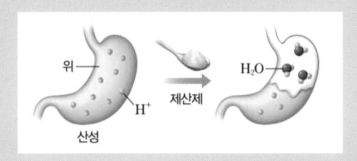

❶ 제산제 성분인 수산화 마그네슘과 염산의 반응을 화학 반응식으로 써보자.

❷ ❶의 화학 반응식을 참고하여 중화 반응이 산화 환원 반응인지 아닌지를 추론해보고, 그 까닭을 설명해보자.

[교과서 탐구생활]

소화제의 효과 확인하기

1. 목표

소화제의 종류에 따른 영양소 분해 정도를 비교하여 소화제에 적용되는 과학 원리를 파악할 수 있다.

2. 준비물

두 종류의 소화제, 아이오딘-아이오딘화 칼륨 용액, 1% 녹말 용액, 5% 수산화나트륨 수용액, 1% 황산구리 수용액, 1% 알부민 용액, 증류수, 시험관, 스포이트, 비커, 온도계, 유리 막대, 막자, 막자사발, 시험관대, 보안경, 면장갑, 실험용 고무장갑, 실험복

3. 실험하기

소화제(소화 효소제)의 종류에 따른 영양소 분해 정도를 알 수 있는 실험을 다음과 같이 해보자.

❶ 두 종류의 소화제를 각각 한 알씩 막자사발에 갈아서 20mL의 증류수에 섞어 소화제 용액 A와 B를 만들자.

❷ 6개의 시험관에 다음과 같이 물질을 넣은 후 색깔 변화를 관찰해보자.

시험관	넣은 물질
1~3	1% 녹말 용액 5mL, 아이오딘-아이오딘화 칼륨 용액 1방울
4~6	1% 알부민 용액 5mL, 뷰렛 용액 1방울

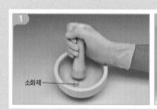
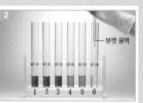

---

❸ 각각의 시험관에 소화제 용액 A와 B, 증류수를 다음과 같이 넣으려고 한다. 빈칸에 들어갈 알맞은 용액의 양을 쓰자.

(단위: mL)

시험관	1	2	3	4	5	6
소화제 용액 A		0				
소화제 용액 B	0				5	
증류수			5	0		5

❹ 각각의 시험관에 과정 ❸과 같이 용액을 넣은 후 유리 막대로 잘 섞자.

❺ 6개의 시험관을 37℃ 정도의 물이 들어 있는 비커 속에 약 10분 동안 넣어두자.

❻ 각 시험관 속 용액의 색깔 변화를 관찰해보자.

4. 결과 및 정리하기

❶ 과정 ❷와 ❻에서 나타난 각 시험관 속 용액의 색깔 변화를 표에 기록해보자.

시험관		1	2	3	4	5	6
색깔	과정 ❷						
변화	과정 ❻						

❷ 소화제 용액을 넣은 후 색깔이 변한 시험관과 그 까닭을 서술해보자.

구분	색깔이 변한 시험관	까닭
소화제 용액 A		
소화제 용액 B		

❸ 대조군과 실험군에 해당하는 시험관을 각각 서술해보자.

- 대조군 : _____
- 실험군 : _____

❹ 실험 결과를 근거로 소화제 용액 A와 B에 들어 있는 소화 효소를 각각 서술해보자.

❺ 소화제의 종류에 따라 영양소의 분해 정도는 어떻게 다른지 실험 결과를 근거로 토의하여 정리해보자.

❻ 소화제의 종류에 따라 영양소의 분해 정도를 비교한 실험에서 개선할 점을 서술해보고, 새로운 실험 방법을 제안해보자.

개선할 점	
새로운 실험 방법	

❼ 소화 불량으로 안전 상비 의약품에 속하는 소화제를 먹으려는 친구에게 어떤 소화제를 먹으면 좋을지 조언하는 글을 실험 결과를 근거로 서술해보자.

5. 활동하기

소화제 대신 무나 엿기름을 먹어도 소화 불량 증상을 개선할 수 있다. 무와 엿기름에는 어떤 영양소의 분해를 촉진하는 소화 효소가 들어 있는지 확인하는 실험을 설계해보자.

식물 추출물에 항생 물질이 들어가 있는지 확인하기

1. 목표
탐구 대상 식물에서 추출물을 얻고, 이 추출물에 항생 물질이 들어 있는지 확인할 수 있다.

2. 준비물
탐구 대상 식물, 식빵, 증류수, 에탄올, 전열 기구, 전자저울, 거름종이, 비커, 깔때기, 핀셋, 수조, 페트리 접시, 칼, 초시계, 네임펜, 보안경, 면장갑, 실험용 고무장갑, 실험복

3. 실험하기

❶ 탐구 대상 식물에서 추출물을 얻을 부위(재료)를 각각 5g과 10g씩 준비해두자.

❷ 증류수 50mL가 들어 있는 비커 2개에 재료 5g과 10g을 각각 넣고 같은 시간 동안 가열하여 추출물 A와 B를 얻자.

〈재료의 양을 서로 다르게 하여 추출물 A와 B를 얻는 까닭을 서술해보자〉

❸ 추출물 A와 B를 식힌 후 거름종이로 재료를 걸러내자.

❹ 같은 크기로 자른 식빵 조각 3개를 준비해두자.

❺ 같은 양의 증류수, 추출물 A, 추출물 B가 들어 있는 페트리 접시에 식빵 조각을 각각 5초 동안 담갔다가 꺼내자.

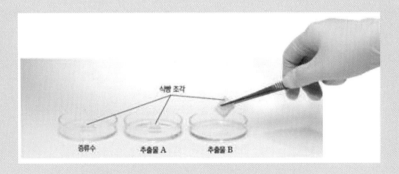

〈식빵 조각을 증류수에 담그는 까닭을 서술해보자〉

❻ 과정 ❺의 식빵 조각 3개를 각각 새로운 페트리 접시에 담아 동일한 곳에 두고 시간이 지날수록 어떤 변화가 일어나는지 관찰해보자.

〈추출물에 항생 물질이 들어 있다면 시간이 지날수록 식빵 조각에서 어떤 차이가 생길지 예상해보자〉

❼ 증류수 대신 유기 용매를 사용하여 과정 ❶~❻에서와 동일하게 실험을 한 번 더 수행해보자.

4. 결과 및 정리하기

❶ 식빵 조각에서 일어난 변화를 쓰고, 사진을 찍어 붙여보자.

❷ 선정한 식물 재료에 천연 항생 물질이 들어 있는가? 그렇게 생각한 까닭을 서술해보자.

❸ 이 실험에서 보완하거나 개선해야 할 사항이 있으면 서술해보자.

❹ 식물 추출물에 항생 물질이 들어 있는지 확인하는 과정에서 연구 윤리와 실험 안전 사항을 어떻게 지켰는지 발표해보자.

디스크 확산법

1. 목표

디스크 확산법을 이용하여 항생 물질로서의 효과를 측정하는 원리를 설명할 수 있다.

2. 자료 해석하기

❶ 어떤 물질이 항생 물질로서 효과가 있는지를 객관적으로 확인하기 위해 디스크 확산법을 이용한다. 디스크 확산법이 무엇이며, 항생 물질의 효과를 어떻게 측정하는지 알아보자.

> 디스크 확산법에서는 고체 배지에 세균 등의 미생물을 골고루 도포한 후, 항생 물질로서의 효과를 측정하고자 하는 시험 물질을 처리한 원형 여과지를 배지 위에 올려놓는다. 그리고 이 배지를 세균 배양기에서 일정 기간 동안 배양한다. 배양하는 동안 여과지에 처리된 시험 물질은 배지 주변으로 확산되며, 만약 시험 물질이 항생 물질로 작용한다면 여과지 주변에는 세균이 자라지 못하는 생장 저해 구역이 형성된다. 확산된 시험 물질의 농도는 여과지에서 멀어질수록 낮아지므로 생장 저해 구역의 지름을 통해 항생 물질로서 효과가 얼마나 큰지 측정할 수 있다.

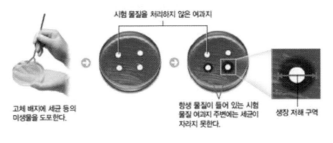

시험 물질을 처리하지 않은 여과지

고체 배지에 세균 등의 미생물을 도포한다.

항생 물질이 들어 있는 시험 물질 여과지 주변에는 세균이 자라지 못한다.

생장 저해 구역

- 효과가 큰 항생 물질일수록 생장 저해 구역의 지름이 클까, 작을까, 혹은 차이가 없을까? 그렇게 생각한 까닭을 서술해보자.

❷ 그림은 디스크 확산법 결과를 나타낸 것이다. 여과지 A~F에는 표와 같이 물질의 종류와 농도를 다르게 처리하였다. (단, 물질 (가)~(라)는 모두 증류수를 이용해 녹였다.)

여과지	A	B	C	D	E	F
처리한 물질	?	(가)	(나)	(다)	(라)	(라)
용액의 농도(%)	?	1	1	1	1	?

■ 여과지 A가 대조군이 되려면 물질과 용액을 어떻게 처리해야 할까?

■ (가)~(라) 중 항생 물질로서 효과가 가장 큰 것은 무엇일까? 그렇게 생각한 까닭을 서술해보자.

■ F에 처리한 (라)의 농도는 1%보다 높은가, 낮은가? 그렇게 생각한 까닭을 서술해보자.

3. 실험 설계하기

탐구 3에서 찾은 식물 추출물에 항생 물질이 들어 있는지 디스크 확산법으로 확인하는 실험을 설계해보자.

준비물	
실험 과정	
예상되는 실험 결과	

[교과서 읽기 자료]

독일의 화학 산업과 제약의 발전

근현대 제약 산업의 발전은 화학의 역사와 궤를 같이한다고 해도 과언이 아닐 만큼 인간의 생명을 구하기 위한 약의 탐색과 제조는 화학연구의 중요한 동력이었다. 인류 문명이 시작된 이래 경험적으로 얻은 지식들을 축적하여 이룩한 민속의학적이고 본초학적인 자료들을 통해 인류는 생약에 대한 효능을 알고 있었다. 그러나 이들에 대한 화학적 인공합성과 대량생산에의 도전은 당시로서는 어려운 과제였고, 같은 효능을 낼 수 있는지에 대해서도 의심스러운 점들이 남아 있는 상태였다. 뵐러의 연구를 통하여 생명체에서의 신비주의가 걷혀나가고 생명체의 부산물인 생약 역시 화학적 구조가 존재하며 이것에 대해서 화학자들에 의한 연구실의 인공합성이 가능하다는 희망을 가지게 되었고, 이것은 바로 신약연구의 동력이 되었다.

유럽에서의 제약 산업에는 두 지류의 뿌리가 있는데 하나는 모르핀이나 퀴닌과 같은 생약을 취급하던 지역 약국들이 확장되어 나간 경우와, 1800년대 후반 독일의 염료 생산자들에 의해 콜타르와 같은 석유 화학을 통해 유기 물질을 정제하는 데 성공하고 유기 합성법을 이용하여 이것으로 공업적 제약을 시작한 경우이다. 물론 기원전 시기부터 인류는 나무껍질이나 식물의 열매를 채집하여 만든 침출액과 같은 생물학적 방식을 통해 병을 치료해왔다. 그러나 대규모 사상자가 발생하는 세계대전을 경험하면서 인근지역에서 채집한 생약만으로는 넘쳐나는 야전병원의 환자들을 감당할 수 없는 안타까움을 느끼게 된다. 뿐만 아니라 14세기 흑사병과 함께 1918년~1919년 사이 전 인류의 6%나 되는 사망자를 낸 스페인 독감과 같은 대규모 감염병을 겪으면서 의약품의 신속한 대량 공급의 필요성을 절감하게 된다. 초기의 신약 개발은 화학적으로 유기 합성되는 방식으로 이루어지기보다는 생체에서 활성물질을 포함한 추출물을 정제하는 방식으로 약품을 개발하였다. 대표적인 예가 1890년대에 부신 호르몬 에피네프린과 관련된 역사이다. 1886년 5월 윌리엄 베이츠가 이 물질의 발견을 보고한 이래 계속 생체 추출물 형태로 이용되고 연구되다가 1904년 독일의 화학자 프리드리히 스톨츠(Friedrich Stolz)가 인공적으로 합성함으로써 비로소 대량생산될 수 있는 약으로서의 길이 열렸다. 이후 에피네프린은 우리가 잘 알고 있는 '아드레날린'이라는 상품명으로 시판되게 된다.

---

14 씨마스에서 펴낸 『과학사』 교과서에서 발췌

아들의 따뜻한 마음이 담긴 약 아스피린

아스피린은 연간 40,000톤 이상이 생산되는 중요한 약이며, 수천 년 전부터 인류역사와 함께 해온 약품이다. 기원전 500년경 히포크라테스가 버드나무 껍질을 달여서 통증의 경감에 사용한 기록이 있고 이 성분이 살리실산(Salicylic acid)임을 후대의 학자들이 알게 된다. 1828년 요한 안드레아스 뷰흐너가 버드나무에서 쓴맛 나는 노란 결정을 찾았고, 버드나무의 라틴어 학명인 Salix의 이름을 따서 살리신(Salicin)이라는 이름을 붙이게 되었다. 1897년 살리신산의 부작용을 경감시키고자 독일의 화학자 펠릭스 호프만(Felix Hoffmann, 1868~1946)이 바이엘 제약회사에 근무하던 중 개발한 것이 우리가 잘 알고 있는 '아스피린'이다. 펠릭스는 살리실산이 특유의 쓴맛과 섭취 시 위장 점막을 손상시키는 것을 막고자 아세틸살리실산을 개발했고 이것이 오늘날의 아스피린이 된다. 펠릭스의 아스피린 개발에는 아버지를 향한 효심이 숨어 있었다. 펠릭스의 아버지는 류머티스 관절염으로 고생을 하고 계셨는데, 진통제로 살리실산을 먹던 아버지는 늘 소화불량으로 고생을 했다. 펠릭스는 아버지의 소화불량이 조팝나무 껍질의 나트륨염 때문임을 알아내고 이것을 대체할 물질의 합성에 성공하게 된 것이다.

화학적 합성을 통한 인슐린의 대량생산

발병기전에 대한 연구는 생물과 의학이 해냈을지 모르지만, 약리적 기전과 생약의 화학성분을 동정하고 이를 복제하여 대량생산한 화학자들의 노력이 없었다면 오늘날 우리가 일상생활에서 만나는 수많은 의약품들은 볼 수 없었을 것이다. 이러한 사례는 현대 화학이 자리를 잡아가던 시기에 많이 나타났는데 당뇨병과 관련된 연구에서도 찾아볼 수 있다.

1800년대 후반부터 1900년대 초반까지 일련의 실험들을 통해서 당뇨병은 췌장이 일상적으로 만드는 물질의 부족 때문에 발병한다는 것이 밝혀졌다. 1869년 오스카 민코스프키(Oscar Minkowski)와 요제프 폰 메링(Joseph von Mering)은 외과 수술을 통해 개의 췌장을 제거하면 당뇨병을 일으킬 수 있다는 것을 발견했다. 1921년 캐나다 교수 프레더릭 밴팅(Frederick Banting)과 그의 학생 찰스 베스트(Charles Best)는 이 연구를 반복했고, 췌장 제거로 나타난 증상은 췌장 추출물의 주사를 통해 반전된다는 것을 발견했다. 그 췌장 추출물이 사람에서도 작용한다는 것이 곧바로 증명되었지만, 일상적인 의료 절차로서 인슐린 요법의 개발은 지연되었다. 충분한 양과 재현할 수 있는 순도를 가진 인슐린을 생산하는 것이 어려웠기 때문이다. 일라이릴리앤컴퍼니(Eli Lilly and Company)의 화학자 조지 왈든(George Walden)은 추출물 pH의 조심스러운 조정을 통해서 상대적으로 순수한 인슐린을 생산할 수 있다는 것을 발견했다. 이때 인슐린 정제 및 합성에 대해 알게 된 다양한 나라의 과학자들과 기업들은 비독점적 인슐린 생산에 합의하게 되고, 오늘날과 같은 인슐린의 대량생산에 첫발을 내딛게 된다. 인슐린 요법이 개발되고 널리 퍼지기 이전에는 당뇨병 환자의 기대수명은 단지 몇 개월이었다는 측면에서 화학연구를 통한 약물의 대량생산이 주는 효과는 엄청나다.

항생제들의 조상님 페니실린이 우리 곁에 오기까지

1928년 알렉산더 플레밍(Alexander Fleming)은 페니실린(penicillin)의 항 박테리아 작용을 발견했지만, 사람 질병의 치료를 위한 개발은 페니실린의 대량생산과 정제 방법을 개발할 때까지 기다려야 했다. 이 방법들은 미국과 영국 정부 주도로 의약품 회사들의 협력단에 의해 2차 대전 중에 개발되었다. 특히 이 과정에서 워터 플로리와 언스트 체인의 물질분리와 화학적 합성이 없었다면 제2차 세계대전에서 수많은 병사들은 항생제의 도움을 받을 수 없었을 것이다. 이러한 공로를 인정받아 이들은 1945년에 노벨 생리-의학상을 공동수상하게 된다.

그러나 우리가 플레밍이 페니실린을 단독 발견하고 개발한 것으로 잘못 알게 된 것은 전기작가들이 허구로 만들어낸 내용들 때문이다. 플레밍은 페니실린을 '발견'한 것이고 사실상 페니실린계 항생제를 만들어 사람들을 구한 것은 플로리와 체인이 있었기 때문이다. 덧붙여 제2차 세계대전에서 처칠이 페니실린 덕분에 목숨을 구한 일화 역시 사실이 아니며, 실제로는 설폰아미드 계열의 다른 항생제였다.

이와 같이 화학자들의 끝없는 연구를 통해 인류를 질병에서 구할 약물들을 대량생산할 수 있게 되고, 오늘날까지도 신약 개발은 화학연구의 중요한 축을 이루고 있다.

4차 산업혁명과 신약 개발

과거 신약의 발견은 페니실린과 같은 우연한 발견(serendipity), 전염병에 의한 무작위 검사(random screening), 천연물로부터 추출(extraction from natural resources), 기존 약물의 변형(molecular modification) 등에 의존했지만 현대의 신약개발은 합리적 설계(rational drug design)를 기반으로 하고 있다. 신약개발에는 최소 10~15의 시간이 소요되며, 비용만도 5억 달러 이상이 든다.

최근에는 컴퓨터의 데이터베이스를 이용한 인 살리코(in silico) 접근을 통해 신약 개발을 하기도 한다. 이 과정에서 AI(인공지능)를 활용하여 기존이 신약개발 방식이 혁신되고 있다. 기존 신약개발에는 막대한 비용과 시간이 필요했다. 대략 5,000~1만 개의 신약 후보 물질을 탐색하면 10~250개 물질이 세포나 동물을 이용한 비임상시험 단계에 진입하고, 여기서 10개 미만의 물질이 실제 사람에게 투여하는 임상 시험에 돌입해 3단계에 걸친 시험을 거쳐 하나의 신약이 탄생하게 된다. 이 과정에 걸리는 시간만 평균 10~15년에 달하고, 1조 원이 넘는 자금이 투입된다.

신약 개발에 AI를 적용하면 기존 과정에 투입되던 시간과 비용을 크게 줄일 수 있을 것으로 기대된다. 기존 2~3년이 걸리던 신약 후보 탐색 기간을 대폭 단축할 수 있고, 부작용 우려가 있는 후보 물질을 걸러 신약 개발 성공률을 높일 수 있다. 또 고액의 약품과 효과가 같은 저렴한 물질을 찾거나 기존에 신약으로 개발에 실패한 물질에서 새로운 효능을 찾아내는 일도 가능하다.

[교과서 탐구생활]

1. 정리하기

현대 화학이 새로운 소재의 개발에 나설 수 있게 된 것은 어떤 생각과 연구 결과물들이 뒷받침되었기 때문인지 한두 줄로 정리해보자.

2. 확인하기

항생제 페니실린이 전장(戰場)에 공급되고 세계대전의 부상자들을 사선에서 구할 수 있었던 결정적 이유는 무엇인가?

3. 생각 넓히기

오래전에 미국화학회(ACS) 회장인 브레슬로 교수는 이 세상에 존재하는 분자 중에 화학 물질이 아닌 것을 찾아서 가져오면 상금을 주겠다는 광고를 냈고, 이에 많은 사람들이 열광적으로 응모했다. 결과는 어떻게 되었는지 알아보자. 그리고 화학 물질을 쓰지 않고 하루를 살기가 가능한지 시험해보자.

[교과서 읽기 자료]

질병은 왜 걸리는 것일까?

파스퇴르는 1861년에 미생물이 배양 배지에서 저절로 생기는 것이 아니라 기존에 존재하던 미생물의 번식으로 생긴다는 것을 증명하기 위해 백조의 목처럼 가늘고 길게 구부러진 관을 단 플라스크를 사용했다. 공기는 플라스크에 들어갈 수 있으나 먼지 입자는 플라스크의 아랫부분까지 도달할 수 없었다.

파스퇴르는 이미 존재하고 있던 모든 미생물이 죽도록 플라스크와 그 안에 든 액체를 충분히 가열한 후 배양이 일어나도록 플라스크를 방치했다. 그러나 플라스크 안에는 미생물의 성장이 나타나지 않았다. 이어 파스퇴르는 플라스크를 기울여 멸균된 고기 스프가 플라스크의 구부러진 부분에 닿게 했다. 그러자 미생물의 성장이 곧 일어났다. 이를 통해 파스퇴르는 아무리 작은 미생물이라도 저절로 생겨나지 않는다는 사실을 증명했다.

1873년 당시 양계장에서 콜레라가 유행하여 닭 90%가 죽는 바람에 농민들은 파산 위기에 놓였다. 파스퇴르는 병에 걸린 수평아리의 피에서 닭 콜레라균을 채취하여 인공적으로 배양함으로써 병의 원인을 밝혀냈다. 파스퇴르는 콜레라균을 금방 채취한 것을 사용하지 않고 오래된 것을 닭에게 감염시켰는데 증상이 나타나는 듯하다 원래대로 정상적인 상태가 되었다. 이를 통해 파스퇴르는 제너의 종두법의 원리가 다른 상황에서도 적용된다는 것을 확인하게 됐다.

---

15 대구광역시 교육청이 펴낸 『생활과 과학』 교과서에서 발췌

전염병의 원인은 무엇일까?

1900년대 초까지만 해도 선진국의 평균 수명은 40세 정도에 불과했다. 당시에는 전염병으로 많은 사람이 죽었고 그에 대한 원인도 잘 몰라 적절한 대처를 하지 못했다. 코흐(Robert Koch, 1843~1910)는 질병의 원인이 세균이라는 것을 밝혀내고 많은 병원균을 분리해냈다. 코흐의 첫 연구 주제는 탄저병이었다. 당시 유럽의 여러 지역에서는 탄저병이 크게 유행하여 양과 소는 물론 사람도 죽는 경우가 발생했다. 코흐는 탄저병에 걸린 동물의 혈액을 쥐에게 주사했는데, 쥐는 다음 날 죽었다. 죽은 쥐의 혈액을 현미경으로 관찰했더니 세균이 다수 발견되었다. 이어서 세균을 직접 배양하여 그것을 다른 동물에 주입했더니 탄저병이 발생했다.

두 번째 동물에서 채취한 혈액을 세 번째 동물에 주입해도 역시 탄저병이 발생하였다. 결국 코흐는 몇 백 번에 걸친 실험 끝에 탄저병의 원인이 특정한 세균이라는 점을 밝혀냈다. 이러한 연구 결과를 통해 1876년 코흐는 현재 세균학의 기초적인 원리가 되는 '코흐의 공리'를 확립했다. 특정한 세균이 질병을 일으킨다는 사실을 증명하기 위해서는 4가지 단계가 필요하다는 것이다. 즉, 병든 동물의 조직에서 모두 같은 균이 인정될 것, 의심이 되는 균을 분리하고 순수 배양하는 것이 가능할 것, 균을 건강한 동물에 주사하면 같은 증상을 일으킬 수 있을 것, 병에 걸린 동물에서 같은 균을 분리할 수 있을 것이다.

코흐의 공리는 많은 의학 연구자에게 훌륭한 지침이 되었다. 탄저균은 탄저병만 일으킬 뿐 다른 병을 일으키지 않는다. 이와 마찬가지로 전염병에도 각기 다른 원인이 되는 세균이 있을 것으로 생각할 수 있었다. 이에 따라 다양한 병원균이 발견되었고 코흐 이론의 가치와 코흐의 재능이 인정받기 시작했다. 이후에 코흐는 디프테리아균, 파상풍균, 폐렴균, 뇌척수막염균, 이질균, 결핵균, 콜레라균 등을 발견했다.

1. 천연두는 어떻게 예방할 수 있을까?
① 18세기 말 영국의 제너 : 소의 천연두인 <u>우두</u>의 부스럼에서 액체를 채취하여 핍스의 오른팔에 접종함.
　→ 핍스는 <u>천연두</u> 증세가 전혀 나타나지 않았음. → 핍스의 몸에는 천연두에 대한 <u>면역</u>이 생김.

소젖을 짜는 사라 넬메스는 우두에 감염됨.　→　넬메스의 우두 고름을 핍스에게 주사함.　→　핍스는 우두를 약하게 앓음.　→　천연두 환자로부터 부스럼을 수집함.　→　핍스에게 천연두의 부스럼을 주사함.　→　핍스는 감염되지 않음.

〈우두 접종 과정〉

② 종두법 : 우두를 사람의 피부에 접종하여 천연두에 면역이 생기게 하는 방법.
　→ 1807년 독일의 바이에른 주가 세계 최초로 의무화.
　→ 1879년 우리나라 지석영이 <u>종두법</u>을 처음으로 실시함.

③ 병원성 미생물 침입에 대한 인간의 면역 반응.
　• <u>선천성</u> 면역 : 태어나면서 가지고 있는 면역, 신속히 감염을 막음. 기억 작용 없음.
　• <u>후천성</u> 면역 : 항원 1차 침입 시 감염체에 대한 항체 만들 때까지 반응 더딤.
　　　　　　　　 항원 2차 침입 시 기억 작용으로 같은 항원 감염 시 빠르게 반응.

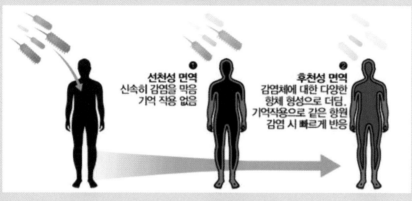

〈면역〉

〈 2차 면역과 백신 〉
백신은 약화된 병원체를 이용하는 것.
이렇게 약화된 병원체를 예방 주사로 접종하면 체내에 기억 세포가 형성되어 동일 항원이 재침입
하였을 때 신속하게 2차 면역 반응이 일어나 병에 걸리지 않음.

2. 질병은 왜 걸리는 것일까?
1) 파스퇴르 : 의사보다 더 많은 사람을 살린 과학자.
① 백조목 플라스크 실험 : 당시 사람들은 '생물은 축축한 진흙에 햇빛이 비칠 때 우연히 발생한
다'고 믿고 있었는데 파스퇴르는 백조목 플라스크 실험을 통해 이를 반박함.

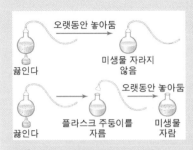

- 고대 과학자들이 믿어온 학설
  : 비생물적 요소에서 저절로 생물이 발생한다.
- 파스퇴르의 주장
  : 미생물은 기존의 미생물의 번식으로 생긴다.
- 미생물 실험의 조작변인(다르게 해주는 실험조건)
  : 한 플라스크는 공기의 먼지입자(고기 수프)와
  접촉시킨다.
- 실험 결과
  : 끓인 플라스크−미생물X 공기와 반응−미생물 생김
- 파스퇴르가 증명해낸 사실
  : 미생물은 저절로 생겨나지 않는다.

〈파스퇴르의 백조목 플라스크 실험〉

② 파스퇴르의 닭 콜레라 연구
  - 콜레라에 걸린 수평아리의 피에서 콜레라균을 채취. → 인공적으로 배양.
  - 오래된 콜레라균. → 닭에게 감염. → 증상이 나타나다 정상적 상태가 됨.
  - 제너의 종두법이 다른 상황에서도 적용된다는 것을 확인함.

③ 탄저병 백신 발견 : 프랑스에서 탄저병으로 많은 양과 소가 떼죽음을 당하자 파스퇴르는 탄저
  병의 원인이 되는 세균을 분류하고 예방 백신을 개발함.
  - 탄저병의 원인이 되는 세균 분류. → 탄저병 예방할 수 있는 백신을 개발.
  - 백신을 투여한 동물은 건강하게 살아남았으나, 그렇지 않은 동물은 죽었음.

〈파스퇴르의 탄저병 백신 접종〉

〈탄저병 실험〉

3. 전염병의 원인은 무엇일까?
① 코흐(1843~1910) → 질병의 원인이 세균이라는 것을 밝혀내고 많은 병원균을 분리함.
② 코흐의 탄저병 연구
  - 탄저병에 걸린 동물의 혈액을 쥐에게 주사 → 쥐 죽음. 죽은 쥐에게 다수의 세균 발견.
    세균을 배양하여 다른 동물에게 주입했더니 → 탄저병 발생.

- 두 번째 동물에서 채취한 혈액을 세 번째 동물에게 주입 → 탄저병 발생.
- 탄저병의 원인: <u>특정한 세균</u>
- 세균학의 기초적인 원리 '코흐의 원리' 4단계

1) 병든 동물의 조직에서 모두 같은 균이 인정될 것

2) 의심이 되는 균을 분리하고 순수 배양하는 것이 가능할 것

3) 균을 건강한 동물에 주사하면 같은 증상을 일으킬 수 있는 것

4) 병에 걸린 동물에서 같은 균을 분리할 수 있을 것

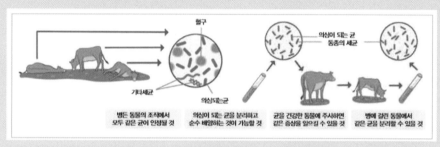

〈코흐의 공리〉

③ 각 전염병에는 각기 다른 원인이 되는 <u>세균</u>이 있을 것으로 생각할 수 있었음.
- 디프테리아균, 파상풍균, <u>폐렴균</u>, 뇌척수막염균, 이질균, <u>결핵균</u>, 콜레라균 등 발견.

4. 질병 퇴치를 위해 자신을 실험 대상으로 한 사람들은?

① 1980년대까지 과학자들은 위산 때문에 위에서는 바테리아가 살 수 없다고 생각함.
  배리 마샬 → 배양 중인 헬리코박터균을 직접 마셔서 헬리코박터균이 <u>위장병</u>의 주원인임을
         증명함.
         → <u>항생제</u>로 치료가 가능함을 증명함.
② 월터 리드 → <u>모기</u>가 황열병을 옮긴다는 사실을 발견: 동료들과 군인들에게 인체 실험을 함.
③ 아우구스토 오도네 → '유전성 희귀 신경 질병 부신백질이영양증'에 걸린 아들을 위해 의학·
  과학 공부에 매진하여 올리브 오일 등에서 추출한 성분으로 <u>로렌조 오일</u>'을 만들어 아들 로렌
  조는 30세까지 살 수 있었음.

[교과서 탐구활동]

백신의 역사

■ **다음을 읽고 물음에 답하시오.**

메리 몬태규는 아름다운 여성이었다. 이 여성은 1715년 천연두에 걸렸다가 나았지만 그 흉터가 겉에 남아 있었다. 메리가 1717년 터키에서 살고 있을 때 그녀는 그곳에서 흔히 사용하는 종두법을 목격하게 되었다. 이 치료법은 젊고 건강한 사람에게 경미한 천연두균을 피부를 긁어 주입시켜, 병을 앓게 하는 과정을 포함하고 있었다. 그러나 대부분 경우에 가볍게 병을 앓았다. 메리는 이러한 종두법의 안전성을 확신하였으므로 자신의 아들과 딸에게 접종받도록 하였다.

❶ 사람들이 백신 접종을 받을 수 있는 질병이 무엇인지 제시해보자.

❷ 메리의 종두법은 어떤 치료의 원리를 이용한 것인지 설명해보시오.

전염병의 예방과 위생

❶ 파스퇴르의 백조목 실험은 무엇을 증명하기 위한 것이었나?

❷ 코흐의 공리를 설명해보시오.

❸ 질병 치료를 연구할 때 인체 실험을 해야 하는 이유는 무엇인가?

[교과서 읽기 자료]

항생제에 대한 내성은 어떻게 생기는 것일까?

파스퇴르와 코흐의 연구 덕분에 20세기에 들어와서는 감염성 질병이 종말을 고하는 것처럼 보였다. 그러나 감염성 질병이 줄어들면서 많은 나라의 정부에서는 공중 보건 기금을 삭감하면서 백신 접종을 하지 않는 일이 생겼다.

20세기 중반에 사라졌던 박테리아성 질병들이 다시 발생했을 뿐만 아니라 항생제에 대한 박테리아의 저항성이 더 높아졌다. 과학자들은 내성을 보이는 박테리아를 제거하기 위해 새로운 항생 물질을 약 8,000가지 정도를 찾아냈다. 그러나 모든 경우에 박테리아는 그에 대한 내성을 가지게 되었다. 이러한 각종 항생제에 대한 내성을 지닌 세균들이 등장했기 때문에 슈퍼박테리아가 발생하게 되었다.

항생 물질은 미생물을 전부 죽이는 것이 아니라 저항성이 약한 것만 죽인다. 즉, 저항성 있는 소수가 살아남을 수 있다. 이들이 번식하여 세력을 키우게 되면 기존에 쓰던 항생 물질은 영향력이 없어진다. 페니실린을 사용한 후 3년이 지난 1946년에 포도상구균 박테리아가 내성을 보이기 시작했다.

다양한 감염증을 치료하기 위한 약물을 세계적으로 대량 공급함으로써 내성이 증가한 것이다. 1952년에는 모든 포도상구균의 60%가 페니실린에 대한 내성을 나타냈다. 현재는 95%에 달한다. 메티실린은 페니실린에 내성을 나타내는 박테리아에 대한 감염증을 치료하기 위해 1960년대에 사용되었다. 다음 해에 곧 메티실린에 대한 저항성 있는 박테리아가 발견되었다.

[교과서 탐구활동]

페니실린과 세균

1952년 러더버그는 대장균을 이용하여 다음과 같은 실험을 하였다.

가. 페니실린이 없는 배지에 대장균을 배양하여 콜로니를 얻었다.

나. 배지를 멸균한 천 조각을 덮은 용기 위에 그 배지를 뒤집어 덮어 대장균의 콜로니가 천 조각에 붙게 하였다.

다. 이것을 페니실린이 든 배지로 덮어서 대장균이 새 배지에 옮겨지게 하였다.

라. 항온기 속에서 2~3일간 배양한 배지에는 대부분의 대장균이 죽었으나 맨 오른쪽 배지와 같이 살아 번식하는 대장균도 있었다.

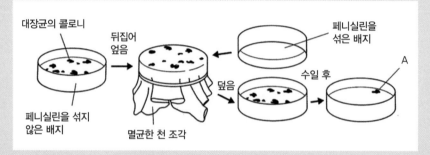

❶ 기존의 대장균 콜로니들과 A 대장균의 차이점은 무엇인가?

❷ 페니실린과 같은 항생제를 많이 사용하면 어떤 결과가 나타날지 토의해보자.

❸ 항생제를 비롯한 약물의 오남용 사례를 조사하고, 그것이 건강에 미치는 영향이 무엇인지 조사해 발표해보자.

〈생각 넓히기〉

페니실린 이외에 현재 판매되고 있는 항생제의 종류에는 어떤 것이 있는지 조사해보자.

[교과서 탐구활동]

탄소화합물 의약품

우리 몸은 탄소 화합물로 이루어져 있으며, 우리가 먹는 음식도 탄소 화합물이다. 또, 우리 주위에는 탄소 화합물로 이루어진 물질이 많다. 탄소 화합물이란 무엇일까? 탄소 화합물은 탄소(C) 원자가 수소(H), 산소(O), 질소(N), 황(S), 할로젠(F, Cl, Br, I) 등의 원자와 결합하여 만들어진 화합물이다. C 원자는 최대 4개의 다른 원자와 공유 결합을 하는데, 다른 C 원자뿐만 아니라 H, O, N 등의 원자와도 결합을 하므로 무수히 많은 종류의 탄소 화합물을 만들 수 있다. 현재까지 알려진 탄소 화합물의 종류는 수천만 가지에 이르며, 매년 수만 가지의 새로운 탄소 화합물이 발견되거나 합성된다.

19세기 중반 45세에 불과하던 인간의 평균 수명은 오늘날 대부분의 선진국에서 80세를 넘어서고 있다. 이와 같이 인간의 수명이 연장된 데에도 탄소 화합물이 크게 기여하였다. 질병을 치료하거나 예방하는 데 사용하는 의약품들이 대부분 탄소 화합물이기 때문이다.

전 세계에서 가장 많이 팔린 의약품인 아스피린은 독일의 과학자 호프만(Hoffmann, F., 1868~1946)이 처음으로 합성하였다. 호프만은 버드나무 껍질에서 분리한 살리실산으로 아세틸살리실산이라는 탄소 화합물을 합성하였는데, 이것이 바로 해열제나 진통제로 사용하는 아스피린이다. 아스피린 이외에도 백신, 항생제, 항암제 등 질병으로 인한 인간의 고통을 덜어주는 데 큰 역할을 하는 다양한 의약품들은 대부분 탄소 화합물이다. 플라스틱과 의약품 이외에도 우리가 자주 사용하는 섬유, 비누, 합성 세제, 화장품 등이 모두 탄소 화합물로 이루어져 있다. 이와 같이 탄소 화합물은 일상생활에서 유용하게 사용될 뿐만 아니라, 우리의 생명을 유지하고 삶을 건강하며 풍요롭게 하는 데 이용된다.

16 비상에서 펴낸 『화학Ⅰ』 교과서에서 발췌

[교과서 탐구활동]

아스피린 합성 실험 [1]

1. 목표
아스피린 합성 과정을 설명할 수 있고, 살리실산의 에스테르화 반응 생성물을 관찰하고 아스피린의 순도를 측정할 수 있으며, 에스테르화 반응을 이용한 다른 유용한 화합물의 합성에 관심을 가질 수 있다.

2. 과정 및 방법
가. 살리실산 2.0g을 바이알 병에 넣고, 아세트산 무수물 5mL를 가한다.

나. 여기에 인산 5방울 정도를 넣은 후, 100℃의 물 중탕에서 10분간 가열한다.

다. 반응 용기를 실온에서 식을 때까지 방치한다. 이때 아스피린의 결정이 석출된다.

라. 침전이 생기기 시작하면 반응 용기를 얼음물에 넣어 아스피린이 모두 석출되게 한다.

마. 20~30mL의 얼음물을 반응 용기에 넣고 잘 저은 후, 다시 얼음물에 넣어 침전이 완전히 생기게 한다.

바. 거름종이로 아스피린을 걸러내고 소량의 얼음물로 아스피린 결정을 씻는다.

사. 걸러낸 결정을 여러 겹의 거름종이로 싸서, 꼭 눌러 물기가 빠지게 한다.

아. 결정을 공기 중에서 건조하거나 전기 건조기 속에서 건조한 후, 무게를 달아 수득률[17]을 계산하고 녹는점을 측정한다.

자. 건조한 결정, 시판용 아스피린, 살리실산을 각각 시험관에 약간씩 넣은 후 약 3mL의 물을 가하여 녹인 다음, 1% $FeCl_3$ 수용액을 몇 방울 떨어뜨리고 흔들면서 색깔의 변화를 관찰한다.

3. 결과 및 해석
가. 아스피린 합성의 화학 반응식은?

나. 인산의 역할은?

다. 아세트산 대신 아세트산 무수물을 사용하는 이유는?

라. 반응을 진행시키기 위하여 가열하는 이유는?

마. 결정이 잘 생기도록 얼음물에 담그는 이유는?

바. 아스피린은 $FeCl_3$ 수용액과 반응하는가? 그 이유는?

〈생각 넓히기〉
현재 판매하고 있는 해열제의 성분과 효능을 조사해보자.

---

17 화학 반응을 통해 실제로 얻는 생성물의 양과 화학 반응식에 따른 이론상의 양에 대한 비율

아스피린 합성 실험 [2]

1. 목표

아스피린은 오늘날 세계적으로 많이 팔리는 약품 중의 하나이다. 살리실산과 아세트산 무수물로 아스피린을 합성해보자.

2. 과정 및 방법

❶ 비커에 살리실산 2.0g, 아세트산 무수물 4mL, 진한 황산 0.5mL를 넣고 용액이 들어 있는 비커를 80도 정도의 물에 약 10분간 담가둔다.

❷ 과정 ❶의 비커에 증류수 10mL를 약 5분간 조금씩 넣으면서 섞는다.

❸ 얼음물이 들어 있는 비커에 과정 ❷의 비커를 담가 냉각한 후 찬 증류수 20~30mL를 천천히 넣어준다.

❹ 침전이 충분히 생기면 깔때기를 이용하여 거름종이로 거른다.

❺ 거름종이 위의 고체를 소량의 찬물을 흘려 씻어준 다음 건조한다.

❻ 거름종이 위의 건조된 고체의 질량을 측정한다.

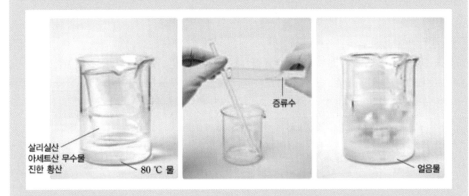

살리실산
아세트산 무수물
진한 황산   80 ℃ 물

증류수

얼음물

3. 결과 및 해석

❶ 과정 ❸에서 비커를 얼음물에 담그는 이유를 설명해보자.
❷ 건조된 고체의 무게로부터 수득률을 계산해보자.

〈생각 넓히기〉

아세트산 무수물 대신 아세트산을 사용할 경우 아스피린의 수득율은 어떻게 될지 예상해보자.

[교과서 읽기 자료]

신약 개발 연구원[18]

1. 어떤 일을 할까?
신약 개발 연구원은 특정 질병의 치료에 효과가 나타나는 물질을 찾고, 이러한 물질을 합성할 수 있는 방법을 설계한다. 또한 합성한 화합물에서 우수한 약효가 나타나면 동물 실험을 진행하며, 이 과정을 거치면 임상 실험을 진행하여 인체에 미치는 효과와 부작용 등을 연구한다.

2. 어떻게 준비할까?
신약 개발 연구원이 되려면 물질의 성질을 이해하고, 물질을 합성하거나 분해할 수 있는 화학의 전문적인 지식, 인체의 반응을 다루는 생명 과학에 대한 지식이 있어야 한다. 따라서 화학, 생명 공학, 화학공학 등의 이해와 이를 응용할 수 있는 능력이 필요하다. 또한 새로운 약품을 개발하는 일을 하므로 탐구 정신과 호기심, 오랜 시간의 실험과 분석을 견딜 수 있는 인내심과 세밀함을 지녀야 한다. 신약 개발과 관련된 분야의 전문 지식을 갖추면 제약 회사에서 새로운 약품을 연구하고 개발하는 일을 할 수 있다.

---

18   비상에서 펴낸 『화학II』 교과서에서 발췌

[교과서 탐구활동][19]

생체 내 완충 용액의 역할 조사하기

1. 문제 인식

생체 내에서 완충 용액은 어떤 역할을 하고 있을까?

2. 자료 수집과 논의

❶ 모둠을 구성하고, 생체 내 완충 용액의 종류와 역할을 조사해보자.

기관	완충 용액	역할
입	침	음식을 먹으면 화학 반응으로 입안에 산이 생성되며, 이 산은 치아의 에나멜을 녹여 충치를 유발한다. 그러나 입안의 침에 들어 있는 탄산계(H_2CO_3/HCO_3^-), 인산계(H_2PO_4-/HPO_4^{2-}) 등이 주요하게 완충 작용을 하여 충치 발생을 억제한다.
폐	혈액	운동이나 다른 요인 등에 의해 혈액의 pH가 정상 범위에서 약간만 벗어나도 세포막의 안정도, 단백질의 구조, 효소의 활성도 등에 매우 심각한 영향을 미친다. 그러나 혈액 속 탄산계(H_2CO_3/HCO_3^-), 인산계($H_3PO_4^-/H_2PO_4^{2-}$), 단백질계 등이 완충 작용을 하여 pH 값을 일정하게 유지한다.
신장	혈액	신장을 소변으로 H+을 배설하고 혈액에서 재흡수할 수 있도록 HCO_3^- 농도를 조절하여 혈장 pH를 조절하며, 인산계와 암모니아계 등이 완충 작용을 한다.

❷ 모둠별로 조사한 내용을 발표해보자.

---

19 비상에서 펴낸 『화학II』 교과서에서 발췌

3. 결과 정리

다른 모둠의 발표를 듣고 생체 내 완충 용액의 역할을 정리해보자.

우리 몸은 크게 다음과 같은 세 가지 완충 작용을 통해서 몸의 균형을 유지하고 있다.

❶ 혈액 완충 체계: 세포 외액(조직액, 혈장, 척수액, 안액, 장액 등)의 H^+ 농도 변화에 대해 가장 먼저 일어나는 반응으로 즉각적으로 신체를 보호하는 역할을 한다.

   ① 탄산 완충 체계: 세포 외액 내 가장 중요한 완충계로 세포 외액 내 90%의 H^+을 완충한다.

   ② 인 완충 체계: 세포 내에 많으므로 세포 내액의 주요 완충계로 작용한다. 특히 신세뇨관 세포에서 중요하게 기능을 하며, H^+이 인산염(Na_2HPO_4)과 결합되어 소변으로 배설된다.

   ③ 단백질 완충 체계: 체액의 화학적 완충 작용의 3/4을 세포 내 단백질이 담당한다. 대부분의 단백질 완충 작용은 세포 내에서 이루어지고 세포 외액의 완충 작용에도 도움을 준다.

❷ 폐 완충 체계: 호흡에 의한 완충 작용을 하는데, $H_2CO_3(CO_2)$ 농도에 의해 pH를 조절한다.

   ① pH가 감소하면 호흡수와 깊이가 증가하여 폐를 통해 CO_2가 다량 배출된다. 이에 따라 CO_2가 적어지면 H_2CO_3 생성이 감소하여 pH가 증가하게 된다.

   ② pH가 증가하면 호흡 중추가 억제되어 CO_2가 증가하므로 H_2CO_3 생성이 증가하고 pH가 감소하게 된다.

❸ 신장 완충 체계: 신세뇨관에서 H^+의 분비를 변화시켜서 혈장 내의 HCO_3^- 농도를 조절하며 휘발성인 인산, 황산, 젖산, 케톤산 등의 산성 물질을 소변으로 배설하여 pH를 조절한다. 이때 인산계와 암모니아계가 완충 작용을 한다.

생체 내의 완충 작용은 매우 중요하다. 예를 들어 이산화탄소($CO2$)가 혈액에 녹으면서 생성된 탄산(H_2CO_3)과 탄산수소 이온(HCO_3^-)은 혈액 내에서 평형을 이루면서 완충 작용을 한다.

$$H_2CO_3(aq) + H_2O(l) \Leftrightarrow HCO_3^-(aq) + H_3O^+(aq)$$

심한 운동으로 우리 몸에 젖산이 생성되면 혈액에 H^+이 늘어나지만 HCO_3^-이 H^+과 반응하여 H_2CO_3을 생성하므로 혈액의 pH는 거의 일정하게 유지된다. 또한 혈액에 OH^-이 늘어나면 H_2CO_3과 중화 반응을 하여 혈액의 pH는 거의 일정하게 유지된다.

〈생각 넓히기〉

아세트산(CH_2COOH)과 아세트산 나트륨(CH_2COONa)이 녹아 있는 완충 용액에 소량의 염산($HCl(aq)$)을 첨가할 때 완충 작용을 일으키는 주된 화학 반응식을 써보자.

$$CH_3COO^-(aq) + H^+(aq) \rightarrow CH_3COOH(aq)$$

〈생각 넓히기〉

우리 몸의 혈액은 pH 7.3~7.4를 유지한다. 혈액이 이 pH 범위를 벗어날 경우 어떤 일이 일어날 수 있는지 조사해보자.

▶ pH가 정상 범위보다 작아지는 것을 산성 혈증, 커지는 것을 염기성 혈증이라고 한다. 산성 혈증은 피로, 구역질, 구토 같은 증상이 나타나며, 급성 산성 혈증은 호흡수가 빨라지고 두통을 일으키며, 발작, 혼수, 심지어는 사망까지 초래할 수 있다. 염기성 혈증 증상은 종종 칼륨 손실과 관련이 있으며 증상으로는 과민성, 쇠약, 경련 등이 있다.

[교과서 읽기 자료]

면역 반응과 백신

항원이 우리 몸에 처음 침입하면 B 림프구가 활성화되어 형질 세포와 기억 세포로 분화하고 형질 세포가 항체를 생성하는데, 이를 1차 면역 반응이라고 한다. 1차 면역 반응은 항원의 종류를 인식하고 B 림프구가 활성화되어 항체가 생성되기까지 시간이 걸린다. 1차 면역 반응 후 체내에서 항원이 사라진 뒤에도 그 항원에 대한 기억 세포는 남는다. 이후 동일한 항원이 다시 침입하면 기억 세포가 빠르게 증식하고 분화하여 만들어진 형질 세포가 많은 항체를 생성하는 것을 2차 면역 반응이라고 한다.

2차 면역 반응은 1차 면역 반응보다 빠르게 많은 양의 항체를 생성하여 항원을 효과적으로 제거한다. 예방 접종은 우리 몸의 면역 반응을 이용하여 인위적으로 1차 면역 반응을 일으켜 기억 세포를 형성하게 한다. 그 후 병원체가 체내에 침입하면 2차 면역 반응이 일어나 많은 양의 항체가 효과적으로 병원체를 제거함으로써 질병을 예방한다. 이때 1차 면역 반응을 일으키기 위해 체내에 주입하는 항원을 포함하는 물질을 '백신'이라고 한다. 백신으로는 병원성을 제거하거나 약하게 한 병원체 등이 사용된다. 사람들은 한 번 걸렸던 병에 다시 걸리지 않는 것은 한번 생긴 항체가 그대로 남아 있기 때문이라고 잘못 알고 있는 경우가 있다. 일단 병원체가 제거되면 항체와 형질 세포는 점차 줄어들지만, 기억 세포가 남아 병원체의 재침입 시 형질 세포로 분화하여 항체를 생산한다.

〈독감 백신의 제조 방법〉

❶ 다양한 독감 바이러스를 수집하여 유정란에 넣고 배양한다.
❷ 증식된 바이러스를 모아 농축하고 정제한다.
❸ 바이러스의 단백질 껍질을 분쇄한 후 특이 항원만 순수 분리하여 백신으로 사용한다.

---

20 비상에서 펴낸 『생명과학 I』 교과서에서 발췌

백신을 이용한 질병의 예방

1. 문제 인식

인류는 백신을 이용하여 많은 질병을 극복하였다. 그러나 감기나 말라리아, 후천성 면역 결핍증 (AIDS) 같은 질병에 대한 백신은 여전히 개발하지 못하고 있다. 백신으로 예방할 수 있는 질병과 예방하기 힘든 질병에는 어떤 것이 있으며, 그 차이는 무엇일까?

2. 탐구 과정

가. 백신의 종류와 제조 방법을 모둠별로 조사해보자.
- 생백신과 사백신으로 구분된다. 생백신에는 홍역 백신, BCG 백신이 있고, 사백신에는 독감 백신, A형 간염 백신, B형 간염 백신, 파상풍 백신이 있다.

나. 백신으로 예방하는 질병과 백신으로 예방하기 힘든 질병을 조사해보자.
- 체내에서 정상적인 면역 반응을 유발하는 대부분의 병원체는 백신으로 예방이 가능하다. 그러나 감기처럼 병원체가 다양하거나, 독감처럼 병원체의 항원 부위의 변이가 빠르게 일어나거나, 후천성 면역 결핍증(AIDS)처럼 병원체가 우리 몸의 면역계에 침투하거나, 발병 기작이 완전히 연구되지 않은 질병은 백신으로 예방하기 힘들다.

다. 백신으로 예방하기 힘든 질병은 어떤 특성 때문에 백신의 개발이 어려운지 토의해보자.
- **감기 :** 감기는 리노바이러스와 아데노바이러스 등 매우 다양한 종류의 바이러스가 원인이 되어 발병하기 때문에 특정한 백신을 만들기 어렵다.
- **독감 :** 독감의 원인인 인플루엔자바이러스는 지속적으로 변이를 일으키기 때문에 독감이 유행하는 시기의 6개월 정도 이전에 그 해에 유행할 인플루엔자바이러스의 유형을 예측하고 백신을 제조하여 접종을 해야 예방할 수 있다.
- **후천성 면역 결핍증(AIDS) :** 후천성 면역 결핍증은 인간 면역 결핍 바이러스(HIV)가 원인이 되어 발병하는데, 이 바이러스는 변이가 매우 빠르게 일어나며, 면역 과정에서 핵심적인 세포인 T 림프구에 침입하여 인체의 방어 작용을 피하기 때문에 백신을 만들기 어렵다.

[교과서 탐구활동]

약물이 인체에 미치는 영향 조사하기

1. 문제 인식

약물 중에는 신경계에 작용하여 인체에 영향을 미치는 것들이 많다. 이러한 약물은 그 영향에 따라 진정제, 각성제, 환각제 등으로 구분된다. 진정제, 각성제, 환각제에는 어떤 것이 있으며, 이 약물들은 인체에 어떤 영향을 미칠까?

2. 탐구과정

❶ 진정제, 각성제, 환각제 중 하나를 선택하여 모둠별로 조사해보자.

조사 내용	• 약물의 종류 • 약물이 시냅스에서의 흥분 전달에 미치는 영향 • 약물이 인체에 미치는 영향

❷ 조사한 내용을 보고서로 만들어 발표해보자.

참고) www.drugfree.or.kr는 한국 마약 퇴치 운동 본부 누리집으로, 약물의 종류, 약물이 인체에 미치는 영향, 약물에 관한 법률 등의 정보를 찾을 수 있다.

3. 정리

❶ 모둠별 발표를 듣고 약물이 인체에 미치는 영향을 표로 정리해보자.

구분	종류	약물이 시냅스에서의 흥분 전달에 미치는 영향	약물이 인체에 미치는 영향
진정제	알코올, 수면제, 진통제, 아편	(아편) 시냅스에서 도파민의 재흡수 통로를 막아 도파민이 과잉 상태가 되고, 그 결과 환각 증상을 일으키게 된다.	중추 신경을 억제하여 호흡운동과 심장박동을 느리게 하고 긴장을 완화시키는 진정 효과가 있다. 또한 통증을 완화시키는 진통 효과도 있다.
각성제	카페인, 니코틴, 코카인, 암페타민 (필로폰)	(암페타민) 시냅스에서 노르에피네프린의 재흡수를 억제하거나 분해 효소의 작용을 억제하여 시냅스 후 뉴런을 계속 자극한다.	중추 신경과 말초 신경을 흥분시켜 호흡 운동과 심장 박동을 빠르게 하고 긴장 상태를 유지시키는 각성 효과가 있다.
환각제	대마초, LSD, 마리화나	(마리화나) 흥분성 중추인 세로토닌 회로에 작용해 세로토닌이 재흡수되는 것을 방해하여 계속적인 흥분 상태를 유지하거나, 도파민의 방출을 증가시킨다.	인지 작용과 의식을 변화시켜 감각 왜곡, 공포, 불안 등을 증가시킨다. 또한 조현증(정신분열증)과 환각 작용을 일으킨다.

❷ 약물을 사용해야 할 때, 인체가 입는 피해를 최소화하는 방법을 토의해보자.

약물은 사용할 때마다 내성이 생겨 같은 효과를 얻기 위해서는 사용량을 계속 늘려야 하고, 약물 사용을 중지하면 불안, 수면 장애, 발작 등의 금단 증상이 나타나기도 한다. 또한 약물을 지속적·주기적으로 사용하면 의존성이나 중독성이 생겨 약물 사용의 중단이나 조절이 어렵게 된다. 심하면 뇌를 비롯하여 심장 박동 이상, 폐기종 같은 질병을 유발하기도 한다. 이와 같은 약물에 의한 인체의 피해를 최소화하기 위해서는 약물을 오남용하지 않고 의사의 처방에 따라 바르게 사용해야 한다.

리포솜의 활용 사례 조사하기

1. 문제 인식

리포솜은 세포막의 주성분인 인지질로 만든 인공 구조물로, 우리 생활 곳곳에서 활용되고 있다. 리포솜의 특성은 무엇이며, 리포솜은 어떤 분야에서 활용되고 있을까?

2. 탐구과정

❶ 리포솜이 우리 생활에서 활용되는 사례를 조사해보자.

조사 내용	• 리포솜의 특성 • 리포솜이 활용되는 사례 • 리포솜을 활용하는 것의 이점
리포솜의 특성	• 인지질 2중층으로 만든 공 모양의 인공 구조물로, 리포솜의 막은 세포막과 융합할 수 있다. • 안이 비어 있어 원하는 물질을 담을 수 있다.
리포솜이 활용되는 사례	• 리포솜은 세포막과 융합할 수 있으므로 리포솜의 내부 공간에 항암제, 비타민 등의 영양소, 화장품 등을 담아 피부를 통해 흡수시킬 수 있다. • 병세가 나빠져 약물을 복용하거나 주사하기 어려운 환자에게 리포솜을 이용해 약물을 투여한다. • 리포솜을 이용해 피부 속으로 화장품을 효과적으로 전달한다. • 리포솜을 이용해 암세포에 직접적이고 효과적으로 약물을 전달한다.
리포솜을 활용하는 것의 이점	• 리포솜을 이용하면 물질을 세포 속으로 쉽게 흡수시킬 수 있으며, 약물 등을 복용할 때 생기는 부작용도 최소화할 수 있다.

❷ 조사한 리포솜의 활용 사례를 중심으로 리포솜 활용의 실용성과 타당성을 토의해보자.

리포솜은 인지질 2중층의 막으로 된 인공 구조물로, 내부 공간에 저분자 물질, 핵산이나 단백질 등 여러 가지 물질을 담을 수 있어 현재 화장품, 유전 정보를 지닌 핵산의 전달, 항암제와 항균제 같은 약물 투여 등에 활용되고 있다. 특히 리포솜을 이용한 화장품은 물질을 직접 피부를 통해 흡수시킬 수 있어 매우 실용적이다. 반면, 유전자 치료나 종양 치료를 목적으로 특정 조직이나 기관으로 수송하기 위해 정맥으로 투여하는 리포솜의 경우에는 간이나 지라 등에서 많이 걸러지고, 대식 세포에 의해 빠르게 소멸되어 효과가 떨어지는 단점이 있다. 이러한 단점을 극복하기 위해서는 반복 투여하여도 안전하고, 대식 세포를 피하면서 오랫동안 혈액에 머물 수 있으며, 표적 세포나 조직에 특이적으로 융합하여 효과를 극대화할 수 있는 리포솜을 개발하기 위한 연구가 진행되어야 할 것이다.

---

21 비상에서 펴낸 『생명과학II』 교과서에서 발췌

[교과서 읽기 자료]

A. 유전자 재조합 기술에 의해 만들어진 유전자 변형 생물에 관해서…

유전자 재조합 기술에는 아그로박테리아법이나 전자총을 이용하여 대상 식물의 배양 조직에 넣고, 이 유전자가 들어간 형질 전환 세포를 선발하여 재분화시킨 다음 전통적인 육종법에 따라 새로운 품종을 만든다. 아그로박테리아는 흙과 식물에 기생하는 토양 세균의 하나로 다양한 식물에 기생하면서 식물의 병을 일으키는 병원균이다. 하지만 아그로박테리아는 Ti 플라스미드라는 핵산 단백질 형태의 자기 DNA를 다른 식물 세포에 쉽게 전이시키는 능력을 가지고 있다. 따라서 이 박테리아의 플라스미드에 식물의 유용한 DNA를 재조합하여 만든 재조합 플라스미드를 다시 박테리아 세포에 넣어주면 재조합 박테리아를 대량 생성하게 된다. 재조합 박테리아를 조직 배양한 식물 세포에 감염시켜 주면 해당 유전자를 안전하게 빠르게 식물 세포에 재조합하여 유전자 변형 생물(GMO)을 만들어낸다. 이러한 유전자 재조합의 연구는 특정 유전자를 대량 생산하여 식물체 내의 병충해 저항성을 강화시키거나 단백질 유전자를 박테리아에 재조합하여 많은 양의 단백질을 생산하는 데 이용된다.

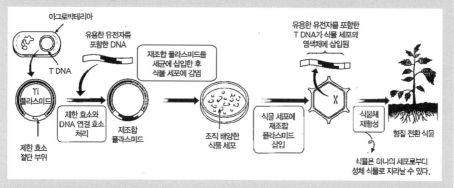

B. 항균 제품 사용에 대하여

요즘에는 비누와 세제는 물론 칫솔, 장난감, 이불, 벽지에 이르기까지 '항균' 표시가 된 제품을 흔히 볼 수 있다. 이런 제품들은 기존 제품에 세균을 죽이는 성분을 첨가하여 만드는 경우가 대부분인데, 소비자는 업체의 말만 믿고 안심해도 될까? 최근 가습기 물통에 넣어 세균이나 곰팡이가 번식하지 못하게 하려고 사용한 제품이 오히려 사람에게 큰 피해를 준 사건이 있었다. 항균 제품을 사용하는 것이 옳은 선택인지 토론해보자.

---

22 대구광역시교육청에서 펴낸 『융합과학』 교과서에서 발췌

[교과서 탐구활동]

앞의 주제 A, B 중에서 하나를 골라서 찬성과 반대 입장에 대해 토의해보자.

A. 유전자 재조합 기술에 의해 만들어진 유전자 변형 생물에 관한 토론

찬성 입장	반대 입장
1. 기아를 해결하기 위해 필요하다.	1. 인체에 해가 없다는 사실이 검증되지 않았다.
2. 분배 정의를 기다리기에는 시간이 급하다.	2. 기아는 식량 생산량의 문제가 아니라 분배의 문제다.
3. 과거 품종 개량으로 얻은 생물도 넓은 의미에서는 유전자 변형 생물이다.	3. 세계 시장을 지배하는 곡물 기업의 돈벌이 수단에 불과하다.
	4. 생물 다양성을 파괴한다.

① 2~4명씩 짝을 지어 찬성하는 입장과 반대하는 입장으로 나누어 자신의 입장을 이야기해보자.
② 각자 자신의 입장을 정리하여 반 전체가 찬반 토론을 해보자.
③ 토론이 진행되는 동안 유전자 변형 생물에 대한 자신의 입장에 변화가 있었는지 이야기해보자.

02

약학과 슈퍼비전
(재학생·학장 인터뷰)

CHAPTER 01

가톨릭대학교 재학생 인터뷰

01 6학년 재학생

1. 약학과 진학을 희망하는 학생들에게 필요한 역량과 길러야 할 자질은 무엇인가요?

약학과에서 공부하는 범위와 그 양은 정말 어마어마합니다. 하지만 모두 약사로서 전문성을 갖추기 위해 필요한 공부이기 때문에 많은 지식을 본인의 것으로 만들겠다는 의지나 열정이 중요하다고 생각합니다. 약사라는 직업에 대해 내가 얼마나 열정을 가지고 있는지 스스로 생각해보는 시간을 다들 가져보시면 좋겠습니다. 그리고 약사로서 가장 중요한 것은 책임감이라고 생각합니다. 약사로서의 업무가 약사 본인에게는 그저 일상적인 업무일지 모르지만 환자에게는 생명이 달린 문제일 수 있습니다. 그만큼 내가 환자의 삶을 책임지고 있다고 생각하고 마음을 다하는 것이 약사로서 가장 중요한 자질이라고 생각합니다.

2. 약학대학에서는 구체적으로 무엇을 배우나요?

저학년에는 약학 공부의 기초를 위한 일반화학, 일반생물학, 유기화학(약화학), 물리화학, 생화학, 생리학, 미생물학, 면역학, 생물통계학, 약품분석학 등을 배웁니다. 학년이 올라가면 본격적으로 약학에 발을 들이게 되는데, 약물학, 예방약학, 생약학, 한약제제학, 의약화학, 약품제조화학, 생물약제학, 약물송달학, 약물동태학, 제제학 등을 배우게 됩니다. 졸업과 가까워지면 약사로서 일하면서 실무에서 자주 사용되는 과목들인 약물치료학, 사회약학, 약전과품질관리, 약사법규 등을 배우게 됩니다. 그리고 실무에 적응하고 사회에 나가서도 약사로서의 역할을 수행할 수 있도록 많은 실습을 진행하게 되는데 기초약무실습, 병원실습, 지역약국실습, 제약실무실습, 약무행정실습, 연구실습, 제약회사 실습 등을 하게 됩니다.

3. 약학대학에서 하는 학과 활동에는 무엇이 있나요?

가톨릭대학교 약학대학에는 밴드, 댄스, 사진, 학술, 탁구 등 다양하고 알찬 동아리들이 있어 학업과 더불어 청춘의 한 페이지를 아름답게 장식할 수 있습니다. 이뿐만 아니라 전국약학대학학생협회, 한국약학대학생연합 등 다양한 대외활동을 통해 전국의 약학대학 학생들과 교류하며 약사로서의 직능을 개발하고 국민 보건 증진에 기여할 수 있습니다. 국내 최고 수준의 시설과 교육시스템을 갖춘 가톨릭대학교 약학대학에서 전공 실험 및 실습, 각종 세미나와 연구실에 열정적으로 참여해 약사의 전문성을 키워나갈 수 있습니다.

4. 약학과 진학을 희망하는 학생들이 고등학교 때 열심히 공부해야 하는 교과와 과목은 무엇이며, 그 이유는 무엇인가요?

화학 및 생명과학 I, II 네 과목을 집중적으로 공부하며 관련된 활동을 하시길 추천합니다. 이는 약학과에서 배우는 수많은 전공과목을 수학하고 익히기 위해 필요한 기초과목입니다. 의약품이 인체와 상호작용해 흡수, 분포, 대사, 배설되는 과정과 원리를 이해하기 위해서는 약물의 물리, 화학적 특징을 파악해야 합니다.

5. 약학과 공부에 도움이 되는 구체적인 학교활동은 무엇이 있을까요?

고등학교 생활 중 가장 도움이 되었던 활동은 지역 약학대학 교수님께 연락해 시행한 R&E 활동입니다. 방학 때 약학대학의 실험실을 방문해 살모넬라, 시겔라, 비브리오를 이용해 생약의 항균능력을 비교하는 실험을 진행했습니다. R&E를 진행하며 실험설계, 통계분석, 대조군설정 및 논문작성법을 배울 수 있는 기회가 됐습니다. 교과 과목과 관련해 학교와 시에서 주최한 수학, 과학 경시대회를 준비하여 수상하였으며 이를 준비하는 과정에서 내신과 수능 성적 향상에 큰 도움이 됐습니다. 고등학교 동아리들 중 두 동아리의

회장을 맡아 학우들을 이끌었습니다. 논술 기출문제를 풀이, 해설하여 논리적인 사고를 갖게 해준 논술 동아리와 주기적으로 봉사활동을 하며 인간존중을 배울 수 있었던 봉사 동아리는 약사로서 지녀야 할 지적, 인적 성품을 갖게 해주었습니다.

6. 약학과 진학을 희망하는 학생들에게 도움이 될 수 있는 도서를 추천해주세요

『신약 오딧세이』(심재우 저, 위아북스)

약사가 되기를 꿈꾸는 학생들 중 일부는 신약 개발에 관심이 있을 것입니다. 그들에게 『신약 오딧세이』라는 책을 추천합니다. 신약이 만들어지는 과정과 해외 또는 국내 제약사가 신약 개발을 위해 거쳐야 하는 과정을 담은 책으로 학생들이 본인의 진로에 대해 다시 한 번 생각해볼 기회가 될 만한 책입니다.

7. 약학과 진학을 위해 '학생부종합전형'을 준비하는 학생들에게 추천할 만한 장기적인 프로젝트 또는 연구가 있다면 좋은 아이디어 소개 부탁드립니다.

시중에 유통되고 있는 약을 하나 정해 직접 어떤 성분이 있고 어떤 작용으로 병을 치료하는지 조사하여 보고서를 작성해보는 것을 추천합니다. 단순하지만 약학과에서 배우는 것과 직접적으로 관련이 있기 때문에 도움이 될 것이며, 여러 약을 시도해봄으로써 장기 프로젝트로 기획해볼 수도 있을 것입니다.

1. 약학과 진학을 희망하는 학생들에게 필요한 역량과 길러야 할 자질은 무엇인가요?

약사는 사회에 진출하게 될 시, 지역약국, 병원, 제약회사, 식약처 등 공직에 진출할 수 있습니다. 각 진출하는 분야마다 요구되는 역량은 조금씩은 다르겠지만, 약학에 대한 지식을 환자들 혹은 정보가 필요한 사람들에게 효과적으로 전달하고 약물을 통한 치료를 성공적으로 이끄는 것이 약사의 역할이기 때문에 무엇보다 소통하는 능력을 최우선적으로 길러야 할 것 같습니다. 이 소통의 능력에는 말로 소통하는 능력도 있지만 좀 더 자신의 주장을 펼치기 위해 글쓰기 등 자신이 가진 정보를 효율적으로 전달하는 연습을 미리 해두는 것이 좋을 것 같습니다.

2. 약학대학에서는 구체적으로 무엇을 배우나요?

약학대학에서는 그야말로 약에 대한 지식을 전반적으로 학습하게 됩니다. 약학과 관련되어 있는 학문은 기본적으로 생물 그리고 화학을 포함하는 자연과학이 약학을 이해하는 데 기본적인 내용이 되지만 이와 더불어 약사법, 약 관련 정책 등 여러 경제학과 심지어는 법과 관련된 내용도 약대에서 학습하게 되므로 다양한 영역에서의 내용을 배우게 된다고 생각하시면 되겠습니다.

1, 2학년에는 본격적으로 약에 관한 것을 배우기 이전에 일반화학, 일반생물학, 유기화학, 미적분 등의 과목들을 공부하게 될 것입니다. 특히 유기화학과 일반생물학이 약대에서 배우는 과목들의 기초가 되기 때문에 이 두 과목을 잘 공부하면 이후 약대 내 과목들을 이해하는 데 큰 도움이 될 것입니다.

3학년부터 본격적으로 전공과목들을 공부하게 되고 이때 인체의 생리와 병의 원리를 다루는 해부생리학, 병태생리학과, 약품을 분석하는 방법들(기기분석, 실험법 등)을 배우는 분석학, 그리고 생명현상을 분자단위로 연구하는 학문인 생화학까지 여러 과목들을 학습하게 됩니다. 이외에도 여러 가지 약초들을 공부하는 생약학과, 약물의 물리적인 특성을 공부하는 물리약학(약품물리화학)까지 다분야로 공부하게 됩니다.

4학년부터 약대생활의 꽃인 약물학을 공부하며, 전에 배운 내용의 더 심화된 내용인 약품제조화학, 의약화학 등을 배울 수 있으며, 약품을 만드는 공정과 약품의 형태(알약, 주사제, 패치 등 외용제)들에 대해 배우는 제제학 등을 배우게 되며 본격적으로 내가 약에 대하여 공부하고 있구나라는 느낌을 받으실 수 있습니다.

5학년부터는 2학기부터 병원 실습 등 외부 Site에서 실습생활을 시작하게 되며 배우는 과목 역시 약물치료학(약물을 실제로 질병에 어떻게 응용하는지), 사회약학(약학 정책등 사회과학적인 측면에서 공부) 등을 공부하게 되며, 이후 6학년에는 약국, 제약공장, 대학원 내 연구 등 다양한 실무실습을 진행하게 됩니다.

3. 약학대학에서 하는 학과 활동에는 무엇이 있나요?

저희 약학대학에서는 다양한 동아리활동이 많습니다. 댄스 동아리, 축구 동아리 등 여러 운동 동아리에서부터, 학술제에서 다양한 주제로 발표를 진행하는 학술 동아리, 외부로 출사를 나가는 사진 동아리, 많은 선후배들을 만나볼 수 있는 생약 동아리 등 공부도 열심히 하지만 다양한 동아리활동을 틈틈이 진행하고 있습니다! 학회는 학교 내에서 하는 발표회 이외에도 대외적으로 여러 약대 동아리들에서 진로 설명회, 친목모임 등 다양한 모임들이 있으니 한번 찾아가 보는 것도 좋습니다.

4. 약학과 진학을 희망하는 학생들이 고등학교 때 열심히 공부해야 하는 교과와 과목은 무엇이며 그 이유는 무엇인가요?

약대 진학을 염두에 두시고 있다면, 과학 교과 중 화학 I, II나 생명과학 I, II를 꼭 선택해서 공부해야 합니다. 약대 과목들이 모두 화학이나 생물 같은 교과목에 대한 기본적인 이해를 필요로 하고 있기 때문에 선택과목에서 되도록이면 화학이나 생명과학, 특히 생명과학을 선택하여 들으시면 좋을 것 같습니다.

5. 약학과 공부에 도움이 되는 구체적인 학교활동은 무엇이 있을까요?

과학 관련 동아리를 들어가서서 과학경시대회를 참가하거나 여러 실험을 해볼 기회가 있다면 해보는 것을 추천드립니다. 약대 내에서는 여러 실험 과목과 실습이 있기 때문에 이러한 경험이 약대 공부에 큰 도움이 될 것입니다. 여러 경시대회나 입상을 하는 것 이외에도, 병원 등에서 약제부에서 봉사활동을 할 수 있는데 미리 약제부에서 약사들이 어떤 일을 하는지 볼 수 있으며 대학에 진학할 때에도 본인이 약대진학에 관심이 있었다는 것을 어필할 수 있습니다.

6. 약학과 진학을 희망하는 학생들에게 도움이 될 수 있는 도서를 추천해주세요.

『제약마케팅』(브렌트 롤린스, 매튜 페리 공저, 고기현 역, 조윤커뮤니케이션)

만약 제약회사에 대해 관심이 있으시다면 『제약마케팅』을 한번 읽어보시는 것을 추천합니다. 제약회사에서 마케팅의 중요성을 설명하면서 제약회사 내의 업무에 대한 전반적인 이해를 얻을 수 있습니다. 하지만 약학이나 약에 관한 서적들 이외에도 약사라면 인문적인 소양 역시 중요하기에 여러 분야의 책들을 읽을 수 있다면 두루두루 읽어보는 것을 추천합니다.

7. 약학과 진학을 위해 '학생부종합전형'을 준비하는 학생들에게 추천할 만한 장기적인 프로젝트 또는 연구가 있다면 좋은 아이디어 소개 부탁드립니다.

위에서 언급한 것처럼 과학 동아리에서 하는 활동 등이나, 병원이나 여러 의료시설에서 봉사활동을 하면 학생부전형에서 좋은 인상을 남길 수 있다고 생각합니다. 다만 여러 가지를 조금씩 하는 것보다는 하나를 오랫동안 하는 것이 이 전형에서 더 좋은 모습으로 비춰질 수 있다고 생각합니다.

1. 약학과 진학을 희망하는 학생들에게 필요한 역량과 길러야 할 자질은 무엇인가요?

여러 대학 모집요강을 읽다 보면 대학마다 중복으로 꼭 나오는 단어들이 있습니다. 융합적 인재, 자기주도적 인재, 리더십, 전공적합성 등등. 약대 진학을 꿈꾼다면 이에 맞게 우리는 학교생활기록부나 자기소개서를 통해 생명화학 관련 학업 역량과 전공적합성 등을 보여줘야 합니다. 예를 들어 동아리활동이나 수행평가를 하다가 궁금한 점이 생긴 것에 대해 따로 더 자료를 조사하고 지적 범위를 확장시킨다든가 그런 학업적, 지적 호기심을 보여주는 내용들이 학교생활기록부에 올라갈 수 있도록 하는 것이 좋겠습니다. 또한, PEET 제도를 실시할 때 여러 약학대학에서 요구하는 자기소개서 문항에서 나눔, 배려 또는 리더십을 발휘한 경험을 묻는 학교가 많았습니다. 약사라는 직업이 이타심이 필요로 하고 사회에 공헌하는 위치를 가지다 보니 이와 비롯한 인성적인 소양을 요구하는 듯합니다.

2. 약학대학에서는 구체적으로 무엇을 배우나요?

생물학, 유기화학, 생화학, 물리학을 기반하고 있으며 인체에 관련된 해부생리학이나 의약품과 관련된 약물학, 생약학, 제제학, 약물동태학, 약물치료학, 의약화학 등의 과목을 배웁니다. 또한 생화학실험, 제제학실험, 예방약학실험, 약품제조실험 등 과목별 실험과 실무 실습을 할 수 있는 병원실습과 약국실습이 커리큘럼에 포함되어 있습니다.

3. 약학대학에서 하는 학과 활동에는 무엇이 있나요?

약학대학에서는 보통 학교 내 동아리보다는 약학과 내 동아리를 많이 참여하는 경향이 있고, 다른 학교 약학과와 연합한 동아리가 많이 있습니다. 봉사 동아리, 댄스 동아리, 학술 동아리, 밴드 동아리 등 다양한 동아리가 존재하며 연합동아리는 다른 학교 약대 학우들을 사귀고 시각을 넓힐 수 있다는 장점이 있습니다. 이 외에도 약사 직능 향상을 목적으로 한 전국약대생협회 및 KNAPS 활동이 있습니다. 이 역시 다른 학교 약대생들과 함께 여러 프로젝트를 진행하기도 하고 진로설명회, 학술대회, 전국약대생축제를 비롯한 여러 다양한 행사를 기획하기도 합니다. KNAPS의 경우 해외 약대와도 교류할 수 있어 세계무대를 꿈꾸는 예비약사님이라면 추천하고 싶습니다.

4. 약학과 진학을 희망하는 학생들이 고등학교 때 열심히 공부해야 하는 교과와 과목은 무엇이며 그 이유는 무엇인가요?

약대에서 배우는 과목들이 생물과 화학에 기반을 둔 과목들이 많기도 하고, PEET 제도로 약대를 입학할 때도 생명과학과 화학의 비중이 컸습니다. 그렇기 때문에 고등학교 선택과목에서 생물Ⅱ나 화학Ⅱ를 이수한다면 약대에 가서도 공부에 훨씬 도움이 될 겁니다. 또한 영어로 된 문서를 많이 보기도 하고 졸업 후에 약국 약사가 아니라면 영어로 의사소통하는 직업적인 환경이 주어질 수 있다 보니 영어 공부도 소홀히 하지 않으셨으면 좋겠습니다.

5. 약학과 공부에 도움이 되는 구체적인 학교활동은 무엇이 있을까요?

사실은 군이 과학 관련 활동이 아니더라도 영자신문 동아리, 토론 동아리, 미술 동아리 모두 좋습니다. 뭐든 참여하시되 그 활동에서 어떤 점을 배웠는지가 중요합니다. 약학은 융합적 학문이기 때문에 정책 분야, 허가, 마케팅, 경제 분야 등 여러 학문과 밀접한 연관이 있습니다. 또한, 약사는 의사나 간호사뿐 아니라 여러 다른 직군과 협업하는 경우가 많기 때문에 리더십, 의사소통능력도 필요합니다. 다양한 걸 보고, 듣고, 느끼고, 이러한 활동을 왜 했는지에 대한 설명이 가능한 다양한 활동을 하라고 조언하고 싶습니다. '이렇게 제가 융합적 사고를 지닌 인재입니다!' 이런 느낌을 어필하면 좋을 것 같습니다.

6. 약학과 진학을 희망하는 학생들에게 도움이 될 수 있는 도서를 추천해주세요.

앞서 말씀드렸듯이 약학은 융합적 학문이기 때문에, 고등학생 때는 약학 관련 도서를 기반으로 다른 여러 분야 도서도 두루 읽는 것이 좋을 것 같습니다. 사람의 생명을 다루는 직업이기 때문에 인간 윤리를 다루는 도서도 좋을 것 같고, 약가와 정책에 관심이 있다면 관련한 경제 도서도 좋을 것 같습니다. 약과 관련한 역사도서도 있을 것이고, 약학을 가운데 두고 가지를 뻗어 나가다 보면 정말 재밌는 분야들이 많습니다. 다양한 도서를 읽음으로써 약학대학 졸업 후의 구체적인 진로를 정하는 데도 도움이 될 것 같습니다.

7. 약학과 진학을 위해 '학생부종합전형'을 준비하는 학생들에게 추천할 만한 장기적인 프로젝트 또는 연구가 있다면 좋은 아이디어 소개 부탁드립니다.

관심 있는 연구 주제를 하나 정해서 관련된 선행 연구들을 찾아보고 정리해두는 것은 어떤가요? 본인이 구체적인 목표를 가지고 목표를 향해 노력한 것이 시각적으로 보이기 때문에 자기소개서나 면접에서 어필하기도 좋은 것 같습니다. 또한, 교내 과학 동아리를 통해서나 아니면 대학과 연계한 R&E를 통해 실험할 기회가 생긴다면 아세트아미노펜의 간독성 실험이나, 아스피린 합성 실험 등 대학에서 진행하는 실험들을 해보는 것도 조심스럽게 추천합니다. 이때, 얼마나 호기심을 가지고 선행 공부를 했는지, 실험 과정에서 조심해야 할 것은 무엇인지, 실험의 의의는 무엇인지를 잘 정리해두는 것이 중요합니다.

CHAPTER 02

가톨릭대학교 약학대학 학장 인터뷰

1. 코로나19 팬데믹 상황에서 약학대학의 비전은 무엇인가요?

가톨릭대학교 약학대학의 미션은 '인간생명을 존중하는 전문인 양성'이고, 이를 실현하기 위한 비전은 '인간존중의 이념을 실천하고 약학발전 및 미래약학 개발을 선도할 약학전문인 육성'입니다. 그러므로 가톨릭대학교 약학대학은 먼저 인간존중에 초점을 맞추고, 약학의 현주소를 통찰하면서 미래지향적인 사고와 선도적인 활동을 지향하고 있습니다. 코로나19 팬데믹 상황은 모든 이들로 하여금 일상생활의 변화뿐 아니라 급격한 사회적인 변화를 예외 없이 경험하게 하면서 이러한 현상이 일시적이 아닌 뉴 노멀(New normal) 시대로 이어지고 있음을 실감하게 합니다. 그래서 각자는 우선 자신의 건강을 돌보고, 주변에 영향을 받는 이들에게 책임을 다하려 노력하고 있습니다.

반면, 점점 개인 생활이 강화되고, 첨단 통신기술을 활용한 비대면 활동들이 증가하면서 이에 점차 익숙해져 가고 있습니다. 이러한 상황에 따라 가톨릭대학교 약학대학은 인간존중의 정신을 강화하기 위하여 다양한 소통 능력과 공감 능력의 배양에 힘쓰고 있으며, 개인적 생활 및 사회적 거리 두기 상황에서 변하는 보건의료체계와 환자들의 요구사항들을 고려한 약학 발전의 방향성과 미래 약학을 추구하는 전문적인 교육 실현을 지향하고 있습니다.

2. 가톨릭대학교 약학대학만의 장점은 무엇인가요?

가톨릭대학교 약학대학은 비전을 실천하기 위한 핵심가치로서 '인간존중의 윤리관'과 '의약생명과학 지식의 전문성', '국제적 역량을 갖춘 세계성'을 목표로 교육하고 있습니다. 그래서 인간존중의 윤리관과 의약생명과학 전문지식으로 국제적 역량을 갖춘 국내 최대 규모의 가톨릭중앙의료원 산하 9개 의료기관과 연결하여 체계적인 임상실습을 진행함으로써 탄탄한 임상경험을 갖추게 하고, 나아가 미래 약학을 선도하는 약학대학 교수님들의 연구실에서 연구심화실습을 통하여 연구능력을 갖추게 함으로써 임상활동과 연구활동을 모두 실천할 수 있는 약학전문인을 집중적으로 양성하고 있습니다.

3. 가톨릭대학교 약학대학에서는 무엇을 배우나요?

가톨릭대학교 약학대학에서는 약학 전문인을 양성하기 위하여 필요한 교과목을 체계적으로 교육하고 있습니다. 약학은 사람에게 필요한 약을 개발하여 약이 필요한 사람에게 올바로 사용할 수 있도록 함으로써 인류에게 기여하는 학문입니다. 그러므로 약을 개발하기 위해 필요한 약학 분야와 개발한 약을 사용하기 위한 약학 분야, 그리고 약을 사용하는데 필요한 약학 분야로 크게 구분하여 학습합니다. 이러한 각 분야의 학문에 대하여 이론 및 실험, 실습 과정을 통해 체계적으로 학업을 쌓아갑니다. 자세한 내용은 아래 사이트에서 확인할 수 있습니다.

https://pharm.catholic.ac.kr/front/curriculumlist.do?cmsDirPkid=997&cmsLocalPkid=0&rSiteGubun=49

4. 가톨릭대학교 약학대학을 졸업하면 어떤 일을 하게 되나요?

가톨릭대학교 약학대학은 졸업 후에 약학 전문인으로서 활동할 수 있는 기본적인 역량을 모두 갖추도록 교육하고 있으며, 인재상은 '글로벌 수준의 약료를 실천하는 임상약사', '제약산업 생태계를 활성화시키는 산업약사', '의생명제약융합연구를 실천하는 연구약사', '국민의료보건의 질을 향상시키는 보건사회약사'입니다. 임상약사는 병원 약제부 또는 지역약국에서 환자들에게 올바른 약물요법을 제공하기 위한 업무를 수행하며, 산업약사는 제약분야의 기업에서 약품을 개발 및 생산하여 제공하기 위한 업무를 수행합니다. 연구약사는 제약기업의 연구소 혹은 대학의 연구실에서 약학의 다양한 연구들에 참여하여 궁극적으로 신약 개발 등 관련 업무를 수행하며, 보건사회약사는 약품의 개발부터 사용까지 모든 단계에서 필요한 제도나 규정, 지침, 절차, 관리, 감독 등을 공적으로 수행하는 업무를 담당합니다.

5. 가톨릭대학교 약학대학을 지망하는 학생들에게 필요한 역량과 길러야 할 자질은 무엇인가요?

가톨릭대학교 약학대학의 핵심역량을 8가지로 요약하면 다음과 같습니다.

① 생명존중의 직업윤리

② 약학 지식의 탁월한 전문성

③ 미래융합연구가 가능한 열린 사고력과 창의력

④ 실무적인 문제들을 해결하는 능력

⑤ 지속적인 자기 개발이 가능한 직업정신

⑥ 제약산업 생태계를 선도하는 리더십

⑦ 다학제적으로 연결하는 소통력과 협동심

⑧ 사회적 책무에 대한 이해와 행동

자세한 내용은 아래 사이트에서 확인할 수 있습니다.

https://pharm.catholic.ac.kr/pharm/about2.html

6. 가톨릭대학교 약학대학을 지원하는 학생들은 학생부종합전형 준비를 위해 구체적으로 어떤 학교활동을 하면 좋을까요?

학생부종합전형은 학생부를 중심으로 자기소개서와 면접 등을 통하여 지원자의 학업역량과 전공적합성, 인성, 발전가능성 등을 종합적으로 정성평가를 하는 것이므로 이에 해당하는 가 항목들을 모두 살펴보는 것이 기본입니다. 그리고 약학 전문인은 환자중심으로 보건의료체계 내에서 공익을 추구하는 직능을 발휘해야 하므로 생명존중의 윤리관과 환자 등 사회적인 약자들과 소통하며 봉사하는 실천 능력이 요구됩니다.

7. 마지막으로 약학대학을 지원하는 학생들에게 격려 말씀 부탁드립니다.

가톨릭대학교 약학대학은 '진리, 사랑, 봉사'의 교육이념에 따라 약학 분야에서 이를 실천할 인재들을 육성하는 것이 교육의 목표입니다. 이러한 목표는 우선 교육을 하는 교수들과 교육을 받는 학생들 안에서 이루어져야 할 것입니다. 즉, 각자 자신부터 진리를 추구하며 사랑을 실천하고, 이웃에 봉사하는 삶을 살기 위해 노력하면서 자신을 완성해나갑니다. 그리고 학업을 통하여 약학 전문인으로 성장하면서 건강한 사회를 구현해 나가는 것입니다. 가톨릭대학교는 '나를 찾는 대학', '기쁨과 희망이 있는 대학'을 표방하며 신입생들을 기다리고 있습니다. 대학입시를 준비하는 시간들이 힘들고 어렵지만 좀 더 자신을 믿어주고, 격려하면서 한 걸음씩 차근차근히 걸어오십시오. 저희들도 여러분을 반갑게 맞이할 시간을 기다리며 기도하겠습니다. 여러분과 함께 자신을 찾고, 기쁨을 맛보고, 희망을 키워가는 대학생활을 기대합니다.

가톨릭대학교 약학대학장 나현오

CHAPTER 03

고려대학교(세종) 재학생 인터뷰

01 ┃ 5학년 재학생

1. 약학과 진학을 희망하는 학생들에게 필요한 역량과 길러야 할 자질은 무엇인가요?

고려대학교 약학대학은 약학 고유의 전문지식 및 실무능력과 국제적 소통 능력을 함양하도록 함으로써 글로벌 리더로서 21세기형 전문 약학인 양성을 목표로 합니다. 사실 무슨 말인지 잘 와 닿진 않죠? 한마디로 잘 배우고, 배운 것을 올바른 곳에, 올바르게 사용할 수 있어야 한다는 것입니다. 그러기 위해 학생 여러분들이 약대에 가겠다고 일단 마음먹었다면 그 선택에 책임을 질 수 있는 사람이 되면 좋겠습니다. 약학과 진학을 위해 필요한 역량에는 사실 많은 것들이 있겠죠.

누군가는 공부가 최우선시되어야 한다고 할 것이고, 누군가는 인간성이, 누군가는 창의력이, 혹 누군가는 인내심이 가장 중요하다고 할 것입니다. 이들 중 무엇이 더 중요한지 정답은 없습니다. 다만 확실한 것은 자신이 하는 선택에, 말과 행동에 책임을 질 줄 아는 사람이라면 이 모든 역량을 갖춘 사람이 될 수 있다는 것입니다. 책임감 있는 사람은 원하는 성적을 달성하기 위해 학업을 게을리 하지 않습니다. 책임감 있는 사람은 시간을 헛되이 쓰지 않고 자기계발에 힘씁니다. 책임감 있는 사람은 대인관계에 있어 말과 행동을 신중히 합니다. 책임감 있는 사람은 목표를 설정하고 끈기 있게 노력합니다. 결국 매사에 책임감을 갖고 임하는 사람은 목표로 하는 바를 반드시 이뤄낼 수 있으리라 생각합니다.

2. 약학대학에서는 구체적으로 무엇을 배우나요?

약학은 상당히 다양한 분야가 융복합된 학문입니다. 생화학과 생리학, 유기화학, 미생물학, 분자생물학 등 기초과목부터 시작해서 실제로 약리 활성을 가진 물질과 그 기전을 배우는 약물학과 생약학, 약을 우리 몸에 어떻게 적용시킬 수 있을지 학습하는 물리약학과 약제학, 그리고 이러한 약들을 어느 환자에게 어떻게 적용해야할지 다루는 임상약료학, 이 밖에도 다양한 교과목들을 학습하여 여타 다른 과에 비해 보다 많은 전공과목을 수강하게 됩니다. 더불어 이렇게 쌓은 지식을 바탕으로 실제 현장에서 병원 실습, 약국 실습, 제약 공장 실습을 경험하게 됩니다. 약학대학에서 많은 교과목들을 전공과목으로 수강하는 가장 큰 이유 중 하나는 졸업 후에 약학과 관련한 다양한 진로를 선택할 수 있기 때문인 것 같습니다. 흔히들 약학대학을 졸업하면 약국 약사를 떠올리기 마련이지만 그것은 일부에 불과할 뿐, 할 수 있는 일이 아주 많습니다. 대표적으로 병원약사는 병원내의 의약품 관리업무, 조제·투약업무, 복약지도 업무, 의약품정보 제공업무 등을 2, 3차 병원 및 병동에서 입원환자들에게 수행합니다. 제약회사에 취업하게 되면 약사는 개인의 적성에 따라 제약회사의 본사, 생산, 연구소 업무 등 여러 분야에서 중요한 역할을 담당합니다. 또한 공직약사가 되어서는 약의 허가, 생산 및 유통에 관한 제반 업무를 감시, 지도 및 교육하는 약무 관련 업무를 담당하게 됩니다. 약학대학에서의 공부는 이러한 다양한 진로로 나아가는 데 있어 중요한 밑거름이 될 것입니다.

3. 약학대학에서 하는 학과 활동에는 무엇이 있나요?

고려대학교 약학대학에서는 교과목 공부뿐만 아니라 상상할 수 없는 많은 것들을 경험하게 됩니다. 공부를 잘 하는 사람이 놀기도 잘 한다는 말이 있죠. 바로 저희 학교 학우들을 두고 하는 말인 것 같습니다. 제 개인적인 생각일 수도 있겠습니다만 대학생활을 하면서 잘 노는 것은 잘 공부하는 것 못지않게 중요한 일입니다. 그런 점에서 고려대학교 약학대학으로의 진학은 제 인생 가장 잘한 선택이었습니다. 신입생으로서 선배님들을 처음 만나게 되는 새내기 새로 배움터, 전교생과 교수님 모두가 함께하는 스승의 날 체육대회, 연세대학교 약학대학과 함께한 응원전과 고연전, 전국의 약학대학 학생들이 모여 교류의 장을 이루는 전국약대생축제, 선배님들의 앞날을 응원하는 착복식과 졸업식까지 어느 하나 즐겁지 않았던 적이 없습니다. 특히나 약학대학이라는 특성상 졸업 후 먼 미래까지 교수님, 선후배님, 동기들 간의 관계는 평생 이어진다 봐도 무방할 정도로 매우 중요하다고 생각합니다. 내가 미래에 걸어가게 될 길을 미리 경험하신 교수님들, 지금 나와 같은 곳을 바라보고 나아가는 선후배님 및 동기들, 이들과 대학교에서 많은 활동을 함께 한다는 것은 인생에서 가장 기억에 남을 만한 일 중 하나가 되지 않을까요?

4. 약학과 진학을 희망하는 학생들이 고등학교 때 열심히 공부해야 하는 교과와 과목은 무엇이며, 그 이유는 무엇인가요?

앞에서도 말씀드렸다시피 약학은 다른 분야에 비해 보다 종합적인 내용을 다루기 때문에 고등학교 수준에서의 과학 과목 전반적인 내용에 대한 이해는 기본적으로 갖출 수 있어야겠습니다. 그중 아무래도 생명과학과 화학 과목에 대한 집중 탐구가 필요하겠죠. 이 두 과목은 약학대학에서 배우게 되는 교과목들의 가장 기본이 되기 때문에 약대 입시에서는 물론, 진학을 하고 난 후를 생각해서라도 꼭 제대로 된 학습을 필요로 합니다. 이와 더불어 영어 공부도 게을리 하지 않기를 바랍니다. 학생 여러분들이 미래에 접하게 될 도서, 논문, 자료 등의 대부분은 영어로 되어 있는데 이것들을 학습함에 있어 적어도 언어가 방해요소로 작용하지 않도록 준비할 수 있으면 좋겠습니다.

5. 약학과 공부에 도움이 되는 구체적인 학교활동은 무엇이 있을까요?

저는 스스로가 힘닿는 한 할 수 있는 모든 활동을 해볼 것을 추천드립니다. 과학실험 동아리를 구성해 활동하거나 생명과학이나 화학 관련하여 과학전람회에 참여해보거나 의료봉사를 나간다거나 하는 등의 활동이 가장 도움이 될 수 있겠죠. 하지만 이 밖에 약대 진학과는 직접적인 관련이 없다 생각되는 활동일지라도 본인이 그 활동을 하면서 어떤 경험을 하고 어떤 배울 점을 얻어가게 될지는 아무도 모릅니다. 고등학생인 그때에만 해볼 수 있는 것이 있고, 그때에만 배울 수 있는 것이 있다고 생각합니다. 그런 기회를 놓치고 학창시절을 끝내는 것은 너무 아쉽잖아요? 보다 능동적으로 꿈을 키워나가는 사람이 되기를 바랍니다.

6. 약학과 진학을 희망하는 학생들에게 도움이 될 수 있는 도서를 추천해주세요.

저는 책을 통해서 동기부여를 얻는다거나 그랬던 경험이 없어서 딱히 추천해드릴 수 있는 도서는 없습니다.

7. 약학과 진학을 위해 '학생부종합전형'을 준비하는 학생들에게 추천할 만한 장기적인 프로젝트 또는 연구가 있다면 좋은 아이디어 소개 부탁드립니다.

고등학교에서는 사실 큰 프로젝트나 연구, 실험 등은 불가능할 것 같습니다. 그것이 가능하더라도 불확실한 방향성으로 시간을 허비할 가능성도 크다고 생각합니다. 그보다 앞에서도 말씀드린 것처럼 본인이 할 수 있는 선에서 가능한 일들을 적극적으로 물색해보길 바랍니다. 저는 약학과 진학을 희망하는 다른 학생들을 모아 직접 스터디그룹을 만들어보는 것을 추천드립니다. 본인과 같은 목표를 가진 친구들과 함께 이야기를 나누는 것은 그것만으로도 매우 큰 도움이 됩니다. 다 같이 약업계 관련 이슈들을 읽고 토의해본다든지 의료기관 봉사활동을 나가본다든지 하는 활동은 학생부에 기록할 수 있는 내용이 될 수 있을 뿐만 아니라 스스로도 약학과에 진학하기 위한 동기부여로 작용할 수 있을 것입니다

02 | 6학년 재학생

1. 학과 진학을 희망하는 학생들에게 필요한 역량과 길러야 할 자질은 무엇인가요?

필요한 역량은 끊임없이 궁금증을 가지고 문제를 해결해나가는 능력이라고 생각을 합니다. 모든 과학 분야가 마찬가지이겠지만, 약학이라는 학문의 경우에는 특히 더 궁금증을 가지는 것이 중요하다고 생각을 합니다. 최초의 항생제 페니실린을 발견한 플레밍은 실수로 배양용기를 배양기에 넣지 않고 실험대에 놓고 휴가를 갔습니다. 다시 돌아왔을 때 배양용기는 오염이 되어 있었습니다. 만일 플레밍이 일반인들처럼 다시 실험해야겠다고 생각하여 배양용기를 버렸다면 수많은 사람을 살린 페니실린은 발견되지 않았습니다. 왜 오염이 되었고 이러한 현상은 왜 나타났는지 의구심을 가지고 고민을 했기 때문에 페니실린이 발견될 수 있었습니다. 약학이라는 학문은 이와 같이 단순한 현상에도 궁금증을 품고 해결해나가는 능력을 필요로 하며 길러야 하는 자질이라고 생각을 합니다.

2. 약학대학에서는 구체적으로 무엇을 배우나요?

약학대학에서는 약의 모든 것에 대해 배운다고 생각하시면 됩니다. 약의 개발부터 약의 품질관리 및 임상에서 약이 어떻게 사용되는지까지 약의 전 주기를 배운다고 생각하시면 됩니다. 최근에는 약물감시라고 해서 임상에서 사용되는 약들이 이전에는 보지 못했던 새로운 부작용을 나타내지는 않는지 관리하는 부분까지 중요해져서 이 부분에 대해서도 어떻게 접근해야 하는지 배우고 있습니다. 또한, 6년제로 바뀌게 되면서 의료기관(병원) 실습, 약국 실습, 제약회사·제약공장 실습을 1년 정도 진행하게 됩니다. 약의 모든 것에 대해 배우기 때문에 다른 학과와 큰 차이점이 있습니다. 약에 대해서는 의과대학이나 생명, 화학과에서도 어느 정도 배우지만, 의과대학은 임상에서 약이 어떻게 사용되는지 배우고 생명이나 화학은 약의 개발단계 부분을 배우게 됩니다. 하지만 약대의 경우 앞에서 말했듯이 약의 개발단계뿐만 아니라 어떤 환자에게 어떤 약물이 알맞은지, 약과 관련된 정책까지 배우게 됩니다. 이렇게 약의 모든 것에 대해 배우다 보니 일반 다른 학과와 비교했을 때 이수해야 하는 학점이 매우 많습니다. 우리 학교의 경우, 전공으로 22학점 정도 한 학기에 듣게 되며, 다른 학교 약대의 경우 한 학기에 28학점까지 모두 전공으로 듣는 것 같습니다.

3. 약학대학에서 하는 학과 활동에는 무엇이 있나요?

저희 약학대학 동아리의 경우에는 크게 농구, 축구, 봉사, 춤 동아리가 있습니다. 특히, 봉사 동아리의 경우 다른 학과랑 다르게 의료봉사에 참여하여 고려대학교 3개 병원(안암, 안산, 구로)에 계시는 의사, 약사, 간호사 선생님과 봉사를 진행하게 됩니다. 코로나 이전에는 방학에도 4박 5일 정도 농촌으로 의료봉사를 하러 가기도 했답니다. 거기에 가서는 약사선생님들을 옆에서 보조하는 역할을 맡게 됩니다. 전국에 있는 모든 약학대학이 한자리에 모이는 전국 약대생 축제에 참여하여 '디오스코리데스 선서'도 하고 1박 2일 동안 우리가 약대에 왔다는 즐거움을 표현하는 자리도 있습니다. 최근에 코로나로 인해서 온라인으로 대체가 됐지만, 이 또한 약대생들만 즐길 수 있는 축제라고 생각하시면 됩니다.

4. 약학과 진학을 희망하는 학생들이 고등학교 때 열심히 공부해야 하는 교과와 과목은 무엇이며, 그 이유는 무엇인가요?

저는 생명과학과 화학 과목을 추천합니다. 일단, 약학이라는 분야 자체가 모든 학문이 종합된 학문이어서 몇 개를 공부해야 한다고 말하기 어렵지만, 약이 어떻게 생겨서(화학) 우리 몸에 어떤 Receptor에 결합하여 몸이 영향을 미치는지(생물) 배우는 것이 가장 기초이기에 고등학교 때 해당 학문에 대한 이해도가 있어야 합니다.

5. 약학과 공부에 도움이 되는 구체적인 학교활동은 무엇이 있을까요?

토론활동과 발표에 적극 참여하는 것을 추천합니다. 병원과 약국에서 일하게 되면 환자와 커뮤니케이션 그리고 의사, 간호사들과 커뮤니케이션이 많이 필요합니다. 이러한 커뮤니케이션 방법의 기초가 되는 것이 논리적 사고력과 여러 사람들 앞에서 발표를 하는 것이라 생각합니다.

6. 약학과 진학을 희망하는 학생들에게 도움이 될 수 있는 도서를 추천해주세요.

『크리스퍼가 온다』(제니퍼 다우드나, 새뮤얼 스턴버그 공저, 김보은 역, 프시케의숲)

이 책에서는 유전자 가위에 대해 개발과정부터 그 원리에 대해 깊게 설명을 해주고 있습니다. 내용이 다소 어려울 수 있으나 생명과학I을 배운 학생이라면 그렇게 어렵지 않을 것으로 생각합니다.

『크레이지 호르몬』(랜디 허터 엡스타인 저, 양병찬 역, 동녘사이언스)

대한민국 교육과정에서는 호르몬에 대해 깊게 다루지 않고 있는 것 같습니다. 호르몬의 경우, 약을 개발할 때 주요 타깃이 되기도 하고 신체를 이해하는 데 있어서 매우 중요한 물질 중 하나입니다. 교과서적으로 호르몬을 딱딱하게 배우다가 스토리 있는 호르몬의 내용을 배우면 이해도 잘 되고 이에 관해 많은 것을 느낄 수 있다고 생각하여 추천합니다.

CHAPTER 04

대구가톨릭대학교 재학생 인터뷰

01 5학년 재학생

1. 약학과 진학을 희망하는 학생들에게 필요한 역량과 길러야 할 자질은 무엇인가요?

약학의 궁극적인 목표는 '약을 통한 인류의 건강 증진'으로 볼 수 있습니다. 이러한 약학을 공부하고 약사가 될 학생들에게는 약학 전문 지식인이 되기 위해 배움에 대한 의지, 끈기와 열정, 계획성이 필요하다고 생각합니다. 약학은 끊임없이 발전하는 분야이므로 계속해서 배우려고 하는 의지를 갖고, 열정적으로 임해야 하기 때문입니다. 또한, 학교에서나 사회에 나가서 일을 할 때나 자신의 목표를 위해 계획하고 끈기 있게 노력해야 진정한 약학 전문 지식인이 될 수 있습니다. 약사는 또한, 약에 대한 전문가로서 인류의 건강 증진을 위해 노력해야 하는 책임이 있습니다. 그렇기에 자신의 판단이 환자들에게는 큰 영향을 줄 수 있다는 것을 명심하며 항상 본인이 하는 일에 책임감을 가지고 임해야 합니다. 그리고 약사는 자신의 지식을 통해 사람들에게 도움을 주며 봉사하는 직업이므로 부와 명예만 좇는 태도를 경계하며 올바른 가치관과 도덕심이 필요합니다.

2. 약학대학에서는 구체적으로 무엇을 배우나요?

대구가톨릭대학교 약학대학에서는 '질병예방과 치료최적화에 헌신하는 인간 중심 약사의 양성', '제약·바이오산업을 선도하는 창의융합적 약학자의 양성', '사회적 가치를 실현하는 책임감 있는 리더의 양성'을 목표로 환자에게 사용되는 약물의 개발과 유통, 조제, 판매 이후 부작용까지 모든 부분에 대해서 배웁니다.

수업은 크게 기초과목과 심화과목으로 나뉩니다. 생명현상에 대한 이해와 약학을 배움에 있어 기반을 다지기 위한 과목인 약품생화학, 인체생리학, 유기약화학, 의약품 분석학, 미생물학 등의 수업을 통해 기초를 쌓아갑니다. 심화 과목에서는 기초 과목에서 배운 내용을 토대로 약학과 밀접하게 관련된 내용을 배우게 됩니다. 식물, 동물, 광물 등의 천연물에서 유래한 약에 대해 연구하는 학문인 생약학, 의약품의 구조와 합성법 및 제조, 작용기전 등에 관한 의약화학, 의약품합성학 등이 있으며, 다양한 제제와 약이 체내에 흡수, 대사, 분포, 배설 되는 과정을 다루는 약제학, 생물약제학 등의 과목이 있습니다. 다양한 종류의 약물을 배우는 과목으로 약물학, 개별 질환의 임상증상에 관해 학습하고 환자에게 최적의 약물치료 제공을 위한 임상적 지식의 이론적 토대를 마련하는 약물치료학도 배우게 됩니다. 대한민국약전에 기록된 내용을 중심으로 의약품의 품질관리를 학습하는 의약품품질관리학, 의약품과 관련된 사회적 현상 및 약학이 주는 사회적 영향에 대해서 배우는 사회약학이라는 과목도 있습니다.

이렇게 약학대학에서는 약에 관한 기본적인 내용뿐만 아니라, 사회에서 약사로서 공헌할 수 있는 사회적 노력, 약과 관련된 제도 등 다양한 분야를 학습합니다. 체계적인 교과과정을 모두 이수한 후, 6학년 때는 그동안 배운 지식을 토대로 병원, 지역약국, 제약회사 등의 실무실습에 참여하게 됩니다. 이렇게 다양하고 체계적인 학습 및 실습 과정을 통해 학문적우수성, 창의융합, 사회적 책무, 소통과 화합, 자기 주도적 실천 등의 역량을 갖춘 약사가 되어 사회에서 책임을 다하며 선한 영향력을 발휘하는 사회적 공동선을 실현할 수 있게 됩니다.

3. 약학대학에서 하는 학과 활동에는 무엇이 있나요?

대구가톨릭대학교 약학대학에서는 재학생들이 참여할 수 있는 다양한 활동들이 있습니다. 첫 번째로, 학교에서 배운 주요 이론 과목을 바탕으로 하는 실험·실습 과정이 있습니다. 의약품분석학, 의약품합성학, 약물학, 약제학 외에도 다양한 실습과목이 있어 이론으로 배웠던 과목을 실제로 실습해봄으로써 조금 더 심도 있게 과목을 이해할 수 있고, 또한 딱딱하기만 했던 내용들에 좀 더 가깝게 다가갈 수 있는 기회를 가질 수 있기 때문에 더욱 흥미롭게 느껴졌습니다.

더 나아가 연구나 대학원 진학에 관심이 있다면 직접 교수님과 함께 연구에 참여할 수 있는 기회도 있어 더욱 성장할 수 있다고 생각합니다. 두 번째로, 약대 내에서 다양한 동아리에 가입하여 활동할 수 있습니다. 축구, 농구를 비롯한 운동 동아리, 봉사 동아리, 댄스 · 밴드 동아리, 여행 · 사진 동아리, 학술 동아리 등 많은 동아리가 존재하며, 대부분의 학생들이 여러 동아리에 가입하여 선배님들 후배님들과 함께 같이 활동하며 재밌게 학교생활을 할 수 있습니다. 또한 대구 · 경북 4개의 약학대학과 연합하여 활동하는 연합동아리도 있어 다른 학교와의 교류도 활발한 편입니다. 또한 공부로 지친 학생들을 위해 다양한 행사도 진행됩니다. 우리 학교의 경우는 '약성제'라고 해서 약대의 전 학년이 모여 축제를 즐길 수 있는 자리가 마련되어 있고, 가을에는 대구 · 경북 4개의 약학대학을 대상으로 체육대회를 개최하여 같은 학교 학생들과는 더욱 팀워크를 다질 수 있고, 다른 학교 학생들과는 새로운 교류를 할 수 있어 좋은 경험이 되었던 것 같습니다. 마지막으로, 타 학교에 비해 훨씬 다양하고 질 높은 강연과 세미나를 개최하고 있습니다. 전통 약대로서 배출한 많은 훌륭한 선배님들 중 공직, 제약회사, 대학 병원, 지역 약국 등에서 근무하시는 선배님들이나 외부 인사를 초청하여 학생들은 피부로 와 닿는 조언을 들을 수 있고 미래 진로 결정에 있어 다양한 간접 체험을 할 수 있게 됩니다.

4. 약학과 진학을 희망하는 학생들이 고등학교 때 열심히 공부해야 하는 교과와 과목은 무엇이며, 그 이유는 무엇인가요?

저희 대구가톨릭대학교 약학대학에서는 기본적인 과학 지식을 대학 수준에서 습득하고 이를 응용하여 올바른 의약의 사용법 및 인체 내에서 약물적용방법과 학문 외적으로는 인성과 창의성, 그리고 화합성을 강조합니다. 고등학교 때 모든 과목을 이수하고 잘 이해하는 것이 물론 중요하지만, 약학대학의 특성상 학업적인 부분 위주로 애기를 한다면, '생명과학Ⅰ, Ⅱ'와 '화학Ⅰ, Ⅱ'를 열심히 학습하는 것이 중요합니다. 생명현상을 인간의 몸 중심으로 공부하는 '생명과학Ⅰ'과 이를 분자 수준에서 공부하는 '생명과학Ⅱ' 모두 약학대학에서 배우게 되는 약품 생화학, 해부학, 인체생리학, 약물학, 분자생리학 등의 교과과목 이해에 도움이 되며 화학양론과 기초지식을 다루는 '화학Ⅰ'과 물질의 상태, 평형, 반응속도에 대해 배우는 '화학Ⅱ'는 의약품 분석학, 물리 약학 등의 교과과목 이해에 큰 도움이 됩니다. 이외에도 융합적인 사고를 위해 여러 책을 읽거나, 다양한 활동 또한 추천 드립니다.

5. 약학과 공부에 도움이 되는 구체적인 학교활동은 무엇이 있을까요?

학교마다 동아리, 수상대회, 수행평가가 다르기 때문에 본인이 생각하였을 때 약사가 되기 위해 관련된 기초를 쌓을 수 있는 과학 과목, 특히 생명과학분야에 지식을 쌓도록 노력하면 좋을 것입니다. 또한, 대구가톨릭대학교 약학교육의 교육미션은 '인간 중심 약료와 의약품 개발에 기여하는 인재 양성을 통한 사회적 공동선 실현'을 추구하고 있으므로 이와 관련된 학교활동 등이 도움이 될 수 있습니다. 그 예로 아스피린 합성을 통하여 약학대학의 의약품 합성학에서 기본적인 화학 반응을 미리 공부해볼 수 있고, 여러 적정 실험을 통하여 의약품 분석학의 기본 원리를 미리 공부해볼 수 있습니다. 더 나아가 최근 약학 분야에도 4차 산업 혁명에 따른 AI의 영향이 필연적이기 때문에 컴퓨터 관련된 지식을 체험한다면 큰 도움이 될 수 있습니다. 봉사의 경우는 의료봉사활동 등을 경험하여 봉사자로서 환자의 입장을 미리 파악해볼 수 있다는 것이 좋을 것이라 생각합니다. 또한, 다양한 환경에 처한 환자들을 각자의 상황에 따라 적절한 처방을, 적절한 생활습관 등을 알려주는 모습을 보며 더 넓은 시각을 갖추는 것이 중요합니다. 후에 약사가 되어 환자를 비롯하여 타인의 말을 주의 깊게 듣고 깊게 이해하는 것 또한 중요하기에 의료봉사와 같은 경험은 큰 도움이 될 것입니다. 독서의 경우에도 인문학적 경험이나 다양한 인간상에 대한 경험을 하는 것이 도움 될 것입니다. 보건의료인으로서 질병예방과 치료최적화에 헌신하는 직업군으로서, 각 환자에 맞는 적절한 처방과 요법을 알려주기 위해 기본적으로 더 넓은 이해를 갖추고 있어야 환자에게 전달하는 전문지식이 일상에 쉽게 스며들 수 있을 것이고, 이는 치료효과의 극대화로 돌아올 것이기 때문입니다.

6. 약학과 진학을 희망하는 학생들에게 도움이 될 수 있는 도서를 추천해주세요.

『MT 약학』(대한약학회 저, 청어람(장서각))

MT(Map of Teens)시리즈의 약학 편으로, 약학과 진학을 희망하는 학생들에게 약학대학은 어떠한 과목을 배우고, 졸업 이후의 진로는 어떻게 되는지에 대해 대한약학회 교수님들께서 기술하신 책입니다. Part 1, 2에서는 약학의 간략한 역사와 현재 약학산업이 어떻게 발전하고 있는지, 6년제로 개편된 약학대학에 대한 내용이 나와 있습니다. 다음인 Part 3에서는 약학대학에서 배우는 과목에 대한 내용들로 구성되어 있습니다. 각 과목별로 챕터가 구성되어 자세히 설명되어 있기 때문에 약학대학에서 배우는 과목이 무엇인지 궁금하신 학생 분이 읽어보신다면 크게 도움이 될 것입니다. Part 4에서는 졸업 이후의 진로가, Part 5에서는 약학 산업이 미래에 어떻게 발전해나갈지, 또 마지막인 Part 6에서는 교수님들의 이야기도 담겨 있습니다.

『꿈을 찾는 약대생』(박정원 저, 렛츠북)

약대를 입학하기 전의 고민들과 약대 입학 후 대학생활 이야기가 있으며, 약대를 졸업하고 다양한 분야에 진출해 계신 약사님들의 인터뷰와 약사님의 철학이 담겨 있어 현직에 계시는 분들의 다양한 이야기가 궁금하신 분들은 읽어보시면 도움이 될 것입니다.

7. 약학과 진학을 위해 '학생부종합전형'을 준비하는 학생들에게 추천할 만한 장기적인 프로젝트 또는 연구가 있다면 좋은 아이디어 소개 부탁드립니다.

약학과 진학에 도움이 되기 위해서 제일 먼저 관련 분야에 걸맞은 주제를 선정하고 사고를 구체화해야 합니다. 저는 현재 사회적으로 이슈가 되고 있는 보다 접하기 쉬운 소재를 선택하거나, 본인이 평소 관심이 있고 궁금했던 질병, 약물 혹은 약료 시스템을 다루는 것을 추천합니다. 주제 선정에 어려움을 느끼신다면 약업신문, 약업공론 등의 매체를 통해 여러 방면으로 시야를 넓힐 수 있고, 최근 중요시되는 빅데이터를 활용한 정밀의료와 같은 타 분야와의 접목을 중심으로 생각해보는 것도 좋은 방법일 것입니다. 선정된 소재는 관련 서적이나 논문 등을 찾아 교과과정 혹은 그 이상의 과학적 지식들을 기반으로 해석해 보고, 이에 대한 자신만의 견해를 정리해보시길 바랍니다. 더하여 관련 전문가들과의 인터뷰를 통해 그 분야에 전문성을 키우고, 소모임 또는 동아리활동을 가져서 관련 분야에 대한 사고를 확장하며, 더 나아가 이를 기반으로 본인만의 탐구 계획을 구체적으로 수립해보는 것도 좋은 방법일 것입니다.

CHAPTER 05

대구가톨릭대학교 약학대학 학장 인터뷰

1. 코로나19 팬데믹 상황에서 약학대학의 비전은 무엇인가요?

전 세계적으로 유례없는 코로나19 팬데믹 발생 및 장기화로 인해 글로벌 경제와 모든 사회영역이 심각한 침체와 붕괴 위기에 빠져 있습니다. 이러한 위기 상황을 극복할 수 있는 방법은 마스크 착용, 거리 두기와 방역 등이 있지만 무엇보다 코로나19 확산의 종식을 위해서는 백신 및 치료제 개발이 최선의 해결책이라 할 수 있겠습니다. 지금까지의 백신 개발 속도에 비해 매우 빠르게 제약회사에서 백신을 개발하였지만 여전히 부작용에 대한 염려가 있습니다. 코로나19 팬데믹 상황에서 약학대학의 비전은 보다 신속하고 부작용이 없는 백신 및 치료제의 개발을 위해 제약산업을 발전시키는 것이 국가경쟁력 강화일 뿐만 아니라 향후 유사한 감염병의 대유행에 대비하여 인류의 건강한 삶을 유지에 중추적인 역할을 할 수 있다는 것입니다. 또한 4차 산업혁명시대의 인공지능(AI)와 빅데이터를 신약 개발에 융합함으로써 감염병 예방과 치료제 기술 개발의 고도화에 기여할 수 있는 인재를 양성하는 것입니다.

2. 대구가톨릭대학교 약학대학만의 장점은 무엇인가요?

우리 약학대학은 1953년 한강 이남에서는 최초로 효성여자대학 약학과로 설립되어 현재 대구가톨릭대학교 약학대학으로 68년 동안 약학 교육에 헌신해온 역사와 전통이 있는 명문대학이라는 자부심이 있습니다. 그동안 배출된 훌륭한 졸업생들이 다양한 진로로 진출하여 전국에서 약학에 관련된 일에 기여하고 있습니다. 우리 약학대학은 동문 사랑이 남달라 선후배 간에 서로에게 많은 도움과 격려가 되고 있으며 재학 중인 학생들에게도 관심과 배려가 역사와 전통만큼 남다릅니다. 더욱이 동문들의 소중한 기부금이 지속적으로 기탁되고 있으며 많은 동문 선배님의 장학금이 매 학기 학생들에게 전달되고 있어 사랑과 봉사를 몸소 실천하는 분위기 속에서 공부할 수 있습니다. 물론 입학부터 재학 기간 동안 학교에서 주는 다양한 장학 혜택을 받을 수 있습니다. 우리 약학대학은 학생들이 사랑 받는 대학을 추구하므로 이러한 분위기 속에서 캠퍼스 생활하는 동안 학생들의 학교에 대한 만족도가 매우 높습니다.

3. 대구가톨릭대학교 약학대학에서는 무엇을 배우나요?

2022학년도부터는 6년간 약학대학에서 교육을 받을 수 있는 통합 6년제가 시행됩니다. 1~5학년은 기초 교과목을 포함하여 약학전공과 제약학전공으로 나누어 교육을 받고 6학년에는 1년간 임상실무실습을 하게 될 예정입니다. 약학부에서 모든 전공에 공동으로 이수해야 하는 기초 화학과 생명화학 관련 과목을 배우고 약학전공은 좀 더 임상 분야에, 그리고 제약학전공은 신약개발 분야에 진출할 수 있는 과목을 공부하게 됩니다. 그리고 임상실무실습은 약국, 병원약제부, 제약분야기관, 약무행정, 약학대학연구실 등 다양한 기관에서 실무실습을 경험하도록 하여 졸업 후 어떠한 진로를 선택하더라도 능력을 발휘하는 인재로 투입될 수 있도록 교육을 받게 됩니다. 물론 졸업 후에도 보다 실력 있는 약사로서 또는 약학과학자로서 역할에 최선을 다하기 위해서는 지속적으로 공부해야 합니다. 6년간의 교육을 다 이수하면 약사국가고시를 응시할 수 있고 합격을 하면 약사면허증을 취득하게 됩니다.

4. 대구가톨릭대학교 약학대학을 졸업하면 어떤 일을 하게 되나요?

약학대학을 졸업하면 매우 다양한 진로로 진출하여 전문직으로서의 업무를 수행할 수 있으며 경제적으로도 안정적인 삶을 살 수 있습니다. 약학대학 졸업생의 많은 비율이 약국으로의 취업과 약국 개업을 하게 되고, 그리고 병원 약제부, 각종 의약품 및 건강기능식품, 화장품 등을 생산할 수 있는 제약회사, 식품회사, 화장품 회사 등, 식약처, 특허청, 연구소 등의 국가기관으로 진출할 수 있다. 또한 대학 교수 및 보건행정을 위한 약무직 이외에 다양한 진로를 선택할 수 있습니다. 향후는 약국으로의 진출보다는 미래지향적으로 다른 기관으로의 진출을 적극적으로 고려해야 할 것입니다.

5. 대구가톨릭대학교 약학대학을 지망하는 학생들에게 필요한 역량과 길러야 할 자질은 무엇인가요?

우선적으로 약학대학 입학 가능한 학업역량을 길러야 할 것이고 미래지향적인 발전을 위한 다른 분야와 융합에도 적용 가능한 역량을 길러야 할 것 같습니다. 그리고 개인의 이익을 위한 것보다는 약학 전반의 발전에 기여하고자 하거나 봉사하고자 하는 개인의 자질을 함양해야 할 것 같습니다.

6. 대구가톨릭대학교 약학대학을 지원하는 학생들은 학생부종합전형 준비를 위해서 구체적으로 어떤 학교활동을 하면 좋을까요?

학생부종합전형은 아시다시피 학업역량, 전공적합성, 인성, 발전가능성 등을 종합적으로 평가하는 전형이므로 교과활동을 포함하여 학교활동에 성실히 참여한 학생의 우수성을 종합적으로 평가하는 것입니다. 어느 것 하나에 편중되어 평가하기보다는 연관성 있게 평가하기 때문에 전반적으로 교과활동과 더불어 학교활동도 꼼꼼히 해두어야 할 것 같습니다. 학업 역량과 전공적합성의 경우는 약학 전공과 관련성 있는 교과목, 특히 과학 영역의 교과 성취도를 높여야 할 것 같고 기타 비교과적인 부분도 참여 실적이 있어야 할 것 같습니다. 대구가톨릭대학교 약학대학은 인성을 갖춘 인재 양성이 교육 목표 중의 하나이고 국민의 건강 증진에 기여하는 약학자는 무엇보다 인성이 중요한 덕목이기도 하므로 많은 봉사 등을 통한 인성 함양이 필요할 것 같습니다.

7. 마지막으로 약학대학을 지원하는 학생들에게 격려 말씀 부탁드립니다.

약학대학을 지원하고자하는 학생들의 훌륭한 선택과 결정에 박수를 보내고 싶고 원하는 대학으로의 진학을 위해서는 또 다른 노력이 있어야 합니다. 우선 이러한 빠른 목표 설정이 학생들의 교과활동과 학교활동을 성실히 해내는 데 큰 원동력이 될 것이고 끊임없이 자기 자신을 격려하면서 노력한다면 원하는 결과를 성취할 수 있을 거라고 생각합니다. 어느 날 갑자기 원하는 것을 얻을 수는 없고 알찬 오늘이 보람찬 내일을 만들어주는 것이기 때문에 소중히 시간을 쌓으시길 바랍니다.

대구가톨릭대학교 약학대학장 마은숙

CHAPTER 06

성균관대학교 재학생 인터뷰

01 5학년 재학생

1. 약학과 진학을 희망하는 학생들에게 필요한 역량과 길러야 할 자질은 무엇인가요?

약학은 인류의 복지 개선을 위해 최선을 다하는 약학도를 배출하기 위해 필요한 학문입니다. 그렇기 때문에, 질병과 치료 방법에 대해 단순히 이해하는 것뿐만 아니라, 어떻게 질병이 발생하고 치료할 수 있는지에 대한 지적 호기심이 필요합니다. 이런 호기심을 해결하기 위해서는 새로운 아이디어와 이를 실현할 수 있는 실험들을 수행해야 하는데, 단시간에 원하는 결과를 얻지 못할 수도 있습니다. 원하는 결과가 나오지 않아도 포기하지 않고 답을 얻기 위해 도전하는 용기와 끈기 또한 중요합니다. 추가적으로 질병과 치료 약물에 대해 공부 및 연구를 할 때, 한 면만 집중적으로 공부했을 때 해결되지 않는 문제들이 생각보다 많이 발생합니다. 따라서 배움에 있어서 단순히 주어진 정보만을 가지고 한정적으로 보기보다는 다양한 관점으로 보고 해석할 수 있는 능력을 길러야 합니다.

2. 약학대학에서는 구체적으로 무엇을 배우나요?

1) 첫 번째 버전 – 당뇨병을 예로 들어, 전반적인 약학 설명

약학대학에서 배우는 전반적인 내용을 당뇨병을 예로 들어 설명하도록 하겠습니다. 당뇨병이라는 질병이 어떻게 발생하는지, 어떠한 증상이 나타나는지 알아가는 것부터 약학이라는 학문이 시작됩니다. 인체의 생물학적인 이해를 바탕으로, 세포가 어떤 방식으로 다른 세포와 신호를 주고받는지, 세포의 물질대사는 어떻게 이루어지는지에 대해 공부하게 됩니다. 특히 당뇨병의 경우, 세포의 생명 활동의 어떤 부분에 문제가 발생했는지에 따라 당뇨병의 유형이 나뉜다는 것을 배우게 됩니다.

이제, 당뇨병이 발생하는 원인과 메커니즘에 대해 알게 되었다면, 다음으로 이 질병이 걸린 환자를 치료하기 위해 고장 난 메커니즘을 정상화시키는 방법을 배우게 됩니다. 그리고 질병의 치료를 위해 전체적인 생체 메커니즘 중 어떤 과정에 문제가 있는지와 그 과정을 약으로 정상화시키는 방법을 찾아나갑니다. 당뇨 환자의 고장 난 메커니즘을 정상화시킬 수 있는 치료 효과를 가지며 인체에는 해를 끼치지 않는 물질을 찾는 과정이 바로 '신약개발'입니다. 신약개발은 치료 효과를 가지는 물질, 선도물질(Lead compound)을 찾는 것부터 시작됩니다. 선정된 선도물질은 실험을 통해 구조는 비슷하지만 치료효과는 높이고, 독성효과는 낮은 최적화된 물질로 발전시키는 과정을 거치게 됩니다. 이러한 신약후보물질을 개발하는 단계에서 동시에, 치료효과를 최대화할 수 있는 약물의 제형을 연구합니다.

약물의 제형이란, 여러분들이 쉽게 먹는 알약(경구복용)에도 딱딱한 형태의 정제, 말랑말랑한 연질캡슐, 경질캡슐, 가루약뿐만 아니라 주사제, 피부에 붙여 치료하는 피부패치제 등이 있습니다. 똑같은 약물이라고 하더라도, 어떤 제형을 사용하지에 따라 인체 내에 치료효과는 천차만별로 차이 나게 됩니다. 이렇게 여러 신약후보물질을 발견했다면 이제, 전임상, 임상실험을 통해서 인체에는 큰 부작용은 없는지 실험실 단계에서뿐만 아니라 인체에서도 유의미한 치료효과를 나타내는지를 시험하게 됩니다. 이를 위한 임상실험 1상, 2상, 3상 단계를 모두 통과한 신약후보물질은 비로소 의약품 허가과정을 거친 당뇨병을 치료하는 신약이 개발되게 되는 것입니다. 이렇게 제형, 용법, 용량이 결정된 완제 의약품 개발을 완료하게 되면, 이를 식약처에서 의약품 제조판매, 허가를 하게 됩니다. 허가된 완제 의약품을 이제 당뇨병 환자 치료를 위해 대량 생산하는 과정을 거치게 되는데 이 과정에서는 GMP(Good Manufacturing Practice)를 토대로 생산하게 됩니다. 지금까지의 과정이 약의 개발과 허가의 과정이었다면, 그 이후 과정은 실습활동을 통해 배우게 됩니다. 환자가 있는 곳으로 약물을 유통하는 과정, 전문의약품을 필요로 하는 환자의 처방전을 토대로 질병에 알맞은 약이 처방이 되었는지 확인하고, 적절한 약을 조제하는 법 등을 배웁니다. 결론적으로 질병의 이해, 선도물질의 발견, 최적의 약물의 개발, 임상실험, 생산, 치료까지 전 범위에 걸쳐 약사의 역할이 중요하기 때문에, 이와 관련된 내용을 모두 약학대학에 입학하여 배우게 됩니다.

2) 두 번째 버전

약학이라는 것은 순수기초과학을 바탕으로 하여, 질병의 메커니즘을 발견하고, 이를 이용하여 질병을 정상화하는 약물을 만드는 최전선에 있는 학문입니다. 이뿐만 아니라, 새로운 약물(신약)을 발견하면 이 약물을 의약품이라는 완성된 제형으로 만들어내는 것 역시 약학입니다. 만들어진 의약품을 약사의 처방하에 환자들에게 약에 대해서 설명하고, 복약지도를 하여 환자들이 자신의 상태, 질병에 대해 이해하고 이를 해결하기 위해 약물을 복용하도록 하여, 국민 보건의료의 향상에 이바지하는 모든 학문을 약학이라고 할 수 있습니다.

3. 약학대학에서 하는 학과 활동에는 무엇이 있나요?

성균관대학교 약학대학에는 약학대학 구성원들 사이의 끈끈한 소속감이 있습니다. 이는 크게 5가지 활동에 의해 이어지고 있다고 말할 수 있습니다.

첫 번째, 삼부라는 제도가 있습니다. 분석부는 공부의 신이라는 활동을 하며 전 학년 동안 어떤 부분을 공부를 하고, 어떻게 배워나가는지 학문적인 탐구를 주제로 하여 서로 활동하게 됩니다. 생약부는 약물의 기초라 할 수 있는 생약 물질에 대한 탐구를 주목표로 합니다. 그리고 2년마다 울릉도를 방문하여 주변에서는 쉽게 보기 힘든 생약들을 직접 눈으로 관찰하고, 재료를 채취하는 활동을 합니다. 제제부의 대표적인 활동으로 의약품 봉사활동이 있습니다. 약에 대한 접근이 어려운 곳으로 봉사활동을 가며, 성균관대학교 약학대학을 졸업한 선배 약사들이 직접 약을 조제하고, 약에 대한 복약지도하는 것을 곁에서 볼 수 있는 시간을 갖게 됩니다. 이 활동을 통해 학부 졸업하기 전 약사라는 직업이 어떤 일을 하는지를 바로 옆에서 볼 수 있는 활동입니다.

두 번째, 동아리활동입니다. 저희는 크게 운동, 공연, 친목 3분류의 동아리가 있습니다. 운동은 축구, 농구, 야구 동아리로 구성되어 있고, 공연은 클래식 기타, 댄스, 밴드, 연극, 사물놀이 동아리가 각각 있습니다. 학업 외적으로 자신이 하고 싶은 문화생활을 할 수 있도록 이처럼 다양한 공연 동아리가 있습니다. 또한 친목 동아리는 선후배, 동기 사이의 친목을 쌓을 수 있는 동아리로 2개의 동아리가 있습니다. 각 동아리 부원들끼리 약학이라는 학문에 지친 심신을 달랠 수 있도록 매주 활발히 교류하고, 그에 따라 선배, 동기, 후배들과의 유대감이 강하게 작용합니다.

세 번째, 파밀리 제도가 있습니다. 파밀리란 성균관대학교 약학대학만의 유일한 시스템으로 'Pharmacy+family'라는 뜻을 가지고 있습니다. 파밀리는 한 분의 지도 교수님 아래에 각 학번마다 2~3명의 재학생들로 구성되어 있습니다. 이 파밀리 제도를 이용하는 다양한 행사들이 존재하고, 스승의 날 행사 등을 통하여 학생과 학생 사이의 관계뿐만 아니라 학생과 교수님 사이의 교류도 매우 활발합니다. 이를 통해, 교수님과의 직접적 연결고리를 유지하며 교수님들에게 조언을 듣고, 자신의 미래를 결정하는 데 큰 도움을 받고 있습니다.

네 번째, 실험실습이 있습니다. 실험실습 제도를 통해 재학생이 실습할 수 있는 실험실을 다양하게 경험하고, 각 연구실마다 어떠한 연구가 진행되는지, 어떤 목표를 가지고 연구에 매진하고 있는지를 알게 됩니다.

다섯 번째, 약학연구가 있습니다. 6학년이 되면 졸업 후 약학이라는 분야의 전문가가 되어 활동하기 전에 대학원 실습, 약국 실습, 병원약국 실습, 제약회사 실습을 진행하게 됩니다. 이를 통해 사회에 나갔을 때 어떤 분야에서 내가 일을 할 수 있고, 직접적으로 어떤 업무를 맡게 되는지를 몸소 경험할 수 있습니다.

4. 약학과 진학을 희망하는 학생들이 고등학교 때 열심히 공부해야 하는 교과와 과목은 무엇이며, 그 이유는 무엇인가요?

약학은 인체에 대한 생물학적인 이해와 약물이라는 화학을 바탕으로 하여 발전되어온 학문입니다. 즉, 순수 기초학문들이 총 집합된 학문이 약학이며, 약학은 응용과학 분야의 최전선에 있는 학문입니다. 그렇기 때문에 고등학교 과정에서 배우게 되는 수학, 화학, 생물에 대한 이해가 매우 중요합니다. 수학의 경우, 이해한 내용을 바탕으로 응용을 하는 데 있어 기초가 되는 학문입니다. 특히나 약학이라는 학문은 다양한 분야의 학문을 종합적으로 응용하는 학문이기에 기초 학문의 언어인 수학을 이해하는 것은 필수적입니다. 화학의 경우 의약품의 분자구조, 물질의 특성에 대해 알기 위해, 전기음성도나 전자밀도와 같은 기본 개념과 함께 분자구조에 대한 이해가 확실히 되어야 할 것입니다. 그리고 약물을 최적의 형태로 만들기 위해서는 녹는점, 용해도, 삼투압 등 용액과 용질의 물성에 대한 이해가 필요하기에 이 부분에 대해 충분한 공부가 이루어져야 합니다. 약학과에 진학해서 배우게 될 약이란 사람에게 직접적인 영향을 미치는 물질이기 때문에, 생명체와 인체에 대한 심도 있는 이해가 필요합니다. 생물 과목에서 배운 내용을 바탕으로 질병의 메커니즘을 이해하고, 이를 이용하여 질병으로 인해 망가진 부분을 한 단계, 한 단계 정상화할 수 있는 방법을 연구하게 됩니다. 그렇기 때문에 전반적인 생물에 대한 이해가 필수적입니다.

5. 약학과 공부에 도움이 되는 구체적인 학교활동은 무엇이 있을까요?

약학과에서 배우게 되는 각 과목을 공부할 때, 내용에 대한 이해와 더불어 이를 다음 과정으로 적용할 수 있는 응용력이 필요합니다. 따라서 학교 내에서 진행되는 다양한 경시대회에 참여하여 사고력을 기를 수 있는 경험을 하는 것이 도움이 될 것입니다. 약학과는 수업과 더불어 발표 및 토론의 방식으로 진행되기도 합니다. 이 경우에는 조사한 내용의 요점을 파악하고, 이를 정확히 전달할 수 있는 능력이 필요합니다. 따라서 독서 토론 대회, 혹은 과학 토론 대회와 같은 학교활동에 참여하면 도움이 될 것입니다. 또한 실험의 경우, 글로 배우는 것보다 실제 화학, 생물 실험이 어떻게 진행되는지 직접 경험해보는 것이 매우 중요합니다. 따라서 교내 과학 실험 동아리, 그리고 자율 동아리활동을 통해 실제 적용되는 실험기법들을 배울 수 있는 활동을 한다면 도움이 될 것입니다.

6. 약학과 진학을 희망하는 학생들에게 도움이 될 수 있는 도서를 추천해주세요.

약학이라는 분야가 광범위하기 때문에, 특정한 도서를 결정해서 말씀드리기는 어려울 것 같습니다. 전반적인 약에 대한 개념과 관련된 도서, 약물 개발과 관련된 도서, 임상약사와 관련된 도서 등 다양한 도서들이 존재합니다. 따라서 특정한 책을 읽기보다는 여러 책들을 접해보면서 자신이 약학의 어느 분야에 관심이 생기는지 찾아보는 것을 추천드립니다.

7. 약학과 진학을 위해 '학생부종합전형'을 준비하는 학생들에게 추천할 만한 장기적인 프로젝트 또는 연구가 있다면 좋은 아이디어 소개 부탁드립니다.

클로닝, 웨스턴 블랏(Western blot), PCR 같은 약학 연구를 하기 위해 필요한 기초적인 생물 관련 실험들이 포함된 프로젝트 및 연구를 추천합니다. 그리고 크로마토그래피와 같이 혼합물 내의 원하는 활성이 있는 화합물을 분리해내는 실험들을 진행하는 활동도 권합니다.

CHAPTER 07

성균관대학교 약학대학 학장 인터뷰

1. 코로나19 팬데믹 상황에서 약학대학의 비전은 무엇인가요?

전 세계적으로 신약 및 백신 개발에 대한 관심이 대두되고 있습니다. 그 흐름에 맞게 성균관대학교 약학대학은 최고 수준의 연구력을 보유한 교수님들과, 최첨단 연구 장비, 바이오 제약회사와의 대규모 공동연구 그리고 바이오 벤처 설립까지 세계 최고 수준의 연구 환경을 갖추고 있습니다. 이를 통해 4차 산업혁명 시대에 맞추어 국내 약학을 이끌어 나가는 세계적인 연구 중심의 약학대학을 목표로 하고 있습니다. 신약개발 대한 비전이 있는 학생들은 성균관대 약학대학으로 오시기 바랍니다.

2. 성균관대학교 약학대학만의 장점은 무엇인가요?

성균관대학교 약학대학은 2021년 세계대학평가 QS Ranking 약학 분야에서 43위를 달성했을 만큼 전 세계 약학연구를 선도하고 있습니다. 해외 대학들과의 국제 교류 프로그램이 있어, 다른 문화를 가진 약대생들과 생각을 나눌 수 있으며, 수많은 제약회사들과도 협력관계가 있어 약학 분야의 최전방에서 연구할 수 있는 환경이 조성되어 있습니다.

① 주목할 만한 연구실적과 최첨단 연구 인프라가 구비되어 있는 학교.
② 연구중심 대학으로 약학의 패러다임을 선도하는 세계적인 약학대학.
③ 첨단 교육 최적의 인프라 세계 속의 앞선 대학 한국을 대표하는 글로벌 제약의 자부심.
④ 학생들의 학업 발전을 위한 동문 선배님들의 든든한 장학제도.
⑤ 1953년부터 시작된 성균관대 약대의 오래된 역사.
⑥ 다양한 약학 분야에 진출하여 선도하고 계신 성대 약대의 동문 선배님들.
⑦ 미래를 선도하는 뛰어난 교수진과 이와 맞게 새로운 것을 배우고자하는 진취하는 학생들.

⑧ 삼부라는 성균관대학교 약학대학만의 분석부, 생약부, 제제부.

⑨ '파밀리(Pharmacy+Family)'라는 지도교수님과 선후배 간의 커뮤니티 형성.

3. 성균관대학교 약학대학에서는 무엇을 배우나요?

① 위의 2번 내용과 동일.

② 순수기초과학의 토대 위에 실용약학을 교육하여 약학 서비스를 생산하는 사회적 기능을 수행할 수 있는 기술과 소양을 갖춘 의약실무전문가와 의약품이라는 화학적 측면과 인체라는 생물학적 측면에서 지식의 응용을 통하여 인류 사회에 진보된 약학적 혜택을 제공하는데 기여할 수 있는 창조적 약학자 배출을 위한 교육과정.

③ 순수 기초과학 이해, 순수 기초과학의 최종 집합체인 약학으로 기본 개념의 적용, 신약 개발, 개발된 약에 맞는 의약품으로의 발전, 환자에게 약에 대한 전달 및 모니터링.

4. 성균관대학교 약학대학을 졸업하면 어떤 일을 하게 되나요?

보통 약학대학을 졸업하면 약국 약사를 생각하기 쉽지만, 성균관대학교 약학대학은 다양한 약학 분야로 진출하고 있으며, 연구 분야에서의 독보적인 위치를 차지하고 있습니다. 약사로 진출할 수 있는 길은 크게 6가지가 있습니다.

첫 번째, 대학원에 진학하여 후에 제약회사의 연구소에서 약품 개발 연구 또는 교수로서의 후학 양성 등 보다 전문성이 요구되는 직책에서 일을 할 수 있습니다. 현재 많은 성균관대학교 약학대학 재학생들이 대학원 진학을 목표로 공부하고 있습니다.

두 번째, 연구자의 길로 나아갈 수 있습니다. 연구소에서의 약사는 새로운 제품의 개발 및 기존 제품의 품질 향상을 위해 약사가 일을 하게 되며, 국공립 연구소, 산업체 연구소에서 연구자의 길을 갈고 닦을 수 있습니다.

세 번째 일반 약국 약사가 있습니다. 약사 면허 취득 후 일반 약국에서 근무함으로써 관리 약사로 종사할 수 있으며, 후에 자신이 직접 개설할 수도 있습니다.

네 번째, 병원 약사가 있습니다. 병원 약사는 안전하고 효과적인 경제적 약물요법을 실현하기 위해 의약품 관리 업무, 의약품 정보 제공 업무, 마약류 관리 업무, 약물이상반응 모니터링 업무 등 다양한 업무를 수행하게 됩니다.

다섯 번째, 제약회사가 있습니다. 제약회사는 본사, 공장, 연구소로 나눠지며 본사에서 약사의 역할은 영업, 마케팅, 임상개발 학술 등을 맡게 됩니다. 공장에서 의약품이 생산되는 과정에서 GMP(Good Manufacturing Practice)의 조건에 맞게 의약품생산이 이뤄지고 있는지 관리, 감독하는 역할을 할 수 있습니다.

여섯 번째, 공무원이 있습니다. 공무원으로서의 약사는 식품의약품안전청, 국립보건원, 보건복지부, 특허청, 국립과학수사연구소 등에서 근무할 수 있습니다. 표준화된 양질의 의약품 생산과 유통, 생산과 유통에 필요한 제반 업무를 감시, 지도 및 교육 등 절대적으로 중요한 업무를 담당합니다.

5. 성균관대학교 약학대학을 지망하는 학생들에게 필요한 역량과 길러야 할 자질은 무엇인가요?

약학은 결론적으로 인류의 복지 개선을 위해 최선을 다하는 약사를 만들기 위해 필요한 학문입니다. 그렇기 때문에, 질병과 치료 방법에 대해 단순히 이해하는 것이 아니라, 어떻게 질병이 발생하고 치료될 수 있는지에 대한 지적 호기심이 있어야 합니다.

이런 호기심을 해결하기 위해서는 오랜 시간이 걸릴 수 있습니다. 이 힘든 연구 시간을 버틸 수 있는 끈기 또한 중요합니다.

추가적으로 질병과 치료 약물에 대해 공부 및 연구를 할 때, 한 면만 집중적으로 공부했을 때 해결되지 않는 문제들이 생각보다 많이 발생합니다. 따라서 배움에 있어서 단순히 주어진 정보만을 가지고 한정적으로 보기보다는 다양한 관점으로 보고 해석할 수 있는 능력을 길러야 합니다.

특히나 성균관대학교 약학대학의 경우, 최고의 연구 중심 약학대학입니다. 따라서 무엇보다 질병에 관한 지적 호기심과, 이를 해결하기 위해 다양한 도전과 경험을 이어나갈 수 있는 끈기가 필요합니다.

6. 약학과 진학을 희망하는 학생들에게 도움이 될 수 있는 도서를 추천해주세요.

약학이라는 분야가 광범위하기 때문에, 특정한 도서를 결정해서 말씀드리기는 어려울 것 같습니다. 전반적인 약에 대한 개념과 관련된 도서, 약물 개발과 관련된 도서, 임상약사와 관련된 도서 등 다양한 도서들이 존재합니다. 따라서 특정한 책을 읽기보다는 여러 책들을 접해보면서 자신이 약학의 어느 분야에 관심이 생기는지 찾아보는 것을 추천합니다.

7. 성균관대학교 약학대학을 지원하는 학생들은 학생부종합전형 준비를 위해서 구체적으로 어떤 학교활동을 하면 좋을까요?

교내 연구 프로젝트 발표 대회, 수학·과학 경시대회, 봉사활동, 독서활동, 동아리활동 등을 추천합니다. 약학과에서 배우게 되는 각 과목을 공부할 때, 내용에 대한 이해와 더불어 이를 다음 과정으로 적용할 수 있는 응용력이 필요합니다. 따라서 학교 내에서 진행되는 다양한 경시대회에 참여하여 사고력을 기를 수 있는 경험을 하는 것이 도움이 될 것입니다. 또한 약학과의 수업이 수업과 더불어 토론의 방식으로 진행되기도 합니다. 이 경우에는 조사한 내용의 요점을 파악하고, 이를 정확히 전달할 수 있는 능력이 필요합니다. 따라서 독서 토론 대회, 혹은 과학 토론 대회 등 학교활동에 참여하면 도움이 될 것입니다. 실험의 경우에는 글로 배우는 것보다 실제 화학, 생물 실험이 어떻게 진행되는지 직접 경험해보는 것이 매우 중요합니다. 따라서 교내 과학 실험 동아리, 화학, 생명과학 실험 등 실제 적용되는 기초적인 개념들을 배울 수 있는 활동을 하신다면 도움이 될 것입니다.

성균관대학교 약학대학장 한정환

CHAPTER 08

우석대학교 재학생 인터뷰

01 | 5학년 재학생

1. 약학과 진학을 희망하는 학생들에게 필요한 역량과 길러야 할 자질은 무엇인가요?

생명존중과 봉사정신, 학문에 정진할 수 있는 몰입력이라고 생각합니다.

2. 약학대학에서는 구체적으로 무엇을 배우나요?

크게 약학이론수업과 약학이론실습수업, 현장실무실습으로 나눌 수 있습니다. 이론수업을 통해 기본적인 약학의 토대를 다지고 학년이 올라가면서 좀 더 실질적인 학문을 배우게 됩니다. 약학의 꽃이라고 생각되는 '약물치료학' 수업을 듣고 현장실무실습생의 자질을 갖춘 후 현장실무실습을 나가게 됩니다. 전체적인 과정을 통해 최종목표인 '약사 국가고시' 대비를 합니다.

3. 약학대학에서 하는 학과 활동에는 무엇이 있나요?

축구동아리, 농구동아리, 봉사동아리, 관현악동아리, 밴드동아리, 생약학학술동아리 등 다양한 활동을 할 수 있는 동아리가 운영되고 있습니다. 또한 약학대학에 계시는 각 교수님들께서 운영하시는 개별 lab실에 들어가 관심 있는 학문에 깊게 배울 수 있는 기회도 있습니다. lab실 소속이 된다면, 여러 학회에 참여해볼 수 있는 기회도 있습니다.

4. 약학과 진학을 희망하는 학생들이 고등학교 때 열심히 공부해야 하는 교과와 과목은 무엇이며, 그 이유는 무엇인가요?

생명과학Ⅰ, Ⅱ에 흥미를 느끼고 공부하면 좋을 것입니다. 약대에 입학하고 나서 1년 동안은 고등학교 때 배운 생명과학Ⅰ, Ⅱ와 겹치는 내용이 매우 많아 학교 생활하는 데 수월하고 전반적인 약학을 이해하는 데 큰 도움이 될 것입니다.

5. 약학과 공부에 도움이 되는 구체적인 학교활동은 무엇이 있을까요?

노벨상 관련 학술동아리나 최신 보건의료관련 시사문제들에 관한 토의, 토론을 해보는 활동을 해본다면, 견문이 넓은 약대생을 넘어 유망한 보건인으로 성장해나갈 수 있을 것입니다.

6. 약학과 진학을 희망하는 학생들에게 도움이 될 수 있는 도서를 추천해주세요.

『약사가 말하는 약사』(홍성광 등 저, 부키)
다양한 현직 약사님들의 이야기를 통해 아직 와 닿지 않는 미래를 좀 더 뚜렷하게 그려 볼 수 있습니다.

7. 약학과 진학을 위해 '학생부종합전형'을 준비하는 학생들에게 추천할 만한 장기적인 프로젝트 또는 연구가 있다면 좋은 아이디어 소개 부탁드립니다.

기본적인 생물이론들 예를 들어 세포호흡과 같은 기본이론들을 정확하고 핵심적으로 대답할 수 있어야 합니다. 그러기 위해서는 스터디를 만들어 매주 주제를 하나씩 정해 돌아가면서 발표도 하고 핵심이론들을 서머리하여 요약집을 만들어보는 활동들을 해보면 도움이 될 것입니다.

1. 약학과 진학을 희망하는 학생들에게 필요한 역량과 길러야 할 자질은 무엇인가요?

약학을 배우기 전 약학과 진학을 희망하는 학생들에게는 사회공헌 및 윤리의식이 필요하며 길러야 하는 자질에는 비판적 사고와 문제해결 능력, 소통능력이 있습니다.

2. 약학대학에서는 구체적으로 무엇을 배우나요?

크게 나누어 보면 생명약학, 산업약학, 임상 및 실무약학이 있습니다.

① 생명약학 : 약물의 표적인 생체분자 및 생명체의 특성과 약물이 생명체 안에서 작용 기전 등을 연구한다. 인체와 동·식물 생명체의 질병 치료 및 예방을 목적으로 하는 모든 학문은 이 영역이 필수적인 관문이다. 많은 부분이 기초의학에 포함된다.

② 산업약학 : 약물을 약품으로 제약하는 방법과 실제 생체 내 용약에서의 효율성 등을 연구한다. 또한 만들어진 의약품의 제조공정을 표준화하고 품질을 관리하는 기준, 또 신약을 개발할 때 필요한 제도와 의약산업 전반에 대해 고찰한다.

③ 임상약학 : 과학적이고 실용적인 근거 중심의 약물요법을 통해 효과적이고 효율적인 약물치료를 연구하는 분야다. 환자의 임상적 변화, 나아가 환자의 특이적 유전인자까지 고려한 약료 서비스 제공을 고찰한다.

3. 약학대학에서 하는 학과 활동에는 무엇이 있나요?

비바체(관현악 동아리), 오미크론(테니스 동아리), 단(농민건강사업활동 동아리), DDMK(농구 동아리), 기독신우회(기독교 동아리), 하눌타리(생약학술 동아리), 둘리(밴드 동아리), 삼유(축구 동아리) 등의 동아리가 있습니다.

4. 약학과 진학을 희망하는 학생들이 고등학교 때 열심히 공부해야 하는 교과와 과목은 무엇이며, 그 이유는 무엇인가요?

중요한 교과과목은 생명과학Ⅰ, Ⅱ, 화학Ⅰ, Ⅱ이며 고등학교 과정 물리 지식도 중요합니다. 약학의 정의는 사람 또는 동·식물의 질병을 예방·치료하는 데 사용되는 특수한 물질(약물 또는 의약품)에 관한 기초과학 및 응용과학, 사회과학 등을 다루는 종합학문입니다. 따라서 의약품을 구성하는 성분의 대부분이 화학합성물질이며, 이에 따라서 화학 관련 과목이 중요하고 이러한 의약품의 투여대상이 사람 또는 동식물이고 투여 후 체내에서 어떻게 작용하고 치료 효과를 알아야 하기에 생물 교과목 또한 매우 중요합니다.

5. 약학과 공부에 도움이 되는 구체적인 학교활동은 무엇이 있을까요?

동아리 및 실험, 실습활동으로 현재까지 사용되고 있는 약물(Aspirin) 등에 대해 조사, 탐구활동을 해보고 발표해보는 것이 좋다고 생각됩니다.

6. 약학과 진학을 희망하는 학생들에게 도움이 될 수 있는 도서를 추천해주세요.

『세계사를 바꾼 10가지 약』(사토 겐타로 저, 서수지 역, 사람과나무사이)

많은 국가와 사회를 치명적 위기에 빠뜨렸던 10가지 질병과 결정적 고비마다 인류를 무서운 질병의 위협에서 구한 10가지 약에 관한 흥미진진하고도 유익한 이야기를 통해 가볍게 읽을 수 있는 책이라고 생각합니다.

7. 약학과 진학을 위해 '학생부종합전형'을 준비하는 학생들에게 추천할 만한 장기적인 프로젝트 또는 연구가 있다면 좋은 아이디어 소개 부탁드립니다.

5번 내용과 같이 고등학교 교과과정 또는 교과과정 심화과정 내에서 충분히 이해 가능한 약물에 대해 학교 선생님과 조사 및 탐구활동을 발표하고 기록하여 학생부종합전형을 준비해보는 것도 좋을 것 같습니다.

CHAPTER 09

우석대학교 약학대학 학장 인터뷰

1. 코로나19 팬데믹 상황에서 약학대학의 비전은 무엇인가요?

코로나19 바이러스에 따른 전 세계 전염병확산(팬데믹)은 인류에게 그 어느 때보다 공중보건예방 및 백신 등 관련 치료제 개발의 중요성이 매우 중요하다는 사실을 또다시 깨닫게 되는 계기가 됐습니다. 약학대학은 공중보건예방·증진 및 질병을 치료하기 위한 신약개발을 위한 학문을 배우는 곳입니다. 의약품에 관한 올바른 정보를 전달하고, 의약품 개발에 중추적인 역할 등을 교육함으로써 인류와 사회의 건강을 지키기 위한 훌륭한 약학도를 양성하는 비전을 가지고 있습니다.

2. 우석대학교 약학대학만의 장점은 무엇인가요?

우석대학교 약학대학은 전통을 자랑하는 유서 깊은 약학대학 중 하나입니다. 전국에서 유일하게 약학을 전공하신 서정상 박사가 설립한 종합대학으로써 현재 약학과 동문 수천 명의 선배가 수도권, 전북지역뿐만 아니라 전국에서 활동하고 있으며 약국, 병원, 공직, 회사 등 다양한 분야에 진출한 동문이 오랜 시간 쌓아온 경험과 노하우가 큰 장점입니다. 또한 체계적이고 적극적인 실무실습 기회를 통하여 본인의 흥미와 적성에 맞는 진로를 탐색할 수 있도록 하고 있습니다. 이러한 우석대학교 약학대학의 시스템은 재학생들이 약사라는 직종 내에서도 개개인에게 맞는 세분화된 진로를 설계하는 데 큰 도움이 되고 있습니다.

3. 우석대학교 약학대학에서는 무엇을 배우나요?

약학과의 커리큘럼에서는 크게 생명약학, 산업약학, 임상·실무약학의 주제로 의약품과 관련된 다양한 내용을 다루고 있습니다. 생명약학 분야에서는 생명체의 생물학적 이론을 바탕으로 약물과의 상호작용에 대한 내용으로서 생화학, 생리학, 약물학, 미생물학 등을 배웁니다. 산업약학 분야는 의약품의 물리화학적 특성 및 그를 이용한 제품의 개발 과정과 관련된 물리약학, 의약화학, 합성학, 천연물화학, 약제학, 제제학 등으로 구성되어 있습니다. 임상·실무약학 분야에는 사회약학, 행정학, 경제학, 조제학, 약물치료학 등을 학습할 수 있으며, 이론을 직접 수행해볼 수 있는 학교 내 실습시간과 약학대학실습약사로서 현장에서 직접 실무를 체험해볼 수 있는 현장임상실무실습 교과목이 있습니다.

4. 우석대학교 약학대학을 졸업하면 어떤 일을 하게 되나요?

먼저 지역 약국 및 종합병원에서 근무하는 약사를 많이 생각하게 됩니다. 하지만 약학 대학을 졸업하고 약사들은 굉장히 다양한 곳에서 활동할 수 있습니다. 실제로 많은 우석 대학교 약학대학 졸업생들은 국내외 유명 제약회사의 다양한 부서에서 활동하고 있으며, 국내 및 국외 신약개발연구소의 연구원, 국공립 연구소(KIST, 국립과학수사연구원, 국립 암센터), 보건복지부, 식품의약품약전처와 같은 정부기관에서 행정과 연구 분야에 진출 할 수 있습니다. 또한 4차 산업혁명 시대가 오면서 의료 빅데이터, 블록체인과 관련한 기업에서도 약학적 지식을 갖는 전문 인력을 요구하고 있는 등 본인의 적성에 맞는 다양한 진로를 찾을 수 있는 장점이 있습니다.

5. 우석대학교 약학대학을 지원하는 학생들에게 필요한 역량과 자질 은 무엇인가요?

약학은 물리, 화학, 생물학의 기초를 바탕으로 응용 학문들을 학습하며 완성해가는 학문입니다. 따라서 저학년 때 배우게 되는 기초과목들에 대하여 흥미를 잃지 않고 학점을 이수해야만 합니다. 또한, 응용 과목들의 경우에는 매순간 새로운 약물이 개발되는 등 발전을 거듭해가고 있기 때문에 새로운 이론 및 학문에 대하여 항상 열린 자세로 학습하며, 특히 사람을 대하는 학문으로써 인간에 대한 사랑과 봉사 정신도 필요한 자질이라 할 수 있습니다.

6. 우석대학교 약학대학을 지원하는 학생들은 학생부종합전형 준비를 위해서 구체적으로 어떤 학교활동을 하면 좋을까요?

약학 분야에서는 항상 신약이 개발되고 질병 치료지침은 계속하여 개정되고 있습니다. 따라서 졸업요건을 만족시키기 위해서는 스스로 계획하고 공부해야 할 뿐 아니라 졸업 후에도 스스로 공부할 수 있어야 하고 질병을 다루는 학문이기에 인간과 사회의 변화를 꾸준히 이해하는 노력이 필요합니다. 그렇기 때문에 자기주도학습, 타인과의 소통능력, 사회적 책임감, 봉사정신, 사명감 등을 꾸준히 향상할 수 있는 활동을 경험해보는 것도 많은 도움이 될 거라 생각합니다.

7. 마지막으로 약학대학을 지원하는 학생들에게 격려 말씀 부탁드립니다.

우석대학교는 전라북도 완주군에 위치하고 있는 대학으로 전주시 생활권이라 할 수 있습니다. 중간규모의 대학으로서 우리 지역에서 오랜 시간동안 책임감을 갖고 인재를 양성해왔습니다. 좋은 교수들의 지도하에 끈끈한 선후배 간의 유대관계를 만들어가고 있습니다. 약학과 통합 6년제 전환을 앞두고 대학과 교수 모두 더 우수하고 책임감 있는 약사를 양성할 수 있도록 열심히 준비하고 있습니다. 학생 여러분 건강 유의하시고 우석대학교 약학대학에서 만날 수 있도록 기대하겠습니다. (김주영 교수님, 물리약학)

우석대학교 약학대학은 미래 대한민국의 보건의료 발전을 이끌어나갈 여러분들을 기다리고 있습니다. 어려운 시국에서도 건강 유의하여 공부에 대한 끈을 놓지 말고 벚꽃 피는 계절에 캠퍼스에서 만나길 기원합니다. (이원웅 교수님, 약품분석학)

우석대학교 약학대학은 약사의 비전을 가진 여러분들을 만나기를 기다리고 있습니다. 학업의 과정이 쉽지만은 않겠지만 끝까지 최선을 다하셔서 본인의 꿈을 이루실 수 있기를 바랍니다. (채윤지 교수님, 산업약학)

약사라는 직업은 아직도 무궁무진한 가능성을 갖고 있습니다. 의료계에서 우리가 할 수 있는, 하지만 아직 개척되지 않은 새로운 분야들이 너무나도 많습니다. 여러분이 약학의 새로운 패러다임을 열 수 있는 미래라고 생각합니다. 약학에 관심 있는 학생들의 많은 지원 바랍니다. (박태은 교수님, 조제학/약물치료학)

코로나로 인한 여러 어려움에도 불구하고 약학과에 관심을 갖고 학업에 매진한 여러분들에게 큰 박수를 보내드리고 싶네요. 우석대학교 약학과에서 여러분들이 원하는 꿈을 이룰 수 있도록 교수님들과 소통하며 멋진 계획을 우리 함께 세워보면 좋겠네요. (황인현 교수님, 의약화학)

우석대학교 약학대학장 강민구

CHAPTER 10

원광대학교 재학생 인터뷰

01 ┃ 6학년 재학생

1. 약학과 진학을 희망하는 학생들에게 필요한 역량과 길러야 할 자질은 무엇인가요?

약학과에서는 여러 과목에 대해 이해와 숙지가 필요하므로 학술에 대한 관심과 이해력이 필요하고, 졸업 후에 지역사회와 국민보건에 기여할 수 있도록 도덕적이고 봉사하는 마음과 생명에 대한 사명감을 가져야 한다고 생각합니다.

2. 약학대학에서는 구체적으로 무엇을 배우나요?

1, 2학년 때는 생물, 화학, 유기화학, 물리학 등 기초과목을 배웁니다.

① 3학년

생화학, 분석학, 유기화학연습, 물리약학, 인체생리학, 미생물학 등 기초과목과 관련되어 있는 과목들은 좀 더 자세하고 심도 있게 배웁니다. 생약학은 여러 약물들의 기초가 되는 생약에 대해서 효능,작용기전 등의 내용을 배웁니다.

② 4학년

3학년 때 배웠던 과목을 바탕으로 여러 약의 성분과 기전, 인체에서 어떤 작용을 거쳐서 효능을 발휘하게 되는지 배우게 됩니다. 그리고 약물학, 의약화학, 병태생리학, 약물치료학, 약제학 등을 배웁니다.

③ 5학년

4학년에 이어서 약물치료학, 약제학에 대해서 더 배우고, 제약산업에 관련된 이론을 배우게 됩니다. 약을 어떤 공정을 통해 만들고 어떤 시스템을 통해서 환자에게 도달할 수 있는지 배웁니다. 한약제제학과 기기분석도 공부합니다. 또한 전공필수과목뿐만 아니라 전공선택과목도 직접 듣고 싶은 과목을 골라서 들을 수 있습니다. 의약품개발사, 인체해부학, 통계학, 임상약동학, 독성학, 건강기능식품학, 의약품정보학, 동물의약품 등 여러 다양한 약학에 관련된 과목에 대해서도 배울 수 있습니다.

3. 약학대학에서 하는 학과 활동에는 무엇이 있나요?

① 동아리활동

약학과 동아리에는 학술동아리, 운동동아리, 공연동아리 등 여러 동아리가 있습니다. 구체적으로는 학술 동아리에는 생약반이 있습니다. 3학년 때 생약학 과목을 배우는 데 여러 생약을 가지고 어떤 효능이 있는지 알아보고 그것으로 캔들, 립밤, 비누 등을 만들어 보기도 하고 다 같이 생태원을 방문하여 여러 생약들은 직접 보고 느낄 수 있는 기회도 있습니다. 운동 동아리에는 축구와 풋살을 하는 약발, 야구 동아리인 팜에이스가 있습니다. 공연 동아리에는 관현악기로 연주를 하는 팜앙상블이 있으며, 연 2회 직접 공연을 합니다. 악기 연주하는 것이 취미이거나 관심 있는 분들이라면 모두 참여할 수 있습니다. 또한, 노래와 춤 연습을 하는 어깨동무 동아리가 있습니다. 이 동아리도 연 2회 공연을 합니다.

② 실험/실습

실험은 3학년 2학기부터 5학년 2학기까지 매 학기마다 여러 교수님들과 여러 실험을 진행합니다. 각 교수님의 커리큘럼에 맞는 실험을 합니다. 분석학실험, 합성학실험, 동물실험, 미생물시험 등 다양한 실험을 통해서 직접 이론으로 배웠던 실험들은 진행해봄으로써 자세히 배울 수 있습니다. 실습은 5학년 2학기에 제약공장실습을 갑니다. 여러 제약회사에 가서 2주 동안 제약회사에 관련된 공부와 어떤 시스템으로 공정이 이루어져 있는지 어떤 공정을 통해서 약이 만들어지는지에 대해서 배울 수 있습니다. 6학년 1학기부터 병원, 약국, 제약회사, 연구실 등에 대한 실습이 이루어집니다. 약국은 5주, 병원은 10주로 기본 실습을 받고 심화 실습은 본인이 원하는 곳에서 15주간 진행합니다. 실습을 통해서 학교에서 배웠던 이론과 실무를 현장에서 배우게 됩니다.

4. 약학과 진학을 희망하는 학생들이 고등학교 때 열심히 공부해야 하는 교과와 과목은 무엇이며, 그 이유는 무엇인가요?

약학과에서 배우는 과목과 관련된 과목을 공부하는 것이 좋습니다. 화학 I, II는 합성학, 분석학, 유기화학, 물리약학 등에 기본이 되는 과목으로써 고등학교 때 열심히 공부하셔야 합니다. 생명과학 I, II는 생화학, 미생물학, 인체생리학 등에 기본이 되는 과목으로써 중요합니다. 물리학 I, II는 물리약학, 약동학, 약제학 등에서 기본이 되는 과목으로 숙지해야 합니다.

5. 약학과 공부에 도움이 되는 구체적인 학교활동은 무엇이 있을까요?

과학 관련 동아리를 가입하여 여러 실험이나 과학에 관련된 이론 공부를 한다면 좋을 것 같습니다. 약사는 약을 다루는 직업으로 생명과 밀접한 관련이 있으므로 도덕적이어야 한다고 생각합니다. 그래서 봉사활동을 통해서 여러 사람들을 만나보고 자신이 미래에 어떻게 도와주거나 힘이 될 수 있을지에 대해서 생각해볼 수 있습니다.

6. 약학과 진학을 희망하는 학생들에게 도움이 될 수 있는 도서를 추천해주세요.

『위대하고 위험한 약이야기』(정진호 저, 푸른숲)

약을 소재로 쓴 책으로 수천 년 전에 미신으로 여겼던 것이 현대에 와서 과학으로 입증되기도 하고 거짓으로 밝혀지는 여러 질병과 약에 관한 책으로 예전부터 사람들이 어떻게 약을 다루고 써왔는지에 대해서 알 수 있습니다. 이 책을 통해 약에 대해서 관심과 호기심을 가질 수 있길 바랍니다.

『일상을 바꾼 14가지 약 이야기』(송은호 저, 카시오페아)

흔하게 접할 수 있는 약들에 대해서 알 수 있고 각 약에 대한 각 사건, 유행 등에 대해서도 새로운 지식을 얻게 됩니다. 또한, 약과 관련된 흥미진진한 사건, 사회적 이슈, 약에 대한 속설 등에 대해서 알 수 있으므로 약학과에 관심이 있다면 읽어보는 것이 좋습니다.

『정재승의 과학콘서트』(정재승 저, 어크로스)

　　교양과학서로 약학과에서 과학과목은 기초가 되는 과목으로 과학실험에 관한 자료와 설명에 대한 책으로 읽어볼 것을 권합니다.

02 ┃ 6학년 재학생

1. 약학과 진학을 희망하는 학생들에게 필요한 역량과 길러야 할 자질은 무엇인가요?

　　학교에서 강의에 집중하며 교수님께서 설명해주시는 내용만 잘 들어도 이해하지 못하는 내용은 없을 겁니다. 하지만 과제를 할 때는 강의를 통해 익힌 지식만으로는 한계가 있는 경우가 있습니다. 이때 관련된 논문이나 기사 등을 찾아봐야 합니다. 또 약사는 환자의 상태를 파악하고 그에 맞는 처방 검토와 복약지도 등을 합니다. 주어진 상황에서 올바른 사고를 통해 적절한 판단을 해야 합니다. 약학과 진학을 위해서는 자료 탐색능력과, 적절한 판단능력이 필요하다고 생각합니다. 디오스코리데스 선서에 "나는 오늘 이 순간부터 고통 받는 인류의 복지와 행복을 생각하며 그들을 위해 살아갈 것입니다"라는 내용이 있습니다. 우리는 환자를 대하고 그들에게 일종의 서비스를 제공하는 업종에 종사할 사람들입니다. 약학과로 진학할 때, 각자 약학과 진학이라는 꿈을 안고 정진하였고 좋은 결실을 맺은 것은 높게 평가합니다. 노력하여 목표한 바를 이루어낸 스스로를 자랑스럽게 여기세요. 하지만 우리가 약사가 되어 경제적으로, 지적으로 조금 높은 위치에 선다고 해서, 우리보다 조금 낮은 위치에 있다고 여겨지는 사람들을 무시해서는 안 됩니다. 우리는 원하는 직업을 갖게 된 것에 감사하며, 약사로서 환자를 그들의 사회적, 경제적 위치와 관계없이 모두 존중해야 합니다. 이는 약사가 되기 전, 약학과 학생으로서 대학생활을 할 때도 마찬가지입니다. 학교에는 여러 학과가 있고 그중에는 약학과보다 성적이 낮은 과도 존재합니다. 이들을 수능 성적이 낮거나 졸업 후의 미래가 분명하지 않다는 이유 등으로 무시해서는 안 됩니다. 자만심에 빠져서 타인을 무시하지 않고 존중하는 것이 약대생이 꼭 길러야 할 자질이라고 생각합니다.

2. 약학대학에서는 구체적으로 무엇을 배우나요?

약학대학에서는 생화학, 인체생리학, 병태생리학, 미생물학, 면역학 등을 통해 생체 내외의 다양한 반응에 대하여 배웁니다. 의약화학, 약물학, 생약학 등을 통해 약의 성분과 효능에 대하여 배웁니다. 물리약학, 제제학, 약동학, 기기분석학 등을 통해 약의 물리·화학적 성질과 응용에 대하여 공부합니다. 약물치료학을 통해 임상약사로서 역할과 역량을 익힙니다. 실험실습을 통해 강의를 통해 배운 내용을 실험해보는 시간을 가집니다. 병원, 약국, 제약회사 실습을 통해 실제로 약사가 되면 할 일에 대하여 익힙니다.

3. 약학대학에서 하는 학과 활동에는 무엇이 있나요?

원광대학교 약학과에서는 여러 가지 동아리활동이나 학생회활동을 통해 선후배 또는 동기들과 친목을 다질 수 있습니다. 동아리는 야구 동아리인 팜에이스, 축구 동아리인 약발, 관현악 동아리인 팜앙상블, 공연 동아리인 어깨동무, 생약학 동아리인 생약반 등이 있습니다. 또, 학생회 활동을 통해 각종 학과 행사를 계획 및 운영할 수 있습니다.

4. 약학과 진학을 희망하는 학생들이 고등학교 때 열심히 공부해야 하는 교과와 과목은 무엇이며, 그 이유는 무엇인가요?

영어와 수학이 중요하다고 생각합니다.

① 영어

수능에서도 가장 중요한 영역 중 하나입니다. 논문이나 기사를 찾다 보면 대부분 영어로 적혀 있을 겁니다. 논문을 읽을 때 계속 사전을 찾아보며 우리나라 어순에 맞지도 않게 직역하며 읽거나 번역기를 돌리면서 어설픈 문장을 보는 것보다는, 그냥 한글문서 읽듯이 쭉쭉 읽으며 모르는 의학용어 정도만 검색하면서 보는 편이 훨씬 빠르고 좋습니다.

② 수학

약대 진학을 꿈꾸는 이과생 학생들은 다들 수학을 잘할 것이라고 생각합니다. '약대생이 수학을 해서 어디에 쓰지?'라는 생각이 들 수 있지만 수학은 단순히 문제를 푸는 학문이 아닙니다. 수학은 주어진 상황에서 적절한 판단과 사고를 통해 올바른 해답에 도달하는 능력을 익히는 데 의의가 있습니다. 약사는 환자의 상태를 파악하고 그에 맞는 처방 검토와 복약지도 등을 합니다. 주어진 상황에서 올바른 사고를 통해 적절한 판단을 해야 합니다. 수학 공부를 통해 이러한 역량을 키울 수 있습니다.

5. 약학과 공부에 도움이 되는 구체적인 학교활동은 무엇이 있을까요?

동아리나 독서를 추천합니다. 약대는 퀴즈도 자주 보고 시험도 한 학기에 3번씩 보는 과목이 많습니다. 그러다 보니 아무래도 학업스트레스를 받게 됩니다. 대학생활은 즐겁게 해야 하잖아요? 학업스트레스는 동아리활동으로 날려버리세요. 야구나 축구 등 운동을 할 수도 있고 악기를 배우거나 연주할 수도 있으며, 노래를 부를 수도 있습니다. 선배에게 정보를 얻을 수도 있고 가끔 하는 회식도 활력소가 됩니다. 독서의 경우, 매학기 진행되는 후마니타스 독서대회에 참여해서 상금을 탈 수도 있습니다.

6. 약학과 진학을 희망하는 학생들에게 도움이 될 수 있는 도서를 추천해주세요.

『한 번이라도 모든 걸 걸어본 적 있는가』(전성민 저, 센시오)

사람들은 실패를 할 때 '나는 나름 열심히 했어'라고 말하곤 합니다. 사람들은 최선을 다했다고 자신을 속입니다. 하지만 나름 열심히 한 것은 열심히 한 게 아닙니다. 그저 본인 스스로를 속이며 핑계를 대는 것입니다. 여러분이 단지 수능 성적이 맞아서 약대에 오는 것이 아니라, 정말 약사가 되고 싶다면 스스로에게 물어보세요. '내 인생에 단 한 번이라도 모든 걸 걸어본 적이 있었던가?' 꿈을 이루고 싶다면 나름 열심히 하지 마세요. 누가 봐도 열심히 했다고 공감할 만큼 모든 걸 걸고 노력하세요. 그렇게 된다면, 승리의 여신은 여러분에게 미소를 지을 것입니다.

CHAPTER 11

원광대학교 약학대학 교수님 인터뷰

1. 코로나19 팬데믹 상황에서 약학대학 약학과의 비전은 무엇인가요?

코로나19는 예상하지 못한 새로운 또 다른 세상을 만들었습니다. 얼굴은 비록 답답한 마스크에 갇혀 있지만 마음은 세계와 미래를 향해 달려갈 수 있도록 원광대학교 약학대학 약학과는 '사람 중심의 글로벌 융합 약학대학'이라는 미션을 기반으로, 우리의 비전인 '도덕성과 실천력을 겸비한 창의적 약사' 실현에 최선을 다하고 있습니다.

2. 원광대학교 약학대학 약학과만의 장점은 무엇인가요?

저희 약학대학은 약학의 범위의 한계를 넘어 다양한 교류와 융합이 가능한 대학입니다. 약학대학 내에 한약학과가 있으며, 의과대학, 치과대학, 한의과대학 그리고 8개 대학 부속병원과 원광제약을 가지고 있습니다. 의약학 특성화의 법학전문대학원 및 소프트웨어중심사업단 등과 연계 교육은 실제 보건의료인으로서의 미래 약사의 역할에 큰 힘이 될 것입니다. 또한 60년 전통의 원광대 약대 동문들의 파워는 단순히 말로 표현하기는 힘들 겠죠.

3. 원광대학교 약학대학 약학과에서는 무엇을 배우나요?

약에 대한 기초부터 전문적인 지식까지 환자의 치료 성과를 향상시킬 수 있는 환자 중심의 약사가 될 수 있는 다양한 기초 생명약학과목과 생물약제학, 약물치료학 등 다양한 과목을 배우게 됩니다. 소통과 협력을 기반으로 다양한 가치를 존중하며 급변하는 보건의료 환경에 대응하기 위해 환자상담과 소통기술, 의약품법규 및 약료경영학 등을 배울 수 있습니다.

4. 원광대학교 약학대학 약학과를 졸업하면 어떤 일을 하게 되나요?

졸업 후 약사국가고시를 통해 약사면허증을 취득하실 수 있습니다. 학생 여러분들은 친근하게 지역약국, 병원의 약사님들을 접하실 기회가 많으실 것입니다. 이 외에도 약학과 졸업 후 하게 되는 일은 매우 다양해서, 신약을 개발하는 제약회사뿐만 아니라 삶의 질을 높여줄 수 있는, 기능성 화장품이나 식품 연구개발에 참여할 수 있습니다. 아울러 식품의약품안전처, 보건복지부, 특허청, 심사평가원, 국립과학수사연구원 등 다양한 국책기관에 근무하실 수 있습니다. 최근에는 바이오 빅데이터를 활용한 시장에도 약사의 진출이 많아지고 있습니다.

5. 원광대학교 약학대학 약학과를 지망하는 학생들에게 필요한 역량과 길러야 할 자질은 무엇인가요?

약학과를 지망하는 학생들은 질병의 이해를 위한 새로운 것에 대한 지적호기심과 환자와 사회에 대한 넓은 시야를 가지고 있어야 합니다. 우리 몸은 어떤 한 기관도 개별적으로 존재하지 않습니다. 서로 다 연결되어 인체를 구성하고 있습니다. 각 인체는 모여서 사회를 이루며 살아가게 됩니다. 건강은 인체의 건강과 사회적 안녕이 모두 나타나는 상태입니다. 조금 쉽게 이야기해볼까요. '몸도 마음도 건강해야 정말 건강하다'라고 말한다는 것입니다. 이러한 건강을 지켜주기 위한 약사는 질병에 대한 심도 있는 연구와 환자와 사회에 대한 넓은 시야를 가지고 있어야 합니다.

6. 원광대학교 약학대학 약학과를 지원하는 학생들은 학생부종합전형 준비를 위해서 구체적으로 어떤 학교활동을 하면 좋을까요?

자기주도적으로 진행된 활동과 결과들이 잘 보인다면 좋을 것 같습니다. 그것이 과학적 실험이 아니더라도 가설을 세우고 어떠한 노력을 통해서 이러한 결과(변화)를 분석해보는 것이 나타나는 활동이 가장 좋을 것 같습니다. 예를 들어, 본인이 관심 있는 질환치료에 사용되는 치료약물 또는 치료법에 대해 찾아보고, 이 과정에서 이해하는 데 어려운 부분을 좀 더 학습하고자 다양한 교내외 프로그램 등을 찾아보고 수강하는 등 적극적이고 체계적인 방법으로 궁금증을 해결해나가는 노력을 보여준다면 좋을 것 같습니다. 일회성이 아닌 꾸준히 진행되는 활동이면 더욱 좋을 것 같습니다.

7. 마지막으로 약학대학 약학과를 지원하는 학생들에게 격려 말씀 부탁드립니다.

초침과 분침이 만나 하루의 새로운 시작을 알리듯 여러분과 원광대 약학대학이 만나 새로운 약학의 미래를 열어갑시다.

CHAPTER 12

이화여자대학교 재학생 인터뷰

01 5학년 재학생

1. 약학과 진학을 희망하는 학생들에게 필요한 역량과 길러야 할 자질은 무엇인가요?

약사로서 반드시 갖추어야 할 자질은 끊임없이 배우려는 탐구 정신과 자신을 내세우지 않는 겸손함이라고 생각합니다. 급변하는 약학발전에 능동적으로 대처하기 위해서는 겸손한 자세로 스스로 탐구해나가야 하기 때문입니다. 또한 포기하지 않는 도전 정신도 중요하다고 생각합니다. 약사는 단순히 약국에서 처방을 해주는 직업이 아니고 생각하는 것보다 다양하고 그 깊이 또한 깊은 약학의 모든 분야에 참여하게 됩니다. 그 과정에 있어 어떠한 어려움에 부딪혀도 주저앉지 않고 과정을 이해하며 해결해 나가는 것이 약사로서 중요한 자질이라고 생각합니다.

2. 약학대학에서는 구체적으로 무엇을 배우나요?

약 자체에 관한 내용을 배우기도 하지만, 약의 분석법, 약 관련 제도 등 약이 쓰이는 모든 분야의 전반적인 지식을 배웁니다. 생리활성 물질이 생체 내에서 작용하는 기전을 분자 수준에서 연구하고, 이를 바탕으로 신약에 쓰일 수 있는 후보물질을 설계하고 도출해내는 분야인 의약화학, 약화학 등의 과목을 공부하게 될 것입니다. 천연물에서 유래한 물질들이 어떻게 약으로 쓰이는지 공부하는 천연물 약품학, 생약학 등 과목과 약물을 가장 바람직한 형태로 투여함으로써 약물이 더욱 안전하고 유효하게 활용되도록 연구하는 약제학 분야의 물리약학, 생물약제학, 약제학 등의 과목도 배웁니다. 약대 공부의 꽃이자 본인이 약대생임을 가장 잘 느끼게 해주는 약물학, 약물치료학 과목을 통해 어떤 약이 어떤 질병에 어떻게 작용하는지를 배우며 이를 바탕으로 어느 환자에게 어떤 약을 권고할 수 있는지에 대해 배울 수 있습니다. 이외에도 생명약학, 분석약학, 예방약학, 임상약학, 사회약학 등 다양한 분야가 있습니다. 약학이라는 전문지식을 배우기 전에 필요한 기초부터 심화 내용까지 전 학년에 걸쳐 배우게 될 것인데 순서는 학교마다 조금씩 차이가 있어 각 학교의 약학대학 홈페이지를 참고하시면 알 수 있습니다.

3. 약학대학에서 하는 학과 활동에는 무엇이 있나요?

이화여자대학교 약학대학에는 학생회를 비롯한 문학, 교지, 댄스, 학술, 오케스트라, 국악, 액티비티, 유화, 봉사 동아리 등 정말 다양한 동아리가 있습니다. 공부를 열심히 할 뿐만 아니라 여러 취미 활동을 통해 스트레스를 해소하며 동기, 선후배들과 누구보다 즐거운 학교생활을 할 수 있습니다. 또한 멘토링 프로그램도 있습니다. 과목별로 멘토, 멘티를 신청하여 함께 공부하면서 부족한 부분을 서로 메꿔가기도 합니다. 저희 학교에서는 이외에도 팜챌린저와 캡스톤 프로그램을 통해 학생들이 자유롭게 약학과 관련된 주제를 선정하여 조사하고 인터뷰를 하면서 결과물을 내는 장기적인 프로젝트를 진행하고 있습니다.

4. 약학과 진학을 희망하는 학생들이 고등학교 때 열심히 공부해야 하는 교과와 과목은 무엇이며, 그 이유는 무엇인가요?

당연히 모든 과목이 중요합니다. 많은 수업이 원서를 바탕으로 진행되고 몇몇 수업은 영어로 진행되기도 하기에 영어를 잘은 아니어도 어느 정도 할 수 있어야 수업을 따라가는데 어렵지 않을 것입니다. 수학 역시 약학 통계학이나 약동학에서 종종 쓰이기 때문에 아예 안 할 수는 없습니다. 하지만 제일 중요한 것은 역시 생명과학과 화학이라고 생각합니다. 제일 연관성이 있기도 하고 고등학교 수준에서 배울 내용은 이미 다 안다는 가정하에 수업이 진행되기도 하므로 꼼꼼하게 공부하는 것이 좋습니다.

5. 약학과 공부에 도움이 되는 구체적인 학교 활동은 무엇이 있을까요?

학교에 과학 관련 동아리활동이 있으면 하는 것을 적극적으로 추천합니다. 저의 경우에는 학교에 '머큐리'라는 과학 동아리가 있었는데 과학에 흥미가 있는 친구들과 함께 모여 실험도 하고 여러 가지 탐구를 할 수 있었기 때문에 과학에 대한 관심뿐만 아니라 실력까지 증진할 수 있었던 것 같습니다.

6. 약학과 진학을 희망하는 학생들에게 도움이 될 수 있는 도서를 추천해주세요.

『세계사를 바꾼 10가지 약』(사토 겐타로 저, 사람과나무사이)

책의 제목에서도 알 수 있듯이 약과 관련된 세계사에 관한 이야기입니다. 흔히 알고 있는 약들이 어떻게 탄생했는지를 세계사와 함께 풀어 써 내려간 책으로 크게 어렵지 않고 읽기도 쉽습니다. 아예 약에 대한 내용을 처음 접해본다면 약간의 전문적인 내용을 알 수 있으면서도 쉽게 읽을 수 있는 책이기 때문에 추천합니다. 깊이 있는 내용을 다루지는 않지만 처음 관심이 생겨서 이 분야가 궁금하다면 시작하기 좋을 것으로 생각합니다.

7. 약학과 진학을 위해 '학생부종합전형'을 준비하는 학생들에게 추천할 만한 장기적인 프로젝트 또는 연구가 있다면 좋은 아이디어 소개 부탁드립니다.

학교에서 간혹 과학탐구 경진대회 혹은 프로젝트를 진행하는 경우가 있습니다. 제가 다녔던 학교의 탐구대회 같은 경우는 2~3달에 걸쳐 자신이 탐구 주제를 선정하여 스스로 논문을 적듯이 가설, 실험, 결과 정리의 모든 과정을 다뤄야 하고 뿐만 아니라 다른 친구들과 선의의 경쟁을 하며 선생님들께 평가를 받아 재미와 전문성을 동시에 챙길 기회를 가질 수 있었습니다. 학교에 이런 프로젝트가 있다면 약과 관련된 주제가 아니어도 괜찮으니 참가할지 고민하기보다는 일단 도전해보는 것을 추천해드립니다.

02 | 5학년 재학생

1. 약학과 진학을 희망하는 학생들에게 필요한 역량과 길러야 할 자질은 무엇인가요?

약학과는 일반학과와는 다른 6년제 학과입니다. 즉, 긴 시간 동안 '약학'이라는 한 학문을 공부해야 한다는 뜻입니다. 게다가 사람의 생명과 관련되었기에 절대 가볍게 생각해서는 안 되는 학문입니다. 그래서 저는 이 과정들을 잘 버텨내기 위해 가장 필요한 것이 '인내심'이라고 생각합니다. 이는 사회 진출 이전 준비과정에서도, 진출 이후 약사로서 직무에도 필요한 능력입니다. 약대생으로서 많은 공부량을 버텨내기 위해서도 필요할 것이고, 약사로서 환자들을 일시적으로가 아닌 오랫동안 지켜봐야 하는 경우에도, 연구자로서 약을 개발함에 있어서도 필요한 경우들이 많을 것입니다. 따라서 조급함이 아닌 조금은 여유로운, 인내를 가지는 마음가짐을 가지는 것이 좋을 것 같습니다. 그 이외에 필요한 것은 소통하는 능력인데, 약사는 단순 처방만을 하는 것이 아닌 환자와의 커뮤니케이션을 통해 직무능력을 펼쳐야 하기 때문입니다.

2. 약학대학에서는 구체적으로 무엇을 배우나요?

약학대학에서는 단순 약만을 배우는 것이 아닌 약에 관련한 경제, 법, 정책, 문헌 등 여러 분야를 배우게 됩니다. 6년제로 전환된다면 현재 2+4년제 약대의 선수 과목이었던 가장 기초적인 학문(일반 생물학, 일반 화학) 등을 1, 2학년에 배우고, 3학년부터 본격적으로 약과 관련한 과목들을 배우게 될 거예요. 자세한 커리큘럼은 학교마다 상이하니 대략적으로 말씀드리자면, 3학년 때는 해부학, 미생물학, 생리학 등 사람의 인체에 대한 이해의 기반을 세우고 4학년 때 약학과의 꽃이라고 할 수 있는 약물학, 약물 치료학 등 약물에 관한 과목에 입문하게 됩니다. 5학년 때는 이 과목들을 더 심화해서 다루며, 동물실험과 조제 실습을 통해 약사라는 직업에 한 발짝 다가간 듯한 실감이 나게 됩니다. 6학년 때는 졸업 학점을 채우기 위해 최소 과목 정도만 수강하며 실습을 나가게 됩니다. 약국, 제약공장, 대학원 실험실, 공장 등 다양한 곳을 체험하며 여러분의 진로를 결정하게 됩니다.

3. 약학대학에서 하는 학과 활동에는 무엇이 있나요?

약학대학은 학과 내 동아리가 매우 발달되어 있습니다. 저도 동아리를 3개 정도 하고 있고, 많으면 4개까지 하는 친구들도 있어요. 동아리활동을 통해 많은 친구들도 사귀고 다양한 경험을 해보니 관심 있는 동아리를 찾아보시고 하시는 것을 추천합니다. 그 외에 타 약대, 의대, 치대, 수의대 등과 교류하는 연합봉사 동아리도 있고 전국 약대생 협회, 한국 약학대학생 연합(KNAPS) 등 타 약대생들을 만날 수 있는 약대 외부 활동 등도 있습니다.

4. 약학과 진학을 희망하는 학생들이 고등학교 때 열심히 공부해야 하는 교과와 과목은 무엇이며 그 이유는 무엇인가요?

여러분이 입학하시고 나서 처음으로 배우게 될 기초 학문들보다 더 기초적인 내용을 다루는 화학, 생물 등을 열심히 공부하시길 바랍니다. 기본적인 개념 정도는 알아야 지식을 쌓을 수가 있습니다. 그리고 대부분 약학 단어와 논문들이 영어로 쓰이기에 영어 공부도 열심히 하시는 것을 추천합니다.

5. 약학과 공부에 도움이 되는 구체적인 학교활동은 무엇이 있을까요?

무엇이 됐든 간에 열심히만 한다면 어딘가에는 도움이 되리라고 생각합니다. 하지만 약학과에 도움 될 활동을 군이 꼽자면 '과학 동아리'와 '봉사 동아리'가 좋을 것 같습니다. 과학 동아리에서 실험을 직접 해보시면서 익히신다면 나중에 대학교 실습시간에 좀 더 능숙하게 실험을 진행할 수 있을 것입니다. 봉사 동아리는 하시면서 봉사심에 대해 생각해보시면 좋을 것 같습니다. 약사란 직업은 봉사하는 마음과도 직결되어 있기에 약학과에서도 계속해서 언급되는 주제입니다.

6. 약학과 진학을 희망하는 학생들에게 도움이 될 수 있는 도서를 추천해주세요.

『세상에서 제일 좋은 직업 약사』(김성진, 김재송, 김필여 공저, 범문에듀케이션)

실제 다양한 분야에서 일하는 약사들이 약사로서 겪는 진솔한 삶을 글로 적어 표현한 것이기에, 매우 현실적입니다. 약사가 꼭 되시고 싶은 학생들에게 추천합니다.

7. 약학과 진학을 위해 '학생부종합전형'을 준비하는 학생들에게 추천할 만한 장기적인 프로젝트 또는 연구가 있다면 좋은 아이디어 소개 부탁드립니다.

고등학생 수준에서 어떤 것을 개척해 나가는 것은 힘들 것으로 생각됩니다. 따라서 현재 존재하는 정보들을 이용하는 것을 추천해 드리는데, 예를 들어 현존하는 약물들의 작용과 부작용들을 조사하여 분석한 뒤 미래에 내가 신약을 개발한다면 어떻게 할 것이라고 포트폴리오를 써볼 수도 있겠죠. 기본적으로는 그 약대에서 원하는 인재상에 다가가는 것이 중요한데, 봉사정신을 중요하게 본다면 봉사시간을 쌓으시고 창의성을 중요시하게 본다면 면접과 자소서에 그 부분이 잘 드러나도록 하는 것이 좋습니다.

| CHAPTER 13 | 이화여자대학교 약학대학 학장 인터뷰 |

1. 코로나19 팬데믹 상황에서 약학대학의 비전은 무엇인가요?

이화여자대학교 약학대학은 한국 최초의 약학대학이자 최고의 여약사 양성기관입니다. 현재까지 9,800여 명의 졸업생을 배출하였고 70년이 넘는 오랜 역사와 전통을 바탕으로 최신의 약학교육이 이루어지는 교육기관입니다. 이화여자대학교 약학대학의 비전은 혁신적 교육, 융합연구, 체계적 실무실습을 통한 미래를 개척하는 글로벌 융복합형 전문 약학 리더인재를 양성하는 것입니다. 즉, 의약품 기초지식과 개발기술을 연마한 우수 약학인재 양성, 의약품 유효성과 안전성을 확보하고 환자중심 가치를 최우선하는 약사양성, 데이터기반 신약개발과 글로벌 바이오헬스 산업을 선도하는 창의적 약학연구자 양성, 사회적 책임감과 윤리의식을 갖추고 지속적으로 자기개발을 실천하는 리더를 양성하는 것입니다. 이러한 비전은 특히 요즘과 같은 팬데믹 상황에서 더 필요한 교육 비전이라 확신합니다.

2. 이화여자대학교 약학대학만의 장점은 무엇인가요?

이화여대 약학대학은 다학제간 융합역량을 강화함으로써 국민보건·의료환경 증진 및 글로벌 바이오헬스산업성상에 기여하는 교육을 하고 있습니다. 이화여대 약학대학은 질병의 예방과 치료를 위해 사용되는 의약품의 개발, 생산, 관리, 공급 및 임상적 응용에 대한 전문지식, 그리고 고도의 윤리의식과 봉사정신을 갖춘 약사를 양성하여 사람들이 건강하고 행복한 삶을 영위할 수 있는 교육을 진행하고 있습니다. 이러한 교육을 통해 의약품에 대한 고도의 전문지식을 갖춘 미래의 약사 배출뿐 아니라 신약개발과 보건행정 및 정책연구 등을 통한 국가과학기술 발전과 국민보건증진을 위한 최선의 교육시스템을 확보에 기여하고 있습니다. 특히 세계 경쟁력을 강화하고 국제화 추세에 따라 글로벌 전문 지식 소통 역량, 창의적 리더십과 융복합형 통찰력을 지닌 약사를 양성하기 위해 학제간 융복합 약학교육의 수월성 확보, 글로벌 선도역량 강화, 국제화된 실무교육, e-Ewha

Pharmacy 구축 등 특성화 교육을 진행하고 있습니다. 21세기를 맞아 이화여자대학교 약학대학은 우수한 교수진과 최첨단 연구시설을 갖추고 약학교육의 세계적 발전추세와 보건의료 및 제약환경의 국가적 특수성이 반영된 우수한 여성전문약사를 양성하고자 노력하고 있습니다. 특히 약학 분야의 전문성 확보는 물론이고 타분야와의 교감 및 융합적 사고, 글로벌 감각을 키우는 교육에 역점을 두고 있습니다.

3. 이화여자대학교 약학대학에서는 무엇을 배우나요?

이화여자대학교 약학대학의 전문 약학도를 양성하기 위하여 필요한 교과목을 체계적으로 교육하고 있습니다. 1, 2학년은 다른 단과대와 이화여자대학교의 특화된 교양중심 교육을 받고 3-5학년은 전공지식을 함양하는 전공중심 교육을 받습니다. 6학년은 실무실습과정으로 약사가 되기 위한 실무교육을 받게 됩니다. 학생들의 졸업 후 진로 결정을 위해 트랙별로 다양한 교육 프로그램을 제공하여 선제적 맞춤형 전문화 교육 시행하고 있습니다. 이를 위해 해외실무실습을 비롯한 현장형 실무실습 교육 강화, 병원, 약국, 제약기업, 공공기관, 연구소 등 현장에서의 체계화된 임상 및 제약 실무실습 교육 시행, 하버드 대학을 비롯한 해외기관에서의 글로벌 실무실습 교육 시행, 글로벌 미래 핵심 인재로의 지속적 성장 지원 교육 등의 프로그램을 운영합니다. 또한 미래를 개척하는 여성 지도자로서 리더십 확립과 사회적 책무와 나눔의 이화정신을 실천하는 미래 핵심 인재로서의 지속적 성장 지원 교육 및 아너스 리서치 (Honors Research) 교과목 운영 및 팜챌린지, 캡스톤, 해외의료봉사 등 비교과 활동 지원 및 다학제 융·복합 교육 선도하고 있으며 생명약학, 의약화학, 물리약학 등 기초교과목과 산업약학, 약물학, 약제학, 생리학, 약물치료학의 심화교과목의 다학제 약학교육을 기반으로 타학과 교과목(전산, 통계, 인공지능과 데이터과학, 심리학, 경제학, 경영학, 국제학, 행정학 등)과의 융복합 교육을 진행하고 있습니다. 특히 2022년 통합6년제 시행을 맞아 다학제간 융합형 교과과정을 기반으로 한 '미래산업약학전공'을 신설하였고 인문계열학생도 지원가능하게 하였습니다. 미래산업약학전공은 약학전공 교과목이외에도 '심리, 커뮤니케이션, 경영, 법-행정, 국제학' 등과의 융복합 교육으로 미래 글로벌 바이오헬스 산업의 주역으로 활동할 인재양성을 목표로 하고 있습니다.

4. 이화여자대학교 약학대학을 졸업하면 어떤 일을 하게 되나요?

보건복지부, 특허청, 심평원, 식약처 등 관련 공직에 100여 명의 동문이 현재 활동 중이고, 부광약품, 우리들제약, 일본 화이자에센셜헬스사업부, 안지오랩 등 제약회사 및 벤쳐 대표이사를 비롯하여 한국MSD, 한국로슈, 아스트라제네카 등의 임원진이 이화여자대학교 약학대학 동문들입니다. 아울러 국내외 제약사 및 유관기관까지 총 300여 명의 동문이 재직 중인 바 사실상 국내 제약업계를 이끌어가고 있다고 할 수 있습니다. 또한 국내 종합병원의 약제부장을 비롯한 500여명의 동문이 각급 의료기관 약제부에서 여성 리더십을 발휘하고 있으며, 정치계, 법조계, 언론계에서도 사회적 책임을 실천하는 훌륭한 여성 리더로 활발하게 활동하고 있습니다. 인공지능, 빅데이터 등을 활용한 창의성과 윤리성을 전제로 하는 신약개발 연구, 맞춤약료 및 약료정책을 수립하기 위해서는 앞으로 약사의 역할이 더욱 중요해질 것으로 전망됩니다. 따라서 이와 같은 미래 환경 변화에 부응하기 위한 다양한 약사직능이 새롭게 요구될 것이며, 노인인구의 폭발적 증가와 함께 다약제 사용 빈도가 늘어나면서 노인들의 약물사용을 검토하고 상담하는 약사의 직능도 더욱 확대될 것으로 예상되고 이러한 약사 배출에 이화여대 약학대학이 적극적으로 참여하겠습니다.

5. 이화여자대학교 약학대학을 지망하는 학생들에게 필요한 역량과 길러야 할 자질은 무엇인가요?

이화여자대학교 약학대학의 핵심역량을 9가지로 요약할 수 있고 이는 국제보건기구(WHO)에서 제안하는 급변하는 사회에 선제적으로 대응하는 약학도의 상이기도 합니다. 이러한 역량을 추구하는 학생이라면 누구라도 환영합니다.

① 의료 공급자(Care-giver)
② 의사 결정자(Decision-maker)
③ 전달자(Communicator)
④ 리더(Leader)
⑤ 매니저(Manager)
⑥ 평생학습자(Life long learner)
⑦ 교사(Teacher)

⑧ 연구자(Researcher)

⑨ 기업가(Entrepreneur)

6. 이화여자대학교 약학대학을 지원하는 학생들은 학생부종합전형 준비를 위해 구체적으로 어떤 학교활동을 하면 좋을까요?

학생부종합전형은 지원자의 제출서류를 토대로 학업역량과 학교활동의 우수성, 발전 가능성 등을 정성적·종합적으로 평가합니다. 특히 학교생활기록부는 고교생활 전반을 파악할 수 있는 서류이기 때문에 교과 영역뿐만 아니라 비교과 영역까지 모두가 지원자를 이해하고 해석하는 중요한 자료가 됩니다. 꿈을 가지고 고교생활을 성실히 해온 학생이라면 학교생활기록부의 여러 영역에서 그 노력들이 잘 드러나 있을 것이라 생각합니다. 또한 수능 최저학력기준이 있는 전형이므로 수능에 대한 전략적인 준비도 필요합니다. 이와 함께 창의적인 약학도로서의 성장가능성, 윤리의식을 갖추고 어려운 사람과 교감할 수 있는 능력을 갖춘 학생이라면 이화여대 약학대학에 도전해주시기 바랍니다.

7. 마지막으로 이화여자대학교 약학대학을 지원하는 학생들에게 격려 말씀 부탁드립니다.

이화여자대학교 약학대학은 1945년 우리나라 최초의 약학대학 중 하나로 설립된 이래 국민보건 향상에 이바지하는 유능한 여성 약사 및 약학 전문 인력의 양성을 위해 적극적으로 힘써왔습니다. 현재 사회 각계, 각층에서 중추적이고 선도적인 역할을 수행하고 있는 졸업생들이 바로 그 증거입니다. 이화여자대학교 약학대학은 다양한 길을 걸어 온 여러분들을 이약인이라는 이름으로 하나가 되어 새로운 출발점에 서게 하고 싶습니다. 그리고 최고의 교육을 받으며 글로벌 리더십을 갖춘 전인적인 약과학자로 성장하게 해드리고 싶습니다. 동기간에, 선후배간에 서로 의지하고 함께하는 따뜻함을 키워가는 소망을 갖게 해드리고 싶습니다. 이화여자대학교 약학대학 교수들은 여러분을 기다리고 있습니다. 여러분들이 이약인이 되어 만나 뵙길 간절히 기대합니다.

이화여자대학교 약학대학장 이윤실

전북대학교 재학생 인터뷰

CHAPTER 14

01 3학년 재학생

1. 약학과 진학을 희망하는 학생들에게 필요한 역량과 길러야 할 자질은 무엇인가요?

약학과 교육과정을 소화할 수 있는 수학, 과학적 역량이 바탕이 돼야 하고 약사라는 직업이 다른 사람의 건강과 보건을 위해 봉사하는 직업인만큼 이타적이고 봉사적인 자질을 길러야 합니다.

2. 약학대학에서는 구체적으로 무엇을 배우나요?

저희 3학년들은 우선 본격적인 약학 과목을 배우기 전, 기초가 되는 과목을 배우는 단계라고 생각합니다. 약화학, 물리약학, 분자생물학, 해부생리학 등의 과목은 약물 자체에 대한, 또는 인체와의 상호작용을 다루기 위한 원론적인 학문이고, 의약품분석학 또는 의약통계와 같은 과목은 이후 실험, 실습 등의 활동에서 쓰이는 연구 도구를 익히는 과정이라고 생각합니다. 또한 약학개론과 제약경영 수업에서는 제약 산업 전반에 대한 지식과 약학의 다양한 분야에 대해서 알아봄으로써 진로 결정을 돕는 수업입니다.

3. 약학대학에서 하는 학과 활동에는 무엇이 있나요?

코로나 때문에 제한이 많지만 현재는 동아리활동이 주된 것 같습니다. 다양한 동아리 활동을 통해 체력 증진, 봉사활동, 진로 탐색 등을 할 수 있습니다.

4. 약학과 진학을 희망하는 학생들이 고등학교 때 열심히 공부해야 하는 교과와 과목은 무엇이며, 그 이유는 무엇인가요?

저는 과학 과목이 절대적이라고 생각합니다. 개인적으로 저는 고등학생 때 화학Ⅱ와 생명과학Ⅱ를 모두 이수했었는데, 현재 약학 과목(특히 의약품분석학, 분자생물학)을 이해하고 학습하는 데 많은 도움이 됐습니다. 화학Ⅱ의 평형, 생명과학Ⅱ의 물질대사와 유전자 발현을 확실하게 알아둔다면 유리합니다. 이러한 화학, 생물말고도 물리약학, 약동학을 다루기 위해서 물리도 기초학습이 되어 있으면 좋을 것 같습니다.

5. 약학과 공부에 도움이 되는 구체적인 학교활동은 무엇이 있을까요?

저는 화학 경시대회 수상 경력이 있는데 이 경시대회를 준비하면서 교과과정을 넘어선 범위의 화학에 대해서 공부하게 됐습니다. 이 과정에서 기초, 심화 학습을 동시에 할 수 있었고 결과적으로 약학(피트) 과목을 예습하는 계기가 되어 도움이 됐습니다. 저는 또한 과학 동아리 장을 맡아서 실험 활동을 계획하고 준비하는 과정을 총괄했었는데 이러한 활동이 과학 실험에 대한 기본 소양을 갖추게 해주고 추후 약학과에서 있을 실험, 실습에 대비해서 좋은 경험이 됐습니다.

6. 약학과 진학을 희망하는 학생들에게 도움이 될 수 있는 도서를 추천해주세요.

『약사가 말하는 약사』(홍성광 등 저, 부키)
『세계사를 바꾼 10가지 약』(사토 겐타로 저, 서수지 역, 사람과나무사이)
『강약중강약』(황세진 글, 정혜진 글 · 그림, 알마)

7. 약학과 진학을 위해 '학생부종합전형'을 준비하는 학생들에게 추천할 만한 장기적인 프로젝트 또는 연구가 있다면 좋은 아이디어 소개 부탁드립니다.

저는 소논문 작성 활동을 추천합니다. 한 가지 예시로는 약품의 제제에 관한 것을 주제로, 약국에서 구할 수 있는 다양한 제제를 비교 분석하는 것이 어떨까 합니다. 또는 다양한 제네릭 의약품의 판매실적을 분석하고 그러한 차이가 나는 이유를 알아본다거나, 매주 1개의 의약품을 선정해서 작용 기전을 알아보는 그룹 프로젝트를 진행해도 좋을 것 같습니다. 위는 예시일 뿐이고, 학생들이 본인이 평소에 궁금했던 점이나 약에 대해 알아보고 싶었던 점을 주제로 정해서 창의적이고 체계적인 분석 활동을 수행한다면 도움이 될 것 같습니다.

1. 약학과 진학을 희망하는 학생들에게 필요한 역량과 길러야 할 자질은 무엇인가요?

창의성, 리더십, 연구역량, 생명존중, 소통능력, 전문가 의식, 전문가 윤리, 봉사 정신 등이라고 생각합니다.

2. 약학대학에서는 구체적으로 무엇을 배우나요?

1, 2학년에는 전공과목을 배우기 전 화학, 유기화학, 생명과학 등 기초과학에 대해 배우고 3, 4, 5학년 때 전공과목(생화학, 병태생리학, 약물학, 의약품합성학, 의약품분석학, 물리약학, 생약학, 약물치료학)을, 6학년 때는 약국이나 병원, 연구실, 제약회사에서 실습을 합니다.

3. 약학대학에서 하는 학과 활동에는 무엇이 있나요?

우리 학교에는 PCT(Pharmaceutical Company Travelong)라는 제약회사나 연구기관 탐방을 목적으로 하는 동아리가 존재합니다. 또, 많은 전공과목들이 실험을 포함하고 방학 기간 중에는 약학대학 교수님 실험실에 들어가 실습을 할 수 있습니다.

4. 약학과 진학을 희망하는 학생들이 고등학교 때 열심히 공부해야 하는 교과와 과목은 무엇이며, 그 이유는 무엇인가요?

화학Ⅰ, Ⅱ, 생명과학Ⅰ, Ⅱ를 흥미를 가지고 열심히 공부하면 약학대학 진학 후 전공과목을 학습하는 데 많은 도움이 될 것입니다. 약학대학에서 배우는 대부분의 과목들이 화학Ⅰ, Ⅱ와 생명과학Ⅰ, Ⅱ를 기본으로 하기 때문입니다.

5. 약학과 공부에 도움이 되는 구체적인 학교활동은 무엇이 있을까요?

화학이나 생명과학 관련 실험 동아리나 의학, 약학 관련 독서 토론 등이 도움이 될 것입니다.

6. 약학과 진학을 희망하는 학생들에게 도움이 될 수 있는 도서를 추천해주세요.

『MT 약학』(대한약학회 저, 청어람(장서각))
『꿈을 찾는 약대생』(박정원 저, 렛츠북)

7. 약학과 진학을 위해 '학생부종합전형'을 준비하는 학생들에게 추천할 만한 장기적인 프로젝트 또는 연구가 있다면 좋은 아이디어 소개 부탁드립니다.

꼭 장기적인 프로젝트나 연구가 아니더라도 꾸준히 자신이 약학대학에 관심이 있다는 것을 증명할 만한 활동(예 : 동아리, 소모임)을 하는 것이 중요할 것 같습니다.

CHAPTER 15

전북대학교 약학대학 학장 인터뷰

1. 코로나19 팬데믹 상황에서 약학대학의 비전은 무엇인가요?

전북대학교 약학대학은 '인류의 건강을 지향하는 글로벌 약학 허브'로 2020년 시작했습니다. 전북대학교 약학대학이 구현하고자 하는 인재상은 '혁신형 제약의 글로벌 리더'와 '생명 존중의 약료서비스 전문가'입니다. 지원자들의 특성을 고려하여 코로나19 팬데믹과 같은 돌발상황에서도 예방과 치료 기술을 신속하게 개발할 수 있는 실무 역량을 갖춘 리더 또는 위험에 처한 환자들에게 최적의 약료서비스를 제공할 수 있는 약료전문가를 양성하는 것입니다. 이를 위한 Project Based Learning Program(PBL)이 준비되어 있습니다.

2. 전북대학교 약학대학만의 장점은 무엇인가요?

전북대학교 약학대학의 장점이자 단점이 신생 약학대학이라는 것입니다. 기존 약학대학들이 오랜 시간의 축적물로 고착화된 공간을 기반으로 시간을 채워가는 반면, 전북대학교 약학대학은 준비된 빈 공간에 새로운 패러다임의 4차원적 미래에 대비할 수 있는 모델을 구축하여 시간의 단위를 바꾸어나갈 것입니다. 기존 대학들의 리모델링(Re-modeling) 한계를 넘어서 연구·교육 융합 패러다임에 기초한 뉴 모델(New-model)을 준비했습니다. 혁신적 공간 배치-준비된 전문가-연구·교육 융합 PBL 기반 교육과정-지역산학협력체계-혁신적 운영제도가 차근차근 준비되고 있습니다. 이를 통하여 미래형 '바이오헬스산업 리더'와 '생명존중 약료전문가'를 양성할 것입니다. 꿈을 꾸는 것에 머무르지 않고 꿈을 실현할 수 있는 미래형 약학공간을 준비해나가고 있습니다.

3. 전북대학교 약학대학에서는 무엇을 배우나요?

이미 교육과 보건헬스의 패러다임이 바뀌고 있습니다. 코로나19 펜데믹은 그 변화를 가속화하고 있습니다. 공간의 한계를 벗어난 교육시스템, 머리로 배우는 교육에서 몸으로 구현하는 교육, 저분자 바이오의약(Small molecule-Biologics)에서 전자약-디지털 치료학(Electroceuticals-Digital therapeutics)으로 빠르게 변하고 있습니다. 전북대학교 약학대학은 20년 후를 바라보며 이에 대응할 수 있도록 교육과정을 업데이트해나갈 것입니다. 당장, 산업약사트랙에 '인공지능'과 '신약개발 캡스톤디자인'을 비롯한 첨단 학문분야 과목들이 준비됐고, 임상약사트랙에 '상담학'과 '의약정보학', '환자안전' 등의 미래임상약사 직무에 필요한 과목들이 준비됐습니다. 이와 함께 가슴으로 느끼고 손으로 할 수 있도록 PBL에 기반한 연구·교육 융합프로그램을 준비하고 있습니다. 교수-대학원생-학부생-지역 산업체가 함께하는 프로그램입니다.

4. 전북대학교 약학대학을 졸업하면 어떤 일을 하게 되나요?

약학대학 졸업 후에 제약회사, 식약처를 비롯한 약무직 공무원, 병원, 약국 등을 들 수 있으며 전북대학교 약학대학은 '사업화약사' 육성에 많은 관심을 가지고 있습니다. 창업역량을 가지는 약사로 시작할 것으로 봅니다.

5. 전북대학교 약학대학을 지망하는 학생들에게 필요한 역량과 길러야 할 자질은 무엇인가요?

일단 자기주도학습이 되어서 많은 교과목수업에 따라올 수 있는 기본역량을 가져야 할 것입니다. 생명과학과 화학이 중요하므로 이 부분에 대한 관심이 있으며 소통과 배려하는 인성과 창조성을 가졌으면 합니다.

6. 전북대학교 약학대학을 지원하는 학생들은 학생부종합전형 준비를 위해서 구체적으로 어떤 학교활동을 하면 좋을까요?

학생부종합전형에서 아무래도 연구활동에 기본 관심과 경험이 있다면 예비약사로서 적합할 것이라고 생각합니다. 약사로서 인성을 갖추었음을 보여주는 고등학교 생활을 한다면 더 좋을 것으로 생각합니다.

7. 마지막으로 약학대학을 지원하는 학생들에게 격려 말씀 부탁드립니다.

약사는 인공지능이 대치할 수 없다고 봅니다. 약을 만들고 관리하고 약물치료의 약사 역할은 '사람을 위한 생명과학의 기여'라고 할 수 있습니다. 여러분이 전북대학교 약학대학에 오셔서 신뢰하는 약사상을 환자 속에서 구현하며, 신약 속에서 생명과학 약사를 구현하시기를 바랍니다. 꿈이 있으면 할 수 있습니다. 하지만 중요한 것은 지금 현재를 충실해야 한다는 것입니다. 여러분이 지금 하고 있는 순간의 공부를 충실히 하여 약학인으로 시작하시기를 기원합니다.

전북대학교 약학대학장 채한정

03

약학과
대입전형
(2023학년도)

약학과 진학 총론

약학과 수시[1] · 정시[2]모집 정원 내 일반전형(지역균형전형 포함, 지역인재전형 · 고른기회전형 제외) 기준으로 전체 선발인원을 대학별로 나눠보면, 이화여대, 중앙대가 120명으로 가장 많다. 세 번째는 덕성여대, 숙명여대 80명, 다섯 번째는 성균관대 65명, 여섯 번째는 서울대 63명 순이다.

수시모집 전체 선발인원을 대학별로 나눠보면, 중앙대가 55명으로 가장 많다. 두 번째는 덕성여대 40명, 세 번째는 서울대 37명, 네 번째는 이화여대, 성균관대 30명, 여섯 번째는 숙명여대, 조선대 27명 순이다.

정시모집 전체 선발인원을 대학별로 나눠보면, 이화여대가 90명으로 가장 많다. 두 번째는 중앙대 65명, 세 번째는 숙명여대 53명, 네 번째는 덕성여대 40명, 다섯 번째는 성균관대 30명, 여섯 번째는 영남대 28명, 일곱 번째는 서울대 26명 순이다.

반면, 약학과 선발인원을 정원 내 일반전형과 지역인재전형을 기준으로 나눠보면, 수시모집 학생부교과전형(이하 교과전형)[3]은 지방 425명, 수도권 96명으로 총 521명을 선발한다. 학생부종합전형은(이하 종합전형)[4] 지방 127명, 수도권 262명으로 총 389명을 선발한다. 논술전형은 지방 16명, 수도권 51명으로 총 67명을 선발한다.

정시모집 수능전형도 정원 내 일반전형과 지역인재전형을 기준으로 나눠보면, 지방 325명, 수도권 438명으로 총 763명을 선발한다.

---

1 정시모집에 앞서 학교생활기록부, 면접 등을 통해 학생의 다양한 능력과 재능을 반영하여 신입생을 선발하는 방식을 말함. 수시모집에 합격하면 정시모집에 지원할 수 없고, 수시모집에 지원자가 미달된 모집단위의 경우 정시모집에서 선발하기도 함.

2 수시모집 이후 대학이 일정 기간을 정해 신입생을 모집하는 선발방식으로 수능 성적표가 배부된 후 모집 군을 나누어 신입생을 모집하는 것을 말함.

3 학교생활기록부에서 교과 성적을 중심으로 정량적으로 평가하는 전형.

4 전임입학사정관, 위촉입학사정관(교수 사정관) 등이 참여해 학교생활기록부, 면접 등을 통해 학생을 정성적으로 종합평가하는 전형.

수도권과 지방을 비교해보면, 교과전형은 지방에서 종합전형·논술전형·수능전형은 수도권에서 더 많은 인원을 선발한다.

정리하면, 수시·정시모집 정원 내 일반전형과 지역인재전형을 합친 선발인원은 지방 893명, 수도권 847명으로 총 1,740명으로 지방에서 46명을 더 선발한다. 수시모집에서 977명, 정시모집에서 763명 총 1,740명을 선발한다. 수시모집에서 214명을 더 선발한다.

수시·정시모집 정원 내·외 모든 전형(지역균형전형, 지역인재전형, 고른기회전형 포함)의 선발인원은 수시모집에서 1,222명, 정시모집에서 824명 총 1,946명을 선발한다. 수시모집에서 398명을 더 선발한다.

전형별로는 수능전형 〉교과전형 〉종합전형 〉논술전형 순으로 선발인원이 많다.

01 2023학년도 약학과 전형별, 지역별 선발인원(정원 내 일반전형 기준)

지역	교과	종합	논술	수능	합계
지방	425	127	16	325	893
수도권	96	262	51	438	847
합계	521	389	67	763	1,740

02 2023학년도 약학과 수시모집 전형별 면접 유무

학생부교과전형+면접(O)	학생부종합전형+면접(X)
가천대(메디컬), 고려대(세종), 대구가톨릭대, 삼육대(일반), 연세대(국제), 인제대, 차의과학대	덕성여대, 대구가톨릭대, 성균관대, 이화여대, 중앙대(탐구형인재), 충북대, 한양대(ERICA)
7개 대학	7개 대학

03 | 2023학년도 37개 약학과 신입생 선발 현황(정원 내·외 모든 전형 포함)

대학명	수시	정시	합계	대학명	수시	정시	합계
가천대	20	15	35	숙명여대	27	59	86
가톨릭대	25	10	35	순천대	18	17	35
강원대	39	15	54	아주대	15	21	36
경북대	28	5	33	연세대(국제)	18	17	35
경상국립대	28	8	36	영남대	52	28	80
경성대	35	20	55	우석대	34	16	50
경희대	26	18	44	원광대	35	10	45
계명대	20	16	36	이화여대	30	90	120
고려대(세종)	24	12	36	인제대	27	12	39
단국대(천안)	11	22	33	전남대	45	20	65
대구가톨릭대	39	20	59	전북대	24	9	33
덕성여대	46	40	86	제주대	23	10	33
동국대(바이오메디)	18	17	35	조선대	57	24	81
동덕여대	24	20	44	중앙대	60	69	129
목포대	22	10	32	차의과학대	26	12	38
부산대	41	24	65	충남대	35	20	55
삼육대	23	14	37	충북대	30	24	54
서울대	40	31	71	한양대(ERICA)	17	19	36
성균관대	40	30	70	합계	1,122	824	1,946

약학과 학생부교과전형

고양시 D고등학교 3학년 K학생은 2022학년도부터 통합 6년제로 전환된 약학과를 지원하고 싶지만, 부족한 내신 성적 때문에 고민이 깊다. 교과전형은 내신 성적을 정량적으로 계산해서 선발하기 때문이다. 따라서 K학생은 3학년 1학기 남은 지필고사에 최선을 다하는 한편, 부족한 내신 성적을 상쇄할 수능 최저가 높은 약학과를 지원할 생각이다.

2023학년도 수시모집 중 약학과 교과전형은 30개 대학에서 일반전형[5](지역균형전형 포함, 지역인재전형·고른기회전형 제외) 285명, 지역인재전형 236명 총 521명을 선발한다. 종합전형 29개 대학 389명보다 132명 더 많은 인원을 선발한다.

지역별로는 수도권이 96명, 지방이 425명으로 지방 약학과가 교과전형 선발 비율이 매우 높은 것이 특징이다.

모집인원이 가장 많은 첫 번째 전형은 전남대 지역인재전형으로 27명이며, 수능 최저는 국어, 수학, 영어, 과탐(1과목) 중 3개 영역 합이 7등급 이내다. 두 번째는 영남대 지역인재전형으로 25명이며, 수능 최저는 국어, 수학, 영어, 과탐(1과목) 중 4개 영역 등급 합 6 이내다. 세 번째는 동덕여대 학생부교과우수자전형으로 24명이며, 수능 최저는 국어, 수학, 과탐(2과목) 중 2개 영역 합 4등급 이내다. 조선대 지역인재전형도 24명을 모집하며, 수능 최저는 국어, 수학, 영어, 과탐(1과목) 중 3개 영역 합이 7등급 이내다. 다섯 번째는 조선대 일반전형으로 21명이며, 수능 최저는 국어, 수학, 영어, 과탐(1과목) 중 3개 영역 등급 합 6이내다.

교과전형은 수능 최저가 없는 연세대(국제 캠퍼스) 추천형, 동국대(바이오메디 캠퍼스) 학교장추천인재전형을 제외하고는 모두 높은 수능 최저를 두고 있다. 수능 최저 충족이 자신 없고 내신만 높은 지원자들은 이 두 대학에 몰릴 것으로 예상한다.

수능 최저 기준이 가장 높은 대학은 중앙대로 국어, 수학, 영어, 과탐(1과목) 4개 영역

---

5   본고에서는 학생부교과전형의 '일반전형'을 특별한 자격 없이 지원이 가능한 '학생부교과전형'과 '지역균형전형(일명 학교장추천전형)' 두 전형을 포함한 명칭으로 사용하며, 고른기회전형은 따로 나누어 정리함.

합이 5등급 이내이며, 한국사 4등급 이내다. 수능 최저가 높기는 다른 대학들도 매한가지다. 이에 따라 교과전형 지원여부 1차 판단은 수능 최저 충족여부에 있다. 실제 사례를 살펴보면, 2022학년도 중앙대 수시모집 학생부교과전형(지역균형전형) 약학부의 경우 5명 모집에 309명이 지원했으며, 최초 경쟁률은 61.8대 1이었지만, 수능 최저를 통과한 실질 경쟁률은 10.0대 1에 불과했다.

하지만 약대 지원집단의 특성을 감안하면, 수능 최저가 높지 않은 대학은 수능 최저를 통과해도 내신 성적이 크게 낮아지지 않을 수 있다. 수능 최저가 없는 대학은 합격선이 1.2 이내, 수능 최저가 있는 대학은 1.4 이내로 높게 형성될 것으로 예상한다.

변수는 면접이다. 일반전형에서 면접을 치르는 대학은 가천대(메디컬 캠퍼스), 고려대(세종), 대구가톨릭대, 삼육대, 연세대(국제 캠퍼스), 인제대, 차의과학대 일곱 개 대학이 있다. 지역인재전형은 대구가톨릭대, 우석대, 인제대 세 개 대학이 있다.

특히, 연세대(국제 캠퍼스) 추천형은 1단계에 교과 100%로 5배수를 선발하여, 2단계에서 1단계 성적 60%와 면접 40%를 합산하여 최종 합격자를 선발한다. 약대 면접 중 유일하게 '제시문기반 면접'을 실시하므로 1단계만 통과한다면 면접 변별력이 있다.

동국대(바이오메디 캠퍼스) 학교장추천인재전형은 수능 최저 없이 교과 70%와 서류종합평가 30%를 합산하여 3명을 최종 선발한다. 모집인원도 적은 데다가 이수단위를 반영하지 않고 국어, 수학, 과학, 영어, 한국사 과목에서 석차등급 상위 10과목만을 반영하기 때문에 지원자들의 내신 합격선은 1점대로 매우 높고 동점자도 다수 발생한다. 이 때문에 서류종합평가 30%가 당락을 좌우한다.

지방 소재 대학교들이 해당 지역 거주 학생을 일정 비율 이상 선발하도록 강제하는 '지역인재전형'은 교과전형으로 236명을 모집한다. 지역인재전형은 일반전형에 비해 상대적으로 낮은 경쟁률과 낮은 합격선을 보이기 때문에 지방의 지원자격을 갖춘 학생이라면 적극적으로 지원해야 한다. 지방 대학의 지역인재전형 모집인원이 많을 뿐만 아니라 수도권 지원자와 경쟁을 피할 수 있기 때문이다.

다만, 강원대, 목포대, 순천대, 우석대, 전남대, 전북대, 제주대, 조선대, 충북대 등의 수능 최저 기준은 일반전형에 비해 낮게 설정돼 있기 때문에 합격선이 더 높게 형성될 수 있다는 점도 유의해야 한다.

약학대학 통합 6년제 선발 첫 해 교과전형 경쟁률과 합격선은 기존 자연계열 최상위 평균 입결을 가뿐히 추월했다. 약대 진학의 긴 여정을 떠나는 수험생들의 분발이 요구되는 이유다.

지역	대학명	전형명	모집인원	전형방법	수능 최저학력기준
서울	경희대	지역균형	4	학생부 교과·비교과(출결·봉사) 70+교과종합평가30	국, 수(미/기), 영, 과(1)[6] 중 3개 합 4등급
	덕성여대	학생부100%	15	학생부교과100	국, 수(미/기), 영, 과(2) 중 3개 합 6등급 수(미/기) 포함
	동덕여대	학생부 교과우수자	24	학생부교과100	국, 수(미/기), 과(2) 중 2개 합 4등급 영어 제외
	삼육대	일반	4	1단계(5배수): 학생부교과100 2단계: 1단계60+면접40	국, 수, 영, 탐(1) 중 3개 합 5등급 인문계 지원 가능
	삼육대	학생부 교과우수자	8	학생부교과100	국, 수, 영, 탐(1) 중 3개 합 5등급 인문계 지원 가능
	숙명여대	지역균형선발	5	학생부교과100	국, 수(미/기), 영, 과(1) 중 3개 합 5등급 수(미/기) 포함
	중앙대	지역균형	6	학생부교과70+비교과30	국, 수(미/기), 영, 과(1) 중 4개 합 5등급
인천	가천대 (메디컬)	지역균형	3	1단계(6배수): 학생부교과100 2단계: 1단계50+면접50	국, 수(미/기), 영, 과(2, 절사) 중 3개 합 5등급
	연세대 (국제)	수천형	6	1단계(5배수): 학생부교과100 2단계: 1단계60+면접40	없음
경기	가톨릭대	지역균형전형	5	학생부교과100	국, 수(미/기), 영, 과(1) 중 3개 합 5등급
	동국대 (바이오메디)	학교장 추천인재	3	학생부교과70+서류종합평가30	없음

---

6 '과(1)'은 과학탐구 1개 과목 선택, '과(2)'는 과학탐구 2개 과목 선택의 약자.

지역	대학명	전형명	모집 인원	전형방법	수능 최저학력기준
경기	차의과대	CHA 지역균형선발	4	학생부교과100	국, 수(미/기), 사/과(2) 중 3개 합 6 등급 영어 제외
		CHA 학생부교과	4	1단계(4배수): 학생부교과100 2단계: 1단계70+면접30	국, 수(미/기), 사/과(2) 중 3개 합 6 등급 영어 제외
	한양대 (ERICA)	지역균형	5	학생부교과100	국, 수(미/기), 영, 과(1) 중 3개 합 5등급
강원	강원대	일반	15	학생부교과100	국, 수(미/기), 과1, 과2 중 3개 합 7등급 수(미/기)와 과1 과목을 필수 반영 - 영어 2등급 이내 - 과학탐구는 다른 과목이어야 하고 동일 과목의 Ⅰ,Ⅱ는 안 됨
세종	고려대 (세종)	학생부교과	6	1단계(5배수): 학생부교과100 2단계: 서류평가80+면접20	국, 수, 영, 과(2) 중 3개 합 5등급
대전	충남대	일반	17	학생부교과100	수(미/기), 영, 과(2) 중 3개 합 5등급 국어 제외
충북	충북대 (약학과)	학생부교과	4	학생부교과100	국, 수(미/기), 영, 과(2) 중 3개 합 7등급 수(미/기) 포함
	충북대 (제약학과)	학생부교과	4	학생부교과100	국, 수(미/기), 영, 과(2) 중 3개 합 7등급 수(미/기) 포함
대구	경북대	교과우수자	10	학생부교과100	국, 수(미/기), 영, 과(2, 절사) 중 3개 합 5등급
	계명대 (약학과)	일반	4	학생부교과100	국, 수(미/기), 영, 과(1) 중 3개 합 5등급
	계명대 (제약학과)	일반	4	학생부교과100	국, 수(미/기), 영, 과(1) 중 3개 합 5등급
경북	대구 가톨릭대	교과우수자	10	1단계(7배수): 학생부교과100 2단계: 1단계80+면접20	국, 수(미/기), 영, 과(1) 중 3개 합 5등급
	영남대	일반학생	17	학생부교과100	국, 수(미/기), 영, 과(1) 중 4개 합 6등급

지역	대학명	전형명	모집 인원	전형방법	수능 최저학력기준
부산	경성대	일반계고 교과	15	학생부교과100	국, 수(미/기), 영, 과(1) 중 3개 합 5등급
경남	경상국립대	일반	8	학생부교과100	국, 수(미/기), 영, 과(1) 중 3개 합 6등급 수(미/기) 포함
	인제대	약학	9	1단계(5배수): 학생부교과100 2단계: 1단계80+면접20	국, 수(미/기), 영, 과(1) 중 4개 합 9등급
광주	전남대	일반	9	학생부교과100	국, 수(미/기), 영, 과(1) 중 3개 합 6등급
	조선대	일반	21	학생부교과90+출결10	국, 수(미/기), 영, 과(1) 중 3개 합 6등급
전남	목포대	교과일반	6	학생부교과90+출결10	국, 수(미/기), 영, 과(1) 중 3개 합 6등급
전북	우석대	교과중심	16	학생부교과90+출결10	국, 수(미/기), 영, 과(2) 중 3개 합 7등급 수(미/기) 포함
	전북대	일반학생	4	학생부100	국, 수(미/기), 영, 과(1) 중 3개 합 7등급 수(미/기) 포함
제주	제주대	일반학생	10	학생부교과100	국, 수(미/기), 영, 과(2, 절사) 중 3개 합 7등급 수(미/기) 포함
합계			285		

지역	대학명	전형명	모집 인원	전형방법	수능 최저학력기준
강원	강원대	지역인재	11	학생부교과100	국, 수(미/기), 과1, 과2 중 3개 합 8등급 수(미/기)와 과1 과목을 필수 반영 - 영어 2등급 이내 - 과학탐구는 다른 과목이어야 하고 동일 과목의 Ⅰ, Ⅱ는 안 됨
세종	고려대 (세종)	지역인재	9	학생부교과100	국, 수, 영, 과(2) 중 3개 합 5등급
대전	충남대	지역인재	8	학생부교과100	수(미/기), 영, 과(2) 중 3개 합 5등급 국어 제외
충북	충북대 (약학과)	지역인재	4	학생부교과100	국, 수(미/기), 영, 과(2) 중 3개 합 8등급 - 수(미/기) 포함
	충북대 (제약학과)	지역인재	4	학생부교과100	국, 수(미/기), 영, 과(2) 중 3개 합 8등급 - 수(미/기) 포함
대구	계명대 (약학과)	지역인재	6	학생부교과100	국, 수(미/기), 영, 과(1) 중 3개 합 5등급
	계명대 (제약학과)	지역인재	6	학생부교과100	국, 수(미/기), 영, 과(1) 중 3개 합 5등급
경북	영남대	지역인재	25	학생부교과100	국, 수(미/기), 영, 과(1) 중 4개 합 6등급
	대구 가톨릭대	지역교과 우수자	15	1단계(7배수): 학생부교과100 2단계: 1단계80+면접20	국, 수(미/기), 영, 과(1) 중 3개 합 5등급
부산	경성대	지역인재	15	학생부교과100	국, 수(미/기), 영, 과(1) 중 3개 합 5등급

---

7   지역인재전형.
    2014년 '지역인재전형'이라고 하는 전형이 새로 만들어졌다. '지방 대학 및 지역 균형 인재 육성에 관한 법률'에 근거하는 전형인데, 지방 소재 대학교들이 해당 지역 거주 학생을 일정 비율 이상 선발하도록 강제하는 전형이다.
    ※ 「초·중등교육법」 제2조에 따른 고등학교 외 고교 졸업 동등 학력자는 지원자격에서 제외함(영재학교는 지원자격에서 제외함).

지역	대학명	전형명	모집인원	전형방법	수능 최저학력기준
	부산대	지역인재	10	학생부교과100	국, 수(미/기), 영, 과(1) 중 3개 합 4등급 수(미/기) 포함
경남	인제대	지역인재	9	1단계(5배수): 학생부교과100 2단계: 1단계80+면접20	국, 수(미/기), 영, 과(1) 중 4개 합 9등급
	경상국립대	지역인재	7	학생부교과100	국, 수(미/기), 영, 과(1) 중 3개 합 6등급 - 수(미/기) 포함
광주	전남대	지역인재	27	학생부교과100	국, 수(미/기), 영, 과(1) 중 3개 합 7등급
	조선대	지역인재	24	학생부교과90+출결10	국, 수(미/기), 영, 과(1) 중 3개 합 7등급
전남	목포대	지역인재[8]	9	학생부교과90+출결10	국, 수(미/기), 영, 과(1) 중 3개 합 7등급
	순천대	지역인재	10	학생부교과100	수(미/기), 과(2), 국 또는 영 중 3개 합 7등급 수(미/기) 포함 과(2) 포함
전북	우석대	지역인재	12	1단계(4배수): 학생부교과90+출결10 2단계: 1단계70+면접30	국, 수(미/기), 영, 과(1) 중 3개 합 7등급 수(미/기) 포함
	전북대	지역인재	15	학생부교과100	국, 수(미/기), 영, 과(1) 중 3개 합 7등급 수(미/기) 포함
제주	제주대	지역인재	10	학생부교과100	국, 수(미/기), 영, 과(2, 절사) 중 3개 합 7등급 수(미/기) 포함
합계			236		

8   호남권(전라남도, 전라북도, 광주광역시) 소재 고등학교 졸업(예정)자
(단, 입학일로부터 졸업일까지 호남권 소재 고등학교에 재학해야 하며, 약학과는 전라남도, 광주광역시에 한함)에 따른 고등학교 외 고교 졸업 동등 학력자는 지원자격에서 제외함(영재학교는 지원자격에서 제외함).

CHAPTER 03

약학과 학생부종합전형

부천시 S고등학교 3학년 O학생은 약학과를 종합전형으로 지원하려고 한다. 내신 성적은 2학년까지 1.6등급 정도이지만, 약학과의 비전을 알고 1학년 때부터 생명과학, 화학, 수학 전공적합성 활동을 착실히 준비해왔기 때문이다. 종합전형은 내신 성적만을 정량적으로 판단하지 않기 때문에 3학년 때도 관련 교과 활동을 허투루 하는 법이 없다.

2023학년도 수시모집 중 약학과 종합전형은 29개 대학에서 일반전형[9](지역균형전형 포함, 지역인재전형·고른기회전형 제외) 335명, 지역인재전형 54명 총 389명을 선발한다. 교과전형 521명보다 132명 더 적은 인원을 선발한다.

지역별로는 수도권이 262명, 지방이 127명으로 교과전형과는 달리 수도권 약대의 종합전형 선발 비율이 지방 약대보다 매우 높은 것이 특징이다.

모집인원이 가장 많은 첫 번째 전형은 성관관대 학과모집전형과 이화여대 미래인재전형으로 30명을 선발한다. 성균관대는 학과모집전형에서 30명을 수능 최저 없이 모집한다. 이화여대는 미래인재전형 약학과에서 20명, 미래산업약학과에서 10명 총 30명을 모집한다. 약학과의 수능 최저는 국어, 수학, 영어, 과탐(1과목) 4개 등급 합 5이내다. 미래산업약학과의 수능 최저는 국어, 수학, 영어, 사탐/과탐(1과목) 4개 등급 합 5이내다. 세 번째는 서울대 일반전형 29명이며, 수능 최저는 없다. 네 번째는 덕성여대 덕성인재전형I 25명이며, 수능 최저는 없다. 다섯 번째는 경희대 네오르네상스 20명이며, 2022학년도 있었던 수능 최저가 2023학년도에는 적용되지 않는다.

종합전형은 교과전형과는 달리 일반전형 강원대, 경희대, 경상국립대, 덕성여대, 동국대(바이오메디 캠퍼스), 서울대, 성균관대, 숙명여대, 중앙대, 충북대, 한양대(ERICA) 11개 대학에서 182명을 수능 최저 없이 선발한다.

---

9 본고에서는 학생부종합전형의 '일반전형'을 특별한 자격 없이 지원이 가능한 '학생부종합전형'과 '지역균형전형(일명 학교장추천전형)' 두 전형을 포함한 명칭으로 사용하며, 고른기회전형은 따로 나누어 정리함.

수능 최저가 없는 대학의 종합전형 내신 합격선은 교과전형 못지않게 높을 것으로 보인다. 반면, 수능 최저가 가장 높은 대학은 이화여대로 4개 등급 합 5 이내다. 수능 최저 적용 여부는 지원 유·불리를 가르는 핵심 고려 요소 중 하나다.

약대 지원집단의 특성을 감안하면, 수능 최저가 높지 않은 대학은 수능 최저를 통과해도 내신 성적이 크게 낮아지지 않을 수 있다. 화학, 생명과학, 수학 등 전공적합성 활동이 아무리 잘 갖춰져 있어도 합격선이 1.7은 넘지 않는 경우가 대부분이다. 남은 기간 내신 성적 향상에 최선을 다해야 할 이유다. 약학과와 연계된 교과 성적과 연계 활동이 우수하지 않다면, 수능 최저가 높은 대학을 지원하는 것이 현명한 전략이다. 비교과 활동이 거의 없다면 내신 성적이 아무리 우수하더라도 합격은 쉽지 않으므로 교과전형이나 수능전형에 지원하는 것이 알맞다.

단계별 전형을 실시하는 대학은 일반전형 기준으로 가톨릭대, 가천대(메디컬 캠퍼스), 강원대, 경상국립대, 경희대, 단국대(천안), 동국대(바이오메디 캠퍼스), 삼육대, 서울대(일반전형, 지역균형), 숙명여대(숙명인재Ⅱ 면접형), 순천대, 아주대, 연세대(국제 캠퍼스), 원광대, 전남대, 전북대, 조선대, 중앙대(다빈치형인재), 충남대, 차의과대 총 20개 대학이다.

변수는 면접이다. 단계별 전형은 1단계 서류평가를 통과하면 수능 최저 미충족자를 고려하면 합격할 가능성이 높아지므로 대학별 면접 유형에 맞게 미리미리 대비를 철저히 해야 한다. 특히, 서울대(일반전형), 연세대(국제캠퍼스, 활동우수형)은 '제시문기반 면접'을 치르므로 변별력이 높다. 종합전형이면서 면접이 없는 대학은 대구가톨릭대, 덕성여대, 성균관대, 이화여대, 중앙대(탐구형인재), 충북대, 한양대(ERICA) 총 7개 대학이 있다.

자기소개서를 제출하는 대학을 지원한다면, 1학기 1차 지필평가 이후 짬이 날 때 자기소개서를 미리 준비할 것을 권한다. 자기소개서를 작성하다 보면, 부족한 활동이 보이기 때문이다.

약학대학 통합 6년제 선발 첫 해 종합전형 경쟁률과 합격선은 교과전형 못지않게 높게 치솟았다. 종합전형을 잘못 이해하고 일회성 활동을 많이 나열하기보다는 실험 하나라도 진득하게 매조지길 권한다. 활동의 양보다는 진정성 있는 활동 하나가 고만고만한 학생부들 사이에서 더욱 빛날 것이기 때문이다.

지역	대학명	전형명	모집인원	전형방법	수능 최저학력기준
서울	경희대	네오르네상스	14	1단계(3배수): 서류100 2단계: 1단계70+면접30	없음
	덕성여대	덕성인재 I	25	서류100	없음
	삼육대	재림교회 목회자추천	3	1단계(4배수): 서류100 2단계: 1단계60+면접40	국, 수, 영, 탐(1) 중 3개 합 5등급 - 인문계 지원 가능
	삼육대	세움인재	3	1단계(4배수): 서류100 2단계: 1단계60+면접40	국, 수, 영, 탐(1) 중 3개 합 5등급 - 인문계 지원 가능
	서울대	지역균형	8	1단계(3배수): 서류100 2단계: 1단계70+면접30	국어, 수(미/기), 영어, 과(2)[10] 중 3개 합 7등급 - 과탐 2개 과목을 서로 다른 분야의 I+II 또는 II+II 조합으로 응시해야 함
	서울대	일반	29	1단계(2배수): 서류100 2단계: 1단계50+면접 및 구술50	없음
	성균관대	학과모집	30	서류100	없음
	숙명여대	숙명인재 II (면접형)	22	1단계(4배수): 서류100 2단계: 1단계60+면접40	없음
	이화여대 (약학)	미래인재	20	서류100	국, 수(미/기), 영, 과(1) 중 4개 합 5등급
	이화여대 (미래산업약 학)	미래인재	10	서류100	국, 수, 영, 사/과(1) 중 4개 합 5등급 - 인문계 지원 가능
	중앙대	다빈치형인재	12	1단계(3.5배수): 서류100 2단계: 1단계70+면접30	없음
	중앙대	탐구형인재	15	서류100	없음
인천	가천대 (메디컬)	가천의약학	12	1단계(4배수): 서류100 2단계: 1단계50+면접50	국, 수(미/기), 영, 과(2, 절사) 중 3개 합 5등급
	연세대 (국제)	활동우수형	6	1단계(2배수): 서류100 2단계: 1단계60+면접40	국, 수(미/기), 과(2) 중 국 또는 수(미/기) 포함 2개 1등급 - 영어 3등급 이내

---

10 '과(1)'은 과학탐구 1개 과목 선택, '과(2)'는 과학탐구 2개 과목 선택의 약자.

지역	대학명	전형명	모집인원	전형방법	수능 최저학력기준
경기	가톨릭대	학교장추천	10	1단계(4배수): 서류100 2단계: 1단계70+면접30	국, 수(미/기), 영, 과(1) 중 3개 합 5등급
	동국대 (바이오 메디)	Do Dream	9	1단계(4배수): 서류100 2단계: 1단계70+면접30	없음
	아주대	아주ACE	15	1단계(3배수): 서류100 2단계: 1단계70+면접30	국, 수(미/기), 영, 과(2) 중 4개 합 7등급
	차의과대	CHA 학생부종합	10	1단계(3배수): 서류100 2단계: 1단계70+면접30	국, 수(미/기), 사/과(2) 중 3개 합 5등급
	한양대 (ERICA)	일반	9	학생부종합평가100	없음
강원	강원대	미래인재	9	1단계(3배수): 서류100 2단계: 1단계70+면접30	없음
충남	충남대	PRISM	5	1단계(3배수): 서류100 2단계: 1단계70+면접30	수(미/기), 영, 과(2) 중 3개 합 6등급 - 국어 제외
	단국대 (천안)	DKU인재	8	1단계(3배수): 서류100 2단계: 1단계70+면접30	국, 수(미/기), 영, 과(2) 중 3개 합 6등급 - 수(미/기) 포함
충북	충북대 (약학과)	학생부종합 I	4	서류100	없음
	충북대 (약학과)	학생부종합 II	3	서류100	국, 수(미/기), 영, 과(2) 중 3개 합 8등급 - 수(미/기) 포함
	충북대 (제약학과)	학생부종합 I	4	서류100	없음
	충북대 (제약학과)	학생부종합 II	3	서류100	국, 수(미/기), 영, 괴(2) 중 3개 합 8등급 - 수(미/기) 포함
경북	대구 가톨릭대	종합인재	5	서류100	국, 수(미/기), 영, 과(1) 중 3개 합 6등급
경남	경상국립대	일반	3	1단계(3배수): 서류100 2단계: 서류80+면접20	국, 수(미/기), 영, 과(1) 중 3개 합 7등급 - 수(미/기) 포함
광주	전남대	고교생활 우수자	4	1단계(6배수): 서류100 2단계: 1단계70+면접30	국, 수(미/기), 영, 과(1) 중 3개 합 7등급
	조선대	일반	6	1단계(5배수): 서류100 2단계: 1단계70+면접30	국, 수(미/기), 영, 과(1) 중 3개 합 7등급

지역	대학명	전형명	모집 인원	전형방법	수능 최저학력기준
전남	순천대	일반학생	3	1단계(5배수): 서류100 2단계: 1단계70+면접30	수(미/기), 과(2), 국 또는 영 중 3개 합 7등급 - 수(미/기) 포함 - 과(2) 포함
전북	원광대	서류면접	14	1단계(5배수): 서류100 2단계: 1단계70+면접30	국, 수(미/기), 영, 과(2) 중 3개 합 7등급 - 수(미/기) 포함
	전북대	큰사람	2	1단계(4배수): 서류100 2단계: 1단계70+면접30	국, 수(미/기), 영, 과(2) 중 3개 합 7등급 - 수(미/기) 포함
	합계		335		

02 약학대학 수시모집 학생부종합전형 '지역인재전형' 선발방법

지역	대학명	전형명	모집 인원	전형방법	수능 최저학력기준
대구	경북대	지역인재	15	1단계(5배수): 서류평가100 2단계: 1단계70+면접30	국, 수(미/기), 영, 과(1) 중 3개 합 5등급
경남	경상국립대	지역인재	4	서류평가100	국, 수(미/기), 영, 과(1) 중 3개 합 7등급 - 수(미/기) 포함
부산	부산대	지역인재	16	1단계(4배수): 서류평가100 2단계: 1단계80+면접20	국, 수(미/기), 영, 과(1) 중 3개 합 4등급 - 수(미/기) 포함
전남	목포대	지역인재	3	1단계(6배수): 서류평가100 2단계: 1단계80+면접20	국, 수(미/기), 영, 과(1) 중 3개 합 7등급
전북	원광대	지역인재 (학생부종합_ 전북)	11	1단계(5배수): 서류평가100 2단계: 1단계70+면접30	국, 수(미/기), 영, 과(1) 중 3개 합 7등급 - 수(미/기) 포함
	원광대	지역인재 (학생부종합_ 광주전남)	5	1단계(5배수): 서류평가100 2단계: 1단계70+면접30	국, 수(미/기), 영, 과(1) 중 3개 합 7등급 - 수(미/기) 포함
	합계		54		

CHAPTER 04

약학과 논술전형

인천시 J고등학교 3학년 L학생은 약학과를 지원하고 싶지만, 내신성적도 부족하고 비교과활동도 적어서 고민이다. 수시모집 선택지가 매우 제한적이기 때문이다. 하지만 높은 경쟁률을 감수하고 논술전형을 지원하려고 한다.

약학과에서 수시모집 논술전형(부산대 지역인재전형 포함)[11]을 실시하는 대학은 8개 대학이며, 모집인원은 지방 16명, 수도권 51명 총 67명이다. 가톨릭대학교가 새롭게 약학과를 논술전형으로 5명을 모집한다. 중앙대가 22명을 모집하고, 그다음은 부산대가 지역인재전형으로 10명을 모집한다. 성균관대, 연세대(국제 캠퍼스)만 논술 100% 전형이며, 나머지 대학은 학생부 30%와 논술 70%를 반영한다. 8개 대학 중 연세대(국제 캠퍼스)만 수능 최저를 적용하지 않는다.

약학과 논술전형은 수능 최저가 없는 연세대(국제 캠퍼스)를 제외하고는 모두 높은 수능 최저를 두고 있으므로 합격의 첫 번째 관문은 수능 최저 충족이다. 수능 최저 관문을 통과하면 그다음에는 논술고사 성적이 합격을 좌우한다. 지원 대학의 논술 유형을 확인하고 기출문제 등을 풀어보는 등 미리 준비해놓는 것이 현명한 전략이다. 약학과 논술전형 대학별 모집인원이 중앙대 22명을 제외하고는 10명 이하이므로 치솟을 경쟁률은 감수하고 지원해야 한다. 따라서 동점자 처리기준과 학생부 반영방법도 꼭 확인해야 한다.

경희대는 논술우수자전형에서 8명을 모집한다. 수능 최저는 2022학년도 2개 영역 등급의 합이 5 이내에서 국어, 수학(선택과목은 미적분, 기하 중 1과목), 영어, 과학탐구(1과목) 중 3개 영역 등급의 합이 4 이내며, 한국사 5등급 이내다. 2022학년도에는 약학과가 자연계 수능 최저 적용을 받았지만, 2023학년도에는 의학계열 수능 최저 적용을 받기 때문에 기준이 높아졌다.

---

11   대학이 출제하는 논술고사를 주된 전형요소로 반영하는 전형 유형.

학생부 반영방법은 공통과목 및 일반선택과목은 국어, 영어, 수학, 과학 교과에 해당하는 전 과목을 반영한다. 진로선택과목은 국어, 영어, 수학, 과학 교과 중위 상위 4개 과목을 반영한다. 학생부 교과는 2020년 2월~2022년 2월 국내 고등학교 졸업(예정)자는 국어, 수학, 영어, 과학 전체 과목의 석차등급을 반영한다. 1등급은 210점, 2등급은 207.9점, 3등급은 203.7점, 4등급은 197.4점, 5등급은 189점을 반영한다. 비교과는 코로나19 상황을 고려하여 일괄 만점 처리한다.

의학계 논술은 수학, 과학 각 4문항 내외가 출제되며, 고사시간은 120분이다. 수학(수학, 수학Ⅰ, 수학Ⅱ, 확률과 통계, 미적분, 기하)과 과학(물리학Ⅰ·Ⅱ, 화학Ⅰ·Ⅱ, 생명과학Ⅰ·Ⅱ)의 기본 개념에 대한 이해도와 응용력을 기반으로, 다양한 자연현상을 해석하고 논리적으로 설명하는 문제가 출제된다. 수학은 필수이고 과학은 물리학, 화학, 생명과학 중 한 과목 선택(물리학, 화학, 생명과학 과목은 고등학교 교육과정의 물리학Ⅰ·Ⅱ, 화학Ⅰ·Ⅱ, 생명과학Ⅰ·Ⅱ 범위 안에서 출제)이다. 의·약학계 논술에서는 특정 과학지식뿐만 아니라, 통합적인 사고 능력과 실제 상황에 적용하는 활용 능력을 종합적으로 평가한다. 약학과는 2022학년도와 달리 2023학년도에는 자연계 논술이 아닌 의학계 논술을 치르는 점이 눈에 띈다.

고려대(세종 캠퍼스)는 2021학년도까지 적성고사를 실시했지만, 2022학년도부터는 논술전형을 실시했다. 2023학년도에는 2022학년 10명에서 4명이 줄어서 6명을 모집한다. 수능 최저는 국어, 수학(선택과목은 미적분, 기하 중 1과목), 영어, 과학탐구(2과목) 중 3개 영역 등급의 합이 5 이내며, 탐구영역은 2개 과목 평균등급으로 반영한다.

학생부 반영방법은 국어, 영어, 수학, 과학 교과에 해당하는 전 과목을 공통과목·일반선택 90%, 진로선택 10% 반영한다. 교과성적은 30% 150점 만점이다. 1등급은 150점, 2등급은 149점, 3등급은 148점, 4등급은 147점, 5등급은 146점으로 그 편차가 크지 않다.

논술은 문제풀이형으로 노트 형식의 답안지에 작성하면 된다. 약학과는 수리논술Ⅱ 유형이며, 출제범위가 자연계 일반학과와 달리 수학, 수학Ⅰ, 수학Ⅱ, 확률과통계, 미적분, 기하로 수능 전 범위며, 3문항 내외가 출제되는데 문제별 소문항이 있다. 답안 유형은 논술형, 약술형, 풀이형으로 고사 시간은 90분이다.

동국대(바이오메디 캠퍼스)는 논술전형에서 6명을 모집한다. 수능 최저는 국어, 수학, 영어, 과학탐구(1과목) 중 3개 영역 등급의 합이 4 이내, 한국사 4등급 이내다. 단, 등급 합 산정 시 수학 또는 과학탐구 1개 이상 포함돼야 한다.

학생부반영방법은 국어, 수학, 사회, 과학, 영어, 한국사 교과에 해당하는 상위 10과목의 석차등급을 반영하며, 이수단위는 미적용한다. 교과는 최고점 200점, 기본점 100점으로 실질반영비율은 20%며, 1등급은 200점, 2등급은 199.4점, 3등급은 198.6점, 4등급은 198점, 5등급은 196점으로 편차가 크지 않다. 출결은 최고점 100점, 기본점 50점으로 실질반영비율 10%다.

논술은 수리논술 3개 문항(소문항 출제 가능, 문항 2개는 15줄 내외, 문항 1개는 27줄 내외)를 90분 동안 풀어야 한다. 수학 출제범위는 수학 교과의 공통과목 · 일반선택 · 기하를 반영한다.

성균관대는 논술우수전형에서 5명을 모집한다. 2022학년도 학생부(교과) 40%, 논술 60%에서 2023학년도 논술 100%로 선발 방법이 변경됐다. 수능 최저도 변경됐다. 국어, 수학, 영어, 과탐1, 과탐2 5개 과목 중 3개 등급 합 5등급 이내다.

논술은 2022학년도까지 수학과 과학을 함께 치렀지만 2023학년도부터는 수리논술만 치르는 점에 주목해야 한다. 고사시간은 100분이며, 분량 제한은 없다. 수능 응시자라면 문제 풀이가 가능한 난이도로 출제된다.

연세대(국제 캠퍼스)는 논술전형에서 학생부 반영 없이 논술 100%로 5명을 모집한다. 수능 최저도 적용하지 않는다. 학생부와 수능 최저 둘 다 반영하지 않기 때문에 극강의 경쟁률을 보이거나 기피현상이 심하거나 할 텐데 예측은 쉽지 않다. 2022학년도에는 수능 전에 논술을 치르기 때문에 다른 약학과에 비해서는 상대적으로 낮은 147.2대 1의 경쟁률을 보였다.

논술은 수학과목(60점), 과학과목(40점)으로 수학과목 출제범위는 수학, 수학 I, 수학 II, 확률과 통계, 미적분, 기하, 경제수학, 수학과제 탐구 포함이다. 과학과목은 물리학, 화학, 생명과학, 지구과학 중 각 모집단위별로 전공 특성을 반영한 지정된 과목(모집단위별 1~4과목)에서 1개 과목을 원서접수 시 선택하여 응시할 수 있다. 과학 II 수준까지 출제될 수 있다. 논술유형은 대학 수학에 필요한 기본 학업역량 및 논리력, 창의력, 종합적 사고력 등을 평가하기 위한 논술시험으로 150분간 치러진다.

중앙대는 논술전형에서 22명을 모집하여 모집규모가 가장 크다. 2023학년도에 2명이 늘었다. 수능 최저는 국어, 수학(선택과목은 미적분, 기하 중 1과목), 영어, 과학탐구(2과목 평균) 중 4개 영역 등급의 합이 5 이내, 한국사 4등급 이내다. 논술을 치르는 대학 중 가장 높은 수능 최저 수준이므로 우선 수능 최저 충족 여부를 면밀히 가늠하길 권한다.

학생부는 2022학년도 40%(교과20·비교과20)에서 2023학년도 학생부30%(교과20·비교과10)로 비중이 줄었다. 교과는 석차등급 상위 10개 과목을 반영하며, 진로선택과목은 반영하지 않는다. 10개 과목이 모두 1등급인 경우 20점, 2등급은 19.92점, 3등급은 19.84점, 4등급은 19.76점, 5등급은 19.68점으로 지원자의 내신 점수 편차는 거의 없을 뿐만 아니라 논술 한 문항으로도 충분히 뒤집을 수 있는 점수다. 비교과는 10%로 출결을 반영한다.

논술은 수리논술 3문항과 과학논술(생명과학, 물리, 화학 중 택 1) 1문항을 120분 동안 풀어야 한다. 수학 출제범위는 수학, 수학Ⅰ, 수학Ⅱ, 미적분, 기하다. 과학탐구 출제범위는 생명과학Ⅰ, Ⅱ, 화학Ⅰ, Ⅱ, 물리학Ⅰ, Ⅱ이며 통합과학도 포함된다.

부산대는 지역인재전형[12]에서 10명을 모집한다. 수능 최저는 국어, 수학(선택과목은 미적분, 기하 중 1과목), 영어, 과학탐구(1과목) 중 수학 포함 3개 영역 등급 합 4 이내, 한국사 4등급 이내다. 수능 최저에 수학이 포함되어 있어서 까다롭고 높은 편이다.

학생부는 30%(교과20+비교과10)를 반영한다. 국어, 영어, 수학, 과학, 한국사 교과 전 과목 석차등급, 성취도(진로선택과목 3과목 반영)를 이수단위 포함해서 반영한다. 1등급은 200점, 2등급은 198점, 3등급은 196점, 4등급은 194점, 5등급은 192점으로 편차가 크지 않다.

논술의 수학 출제범위는 공통문항과 선택문항이 있다. 공통문항은 수학, 수학Ⅰ, 수학Ⅱ, 미적분, 기하다. 선택문항 유형1은 수학, 수학Ⅰ, 수학Ⅱ, 미적분, 유형2는 수학, 수학Ⅰ, 수학Ⅱ, 기하다. 시험지 수령 후 응시문항을 선택하면 된다. 시험시간은 100분이다.

---

12 지역인재전형
국내 정규 고등학교 졸업(예정)자로서 입학부터 졸업까지 부산, 울산, 경남 지역에 소재하는 고등학교에서 전 교육과정을 이수한 자(2학년 수료예정자 중 상급학교 조기입학 자격을 부여 받은 경우 포함)
※ '초·중등교육법' 제2조에 따른 고등학교 외 고교 졸업 동등 학력자는 지원자격에서 제외함(영재학교는 지원자격에서 제외함).

가톨릭대는 2023학년도 논술전형에서 약학과 5명을 새롭게 모집한다. 다양한 전형에서 약학과 지원자를 선발해야 한다는 요구와 의학계열인 의예과와 간호학과에서 논술전형이 실시되고 있어서 균형을 맞춘 측면도 있다. 수능 최저는 국어, 수학(선택과목은 미적분, 기하 중 1과목), 영어, 과학탐구(1과목) 중 3개 영역 등급의 합이 5 이내다.

학생부 반영방법은 국어, 영어, 수학, 한국사, 사회, 과학 교과의 전 과목 석차등급을 이수단위 포함해서 반영한다. 진로선택과목은 반영하지 않는다. 학생부 교과 명목반영률은 30%지만, 실질 반영비율은 13.4%에서 11.4%로 낮아졌다. 반면, 논술의 실질반영비율은 86.6%에서 88.6%로 높아졌다. 학생부 교과 석차등급별 배점은 1등급은 100점, 2등급은 99점, 3등급은 98점, 4등급은 97점, 5등급은 96점으로 편차가 크지 않다. 비교과는 반영하지 않는다.

논술은 수학 3문항을 90분 동안 풀어야 한다. 기하는 출제되지 않는다. 수능 이후 논술고사가 치러진다.

끝으로, 약학과를 논술전형으로 선발하는 인원이 8개 대학 67명에 불과해 경쟁이 치열하지만, 학생부 교과와 비교과가 부족한 학생은 다른 대안 전형이 없다. 그렇다면 사상 최고의 경쟁률을 감당해야만 한다. 2022학년도 성균관대는 5명 모집에 3,332명이 몰려 666.4대 1의 경쟁률을 기록했다. 지원자의 학생부 교과 성적 편차는 거의 없으며, 비교과는 영향력이 없기 때문에 수능 최저와 논술 성적이 합격의 열쇠다. 실제 사례를 살펴보면, 2022학년도 중앙대 수시모집 논술전형 약학부의 경우 20명 모집에 2,945명이 지원했으며, 최초 경쟁률은 147.3대 1이었지만, 수능 최저를 통과한 실질 경쟁률은 3.1대 1에 불과했다.

논술전형은 수리논술을 치르는 대학과 수리논술과 과학논술을 함께 치르는 대학으로 나뉜다. 즉, 과학논술 가능여부가 중요한 지원 기준이 된다. 2022학년도에는 경희대, 고려대(세종), 동국대, 부산대는 수리논술만 치렀고, 성균관대, 연세대, 중앙대는 수리논술과 과학논술을 함께 치렀다. 반면, 2023학년도에는 성균관대는 수리 논술만 실시하며, 경희대는 수리논술과 과학논술을 함께 치른다.

약학과 논술전형은 연세대만 수능 최저를 두지 않고 나머지 대학들은 높은 수능 최저를 적용하고 있다. 따라서 정시모집 포석을 두고 수시 지원하기를 바란다.

약학대학 수시모집 논술전형 선발방법

지역	대학명	전형명	모집인원	전형방법	수능 최저 학력 기준	경쟁률 (2022학년도)	논술 고사
서울	경희대	논술우수자 전형	8	학생부30[교과70•비교과30 (출결•봉사)]+논술70	국, 수(미/기), 영, 과(1)[13] 중 3개 합 4등급	431.63	수능 후
	성균관대	논술우수	5	논술100	국, 수, 영, 과1, 과2 중 3개 합 5등급	666.4	수능 후
	중앙대	논술전형	22	학생부30[교과20•비교과10 (출결)]+논술70	국, 수(미/기), 영, 과(2) 중 4개 합 5등급	147.25	수능 후
경기	가톨릭대	논술전형	5	학생부30(교과)+논술70	국, 수(미/기), 영, 과(1) 중 3개 합 5등급	2023 학년도 신설	수능 후
	동국대 (바이오 메디)	논술전형	6	학생부30(교과20•출결10)+ 논술70	국, 수, 영, 과(1) 중 3개 합 4등급 - 수 또는 과(1) 포함	583.5	수능 후
인천	연세대 (국제)	논술전형	5	논술100	없음	147.2	수능 전
세종	고려대 (세종)	논술전형	6	학생부30(교과)+논술70	국, 수(미/기), 영, 과(2) 중 3개 합 5등급	408.9	수능 후
부산	부산대	지역인재전형	10	학생부30(교과20•비교과10) +논술70	국, 수(미/기), 영, 과(1) 중 3개 합 4등급 - 수(미/기) 포함	74.50	수능 후
합계			67				

---

13 '과(1)'은 과학탐구 1개 과목 선택, '과(2)'는 과학탐구 2개 과목 선택의 약자.

CHAPTER 05

약학과 정시모집

서울시 A 고등학교 2학년 J학생은 신종플루, 메르스, 코로나19를 경험하면서 백신, 신약 개발에 줄곧 관심을 가져왔다. 특히 넷플릭스 드라마 〈킹덤〉을 즐겨 보면서 약학과 진학 꿈이 확고해졌다. 하지만 요즘 고민이 많다. 약대를 지원하고 싶지만, 코로나19 팬데믹 상황 때문에 비교과 활동 준비가 여의치 않고 내신 성적 관리도 실패했기 때문이다. 그렇다고 약학과 꿈을 버릴 수 없다면, 정시모집 수능 준비에 최선을 다할 것을 권하고 싶다.

약학과 정시모집 모집인원은 일반전형(지역인재전형·고른기회전형 제외) 기준으로 지방 264명, 수도권 438명 총 702명으로 수시모집 못지않게 많은 인원을 선발한다. 수도권 선발 비율이 매우 높은 것이 특징이다. 지역인재전형 61명까지 합치면 763명을 정시모집에서 선발한다.

아주대, 서울대를 제외하고는 모든 대학이 수능 100%로 전형방법이 동일하다. 아주대는 일반전형3에서 1단계(10배수) 수능 100%, 2단계 1단계 95%+인성면접 5%로 최종 합격자를 결정한다. 약학대학에서 면접을 보는 유일한 대학이다. 서울대는 지역균형전형에서 수능 60점과 교과평가 40점을 합산하여 최종 합격자를 선발한다.

일반전형을 기준으로 군별로 나눠보면, 가군 17개 대학 294명, 나군 16개 대학 349명, 다군 5개 대학 59명으로 다군 인원이 매우 적어서 가군과 나군에 합격 전략을 세우는 것이 현명한 전략이다. 다군 선발대학인 계명대(약학), 삼육대, 순천대, 아주대, 제주대 경쟁률이 치열할 것은 불 보듯 뻔하다.

가군의 주요 약대는 가톨릭대, 성균관대, 연세대, 중앙대가 있으며, 나군 경희대, 서울대, 이화여대, 부산대, 다군 아주대가 포진해 있다. 2023학년도에는 경희대와 동국대가 가군에서 나군으로, 고려대(세종)가 나군에서 가군으로 모집군을 이동했다. 가군 가톨릭대(10명), 중앙대(65명), 덕성여대(40명), 성균관대(30명), 나군 이화여대(90명), 숙명여대

(53명), 서울대(26명), 다군 아주대(15명) 모집인원도 중요한 선택기준이다.

정시 모집인원이 가장 많은 대학은 이화여대다. 나군에서 약학전공 70명과 미래산업약학전공 20명 등 총 90명이다. 중앙대 65명, 숙명여대 53명, 덕성여대 40명, 성균관대 30명 등도 수도권 대학 중에 정시모집 선발인원이 많다. 반면, 경북대(가군, 5명), 계명대(제약학과 가군, 5명), 계명대(약학과 다군, 5명), 고려대(세종 가군, 9명), 전북대(나군, 9명)는 10명 미만의 인원을 정시로 선발한다.

가군 인제대 약학과 정원내 12명(인문계열 3명, 자연계열 9명으로 구분해 선발), 나군 이화여대 미래산업약학전공 정원 내 20명, 다군 삼육대 약학과 정원 내 12명은 인문계 학생도 지원이 가능하다. 즉, 이 세 대학 약학과를 지원하는 인문계 학생은 확률과통계, 사탐 선택이 가능하다.

정시모집 지역인재전형에서는 6개 대학에서 61명을 모집한다. 정시모집 일반전형에 비해 상대적으로 합격선이 낮으므로 지역 학생들은 정시모집 일반전형보다는 지역인재전형에 지원하는 것이 유리하다.

정시모집 고른기회전형(농어촌전형 제외)에서 46명, 농어촌전형에서 15명을 선발한다. 정시모집 고른기회전형과 농어촌전형 자격기준을 가지고 있는 학생 중 수능 우수자가 많지 않기 때문에 정시모집 고른기회전형과 농어촌전형은 대박 전형 가능성이 매우 높다.

정리하면, 약학과 대입전략 핵심은 군별 모집대학의 다양한 역학관계를 파악하고 지원전략을 설계하는 것이다. 2022학년도에 새롭게 형성된 합격선은 반드시 확인해야 한다. 실제 사례를 살펴보면, 2022학년도 부산대 정시모집 수능전형 약학부의 경우 28명 모집에 195명이 지원해서 6.96대 1이었다. 최종등록자 수능 등급 평균은 1.54, 70%는 1.63이었다. 충원합격은 24명이었다.

약학과 통합 6년제 선발대학이 현재 37개로 많고 수도권 주요 사립대뿐만 아니라 지역 거점 국립대 등 지역적 분포도 다양하다. 약학과 지원자는 의예과, 치의예과, 수의예과, 화학·생명교과군 학과, 초등교육학과 지원자와도 겹치므로 군별로 다양한 지원조합을 예상할 수 있다. 과학탐구영역 1과목만을 반영하는 대구가톨릭대, 목포대, 조선대 그리고 국어 또는 영어를 선택할 수 있는 순천대는 경쟁률이 높다는 점도 유의해야 한다.

모집군	대학명	전형명	모집 인원	전형 방법	수능 활용지표	수능 영역별 반영 비율	수능 최저학력기준
가	가천대	일반전형 I	15	수능100	백	국 25 + 수(미/기) 30 + 영 20 + 과(2)[14] 25	-
	가톨릭대	일반	10	수능100	표+백[15]	국 30 + 수(미/기) 40 + 과(2) 30	-
	강원대	일반	15	수능100	백	국 20 + 수(미/기) 30 + 영 20 + 과(2) 30	-
	경북대	일반학생	5	수능100	표+백	국 25 + 수(미/기) 37.5 + 영 12.5 + 과(2) 25	-
	경상 국립대	일반	4	수능100	표	국 25 + 수 30 + 영 20 +과(2) 25	수(미/기) 10%, 과탐 I 2과목 응시자 5%, 과탐 I, II 2과목 응시자 10% 가산
	경성대	일반	20	수능100	표+백	국 25 + 수(미/기) 30 + 영 20 + 과(2) 25	-
	계명대 (제약)	일반	5	수능100	백	국 25 + 수(미/기) 25 + 영 25 + 과(2) 25	-
	고려대 (세종)	일반	9	수능100	표+백	국 16.7 + 수 33.3 + 영 33.3 + 과(2) 16.7	-
	단국대 (천안)	일반학생	22	수능100	표+백	국 20 + 수(미/기) 40 + 영 15 + 과(2) 25	과II 5% 가산
	덕성여대	일반	40	수능100	백	국 20 + 수(미/기) 30 + 영 25 + 과(2) 25	-
	목포대	일반	10	수능100	백	국 30(선택) + 수(미/기) 40 + 영 30 + 탐(1) 30(선택) 수(미/기), 영 포함 국 또는 과(1) 선택	수(미/기) 10% 가산, 과탐 5% 가산
	성균관대	일반	30	수능100	표+백	국 30 + 수(미/기) 35 + 과(2) 35	-
	연세대 (국제)	일반	12	수능100	표+백	국 22.2 + 수(미/기) 33.3 + 영 11.1 + 과(2) 33.3	-
	인제대	수능 우수자	12	수능100	표	국 25 + 수 25 + 영 25 + 탐(2) 25 인문계 지원 가능	-
	조선대	일반	10	수능100	백	국 25 + 수(미/기) 35 + 영 25 + 과(1) 15	-

14 '과(1)'은 과학탐구 1개 과목 선택, '과(2)'는 과학탐구 2개 과목 선택의 약자.

15 '표'는 표준점수, '백'은 백분위 약자, '표+백'은 표준점수+백분위의 약자로, 과학은 백분위를 활용하여 해당 대학교에서 산출한
변환점수를 반영하는 방식을 활용하는 대학을 의미함.

모집군	대학명	전형명	모집인원	전형방법	수능활용지표	수능 영역별 반영 비율	수능 최저학력기준
	중앙대	일반	65	수능100	표+백	국 25 + 수(미/기) 40 + 과(2) 35	-
	충북대 (약학)	일반	5	수능100	표	국 20 + 수(미/기) 30 + 영 20 + 과(2) 30	-
	충북대 (제약)	일반	5	수능100	표	국 20 + 수(미/기) 30 + 영 20 + 과(2) 30	-
	경희대	일반	14	수능100	표+백	국 20 + 수(미/기) 35 + 영 15 + 과(2) 30	-
	대구 가톨릭대	일반	20	수능100	표	국 25 + 수(미/기) 25 + 영 25 + 과(1) 20	-
	동국대 (바이오메디)	일반	12	수능100	표+백	국 25 + 수(미/기) 30 + 영 20 + 과(2) 20 + 한국사 5	-
	동덕여대	수능우수자	16	수능100	백	국 25 + 수(미/기) 30 + 영 25 + 과(2) 20	-
	부산대	일반	12	수능100	표	국 20 + 수(미/기) 30 + 영 20 + 과(2) 30	-
	서울대	일반	16	수능100	표	국 33.3 + 수(미/기) 40 + 과(2) 26.7	-
	서울대	지역균형	10	수능60 +교과평가40	표	국 33.3 + 수(미/기) 40 + 과(2) 26.7	-
	숙명여대	일반학생	53	수능100	표+백	국 25 + 수(미/기) 35 + 영 20 + 과(2) 20	-
	영남대	일반학생	28	수능100	백	국 25 + 수(미/기) 35 + 영 10 + 과(2) 30	-
나	우석대	일반학생	12	수능100	백	국 20 + 수 30 + 영 20 + 과(2) 30	수(미/기) 10% 가산
	원광대	일반	10	수능100	표	국 28.57 + 수(미/기) 28.57 + 영 14.29 + 과(2) 28.57	-
	이화여대 (약학)	수능	70	수능100	표	국 25 + 수(미/기) 30 + 영 20 + 과(2) 25	-
	이화여대 (미래산업약학)	수능 (인/자)	20	수능100	표	국 30 + 수 25 + 영 20 + 사/과(2) 25 인문계 지원 가능	-
	전남대	일반	11	수능100	표	국 30 + 수(미/기) 40 + 과 30	-
	전북대	일반학생	9	수능100	표+백	국 30 + 수(미/기) 40 + 과(2) 30	-
	차의과학대	일반전형	12	수능100	표+백	국 20 + 수(미/기) 30 + 영 20 + 과(2) 30	화학II, 생명과학II 반영 시, 가산점 각 5% 부여
	충남대	일반	8	수능100	표	국 25 + 수(미/기) 45 + 과(2) 30	-
	한양대 (ERICA)	일반	16	수능100	표+백	국 25 + 수(미/기) 30 + 영 20 + 과(2) 25	-

모집군	대학명	전형명	모집 인원	전형 방법	수능 활용지표	수능 영역별 반영 비율	수능 최저학력기준
다	계명대 (약학)	일반	5	수능100	백	국 25 + 수(미/기) 25 + 영 25 + 과(2) 25	-
	삼육대	일반전형	12	수능100	백	국 25 + 수 30 + 영 25 + 탐(2) 20 인문계 지원 가능	수(미/기) 5%, 과탐 3% 가산
	순천대	일반학생	17	수능100	백	수(미/기)(33.3) + 과(2)(33.3) + (국 또는 영) 33.3 수(미/기), 과(2) 포함 국 또는 영 선택	수(미/기) 5점, 과탐 5점 가산
	아주대	일반전형 3	15	1단계:(10배수) 수능100 2단계:1단계 95+인성면접 5	표+백	국 20 + 수(미/기) 35 + 영 15 + 과(2) 30	-
	제주대	일반학생	10	수능100	백	국 20 + 수(미/기) 30 + 영 20 + 과(2) 30	수(미/기) 10%, 과탐 10% 가산
	합계		702				

모집군	대학명	전형명	모집 인원	전형 방법	수능 활용지표	수능 영역별 반영 비율	수, 과 가산점
가	경상국립대	지역인재	4	수능100	표	국 25 + 수 30 + 영 20 +과(2) 25	수(미/기) 10%, 과탐Ⅰ 2과목 응시자 5%, 과탐Ⅰ, Ⅱ 2과목 응시자 10% 가산
	조선대	지역인재	14	수능100	백	국 25 + 수(미/기) 35 + 영 25 + 과(1) 15	-
	충북대 (약학)	지역인재	5	수능100	표	국 20 + 수(미/기) 30 + 영 20 + 과(2) 30	-
	충북대 (제약)	지역인재	5	수능100	표	국 20 + 수(미/기) 30 + 영 20 + 과(2) 30	-
나	부산대	지역인재	12	수능100	표	국 20 + 수(미/기) 30 + 영 20 + 과(2) 30	-
	전남대	지역인재	9	수능100	표	국 30 + 수(미/기) 40 + 과(2) 30	-
	충남대	지역인재	12	수능100	표	국 25 + 수(미/기) 45 + 과(2) 30	-
합계			61				

모집군	대학명	전형명	모집인원	전형방법	수능활용지표	수능 영역별 반영 비율	수, 과 가산점
가	계명대(제약)	고른기회	2	수능100	백	국 25 + 수(미/기) 25 + 영 25 + 과(2) 25	-
가	연세대(국제)	한마음	3	수능100	표+백	국 22.2 + 수(미/기) 33.3 + 영 11.1 + 과(2) 33.3	-
가	중앙대	기초생활수급자 및 차상위계층	4	수능100	표+백	국 25 + 수(미/기) 40 + 과(2) 35	-
가	충북대(약학)	경제배려대상자	2	수능100	표	국 20 + 수(미/기) 30 + 영 20 + 과(2) 30	-
가	충북대(제약)	경제배려대상자	2	수능100	표	국 20 + 수(미/기) 30 + 영 20 + 과(2) 30	-
나	경희대	수급자 등	2	수능100	표+백	국 20 + 수(미/기) 35 + 영 15 + 과(2) 30	-
나	고려대(세종)	교육기회균등	3	수능100	표+백	국 16.7 + 수 33.3 + 영 33.3 + 과(2) 16.7	-
나	동국대(바이오메디)	기초생활수급자/차상위계층	3	수능100	표+백	국 25 + 수(미/기) 30 + 영 20 + 과(2) 20 + 한국사 5	-
나	동덕여대	기회균등	4	수능100	백	국 25 + 수(미/기) 30 + 영 25 + 과(2) 20	-
나	서울대	기회균형II 저소득	3	수능100	표+백	국 33.3 + 수(미/기) 40 + 과(2) 26.7	-
나	서울대	기회균형III 특수·북한	2	서류60+면접40	-	-	-
나	숙명여대	기회균형	6	수능100	표+백	국 25 + 수(미/기) 35 + 영 20 + 과(2) 20	-
나	우석대	기회균형	2	수능100	백	국 20 + 수 30 + 영 20 + 과(2) 30	수(미/기) 10% 가산
나	한양대(ERICA)	기회균형	3	수능100	표+백	국 25 + 수(미/기) 30 + 영 20 + 과(2) 25	-
다	계명대(약학)	고른기회	2	수능100	백	국 25 + 수(미/기) 25 + 영 25 + 과(2) 25	-
다	아주대	기초생활수급자, 차상위계층, 한부모가족지원대상자	3	1단계(10배수): 수능100 2단계: 수95+면접5	표+백	국 20 + 수(미/기) 35 + 영 15 + 과(2) 30	-
	합계		46				

모집군	대학명	전형명	모집인원	전형방법	수능활용지표	수능영역별 반영 비율	수, 과 가산점
가	계명대 (제약)	농어촌	1	수능100	백	국 25 + 수(미/기) 25 + 영 25 + 과(2) 25	-
가	연세대 (국제)	농어촌	2	수능100	표+백	국 22.2 + 수(미/기) 33.3 + 영 11.1 + 과(2) 33.3	-
나 (가→나)	경희대	농어촌	2	수능100	표+백	국 20 + 수(미/기) 35 + 영 15 + 과(2) 30	-
나 (가→나)	동국대 (바이오메디)	농어촌	2	수능100	표+백	국 25 + 수(미/기) 30 + 영 20 + 과(2) 20 + 한국사 5	-
나	우석대	농어촌	2	수능100	백	국 20 + 수 30 + 영 20 + 과(2) 30	수(미/기) 10% 가산
다	계명대 (약학)	농어촌	1	수능100	백	국 25 + 수(미/기) 25 + 영 25 + 과(2) 25	-
다	삼육대	농어촌	2	수능100	백	국 25 + 수 30 + 영 25 + 탐(2) 20 인문계 지원 가능	수(미/기) 5%, 과탐 3% 가산
다	아주대	농어촌	3	1단계(10배수): 수능100 2단계: 수95+면접5	표+백	국 20 + 수(미/기) 35 + 영 15 + 과(2) 30	-
	합계		15				

약학과 고른기회전형

부산시 D고등학교 3학년 K학생은 3년 동안 약학과 진학을 착실히 준비해왔지만, 수시모집 일반전형이 아닌 고른기회전형으로 지원하려고 한다. 내신 성적이 2학년까지 1.8등급 정도이고 수능 최저도 들쭉날쭉해서 일반전형에서는 승산이 없다고 판단했기 때문이다. 다행히 덕성여대 종합전형 고른기회전형 I의 자격조건에 기초생활수급자가 있고 수능 최저도 없다. 다른 대학에 비해 6명이나 뽑는 것도 매력적이다. 따라서 3학년 1학기 내신 성적도 올리고 약학과 연계활동에 최선을 다한 후 그 내용을 자기소개서에 녹여내려고 한다.

2023학년도 약학과 고른기회전형[16]은 수시모집은 145명, 정시모집은 61명 총 206명이다.

약학과 수시모집 고른기회전형[17]은 목포대 고른기회전형 2명, 연세대(국제) 기회균형 I 전형 1명[18]은 정원 내 전형인 것이 독특하다. 나머지 142명은 모두 정원 외 전형이다. 이 전형은 다른 전형에 비해 상대적으로 수능 최저가 있는 대학이 적다. 수시모집 고른기회전형 145명 중 93명은 수능 최저를 적용하고 52명은 적용하지 않는다. 당연히 수능 최저를 충족한다면 지원 기회는 늘어난다. 수능 공부를 끝까지 소홀히 해서는 안 되는 이유다. 강원대, 덕성여대, 부산대, 서울대, 성균관대, 연세대, 원광대, 인제대, 제주대, 중앙대, 충남대, 한양대(ERICA)는 수시모집 고른기회전형에 수능 최저가 없다.

---

16 본고에서는 '고른기회전형'의 정의를 농어촌전형이 포함된 개념으로 사용했다. 다만, 자료 활용도를 높이기 위해서 농어촌전형은 따로 나누어 정리함.

17 고른기회 특별전형은 교육기회의 불평등을 해소하기 위해 실시하는 전형으로, 이 전형의 지원자격은 국가보훈대상자, 장애인 등 대상자, 농어촌학생, 기초생활수급자, 차상위계층, 한부모가족 지원대상자, 특성화고교졸업자, 특성화고 등을 졸업한 재직자, 서해 5도 학생, 만학도, 지역인재 등이 있음.

18 연세대(국제) 기회균형 I 전형의 지원자격 중 하나인 농어촌학생의 경우 국내 정규 고등학교 졸업자 또는 졸업예정자에 한함. 다른 대학 농어촌전형의 경우 중·고등학교 6년이 농어촌전형 자격기준이지만, 이 전형은 고등학교 3년인 점이 특징.

고른기회전형은 모집인원이 적다는 약점이 있지만, 대체적으로 일반전형보다는 낮은 합격선이 형성된다. 수시모집 약학과의 높은 합격선이 예상되므로 내신이 상대적으로 부족한 수험생이라면 일반전형보다는 고른기회전형을 지원하는 것이 합격률을 높이는 비결이다.

약학과 정시모집 고른기회전형은 아주대(1단계(10배수) 수능100, 2단계 수능95+면접5)를 제외하고 수능 100%로 선발한다. 정시모집 약학과는 높은 합격선이 예상되므로 경상, 전라, 충청 지역 수험생이라면 일반전형보다는 고른기회전형을 지원하는 것이 합리적인 전략이다.

약학과 고른기회전형 중 농어촌전형은 수시모집에서 45명, 정시모집에서 15명 총 60명을 선발한다. 수시모집에서 수능 최저를 요구하는 대학은 가천대, 가톨릭대, 경북대, 경상국립대, 경성대, 고려대(세종), 대구가톨릭대, 순천대, 영남대, 우석대, 전남대, 차의과학대 총 12개 대학 32명이다.

01 | 약학대학 수시모집 '고른기회전형' 선발방법 (농어촌전형 제외)

대학명	유형	전형명	모집인원	전형방법	수능 최저학력기준
가천대	종합	교육기회균형	3	1단계(4배수): 서류100 2단계: 1단계50+면접50	국, 수(미/기), 영, 과(2, 절사) 중 3개 합 5등급
가톨릭대	종합	고른기회	3	서류100	국, 수(미/기), 영, 과(1) 중 3개 합 7등급
강원대	종합	저소득층학생	4	서류100	없음
경북대	종합	기초생활수급자	1	서류100	국, 수(미/기), 영, 과(2, 절사) 중 3개 합 6등급
경상국립대	종합	기초생활수급자등	3	서류100	국, 수(미/기), 영, 과(1) 중 3개 합 7등급 - 수(미/기) 포함
경성대	교과	저소득층	4	학생부교과100	국, 수(미/기), 영, 과(1) 중 3개 합 5등급

대학명	유형	전형명	모집인원	전형방법	수능 최저학력기준
단국대 (천안)	종합	기회균형	3	서류100	국, 수(미/기), 영, 과(2) 중 3개 합 6등급 - 수(미/기) 포함
대구 가톨릭대	교과	기회균형	4	학생부교과100	국, 수(미/기), 영, 과(1) 중 3개 합 6등급
덕성여대	종합	기초생활수급자 등	6	서류100	없음
목포대	교과	기초및차상위 계층자	2	학생부교과90+출석10	국, 수(미/기), 영, 과(1) 중 3개 합 8등급
		고른기회(정원 내)	2	학생부교과90+출석10	국, 수(미/기), 영, 과(1) 중 3개 합 8등급
부산대	종합	저소득층학생	5	서류100	없음
삼육대	종합	기회균형	3	1단계(4배수): 서류100 2단계: 1단계60+면접40	국, 수, 영, 탐(1) 중 3개 합 5등급 인문계 지원 가능
		특수교육 대상자	2		
성균관대	종합	이웃사랑	5	서류100	없음
순천대	종합	기초생활 등	2	1단계(5배수): 학생부 평가 100 2단계: 1단계70+면접30	수(미/기), 과(2), 국 또는 영 중 3개 합 8등급 수(미/기) 포함 과(2) 포함
연세대 (국제)	종합	기회균형 I (정원 내)	1	1단계(일정배수): 서류100 2단계: 1단계60+면접40	없음
영남대	교과	약학고른기회	5	학생부교과100	국, 수(미/기), 영, 과(1) 중 4개 합 8등급
우석대	교과	기회균형	2	학생부교과90+출결10	국, 수(미/기), 영, 과(1) 중 3개 합 7등급 - 수(미/기) 포함
		특수교육대상자	2		
원광대	종합	기회균형	3	1단계(5배수): 서류100 2단계: 1단계70+면접30	없음
인제대	교과	기초생활수급권자	6	1단계(5배수): 학생부교과100 2단계: 1단계80+면접20	없음
전남대	교과	기초/차상위/ 한부모가족전형	4	학생부교과100	국, 수(미/기), 영, 과(1) 중 3개 합 8등급
전북대	종합	기회균형	3	1단계(4배수): 서류100 2단계: 1단계70+면접30	국, 수(미/기), 영, 과(1) 중 3개 합 7등급

대학명	유형	전형명	모집인원	전형방법	수능 최저학력기준
제주대	교과	고른기회	2	학생부교과100	국, 수(미/기), 영, 과(2, 절사) 중 3개 합 7등급 - 수(미/기) 포함
조선대	교과	기초생활수급자 및 차상위계층, 한부모가족 지원대상자	6	학생부교과90+출결10	국, 수(미/기), 영, 과(1) 중 3개 합 8등급
중앙대	종합	기초생활수급자 차상위	5	서류100	없음
차의과학대	종합	기회균등	5	서류100	국, 수(미/기), 사/과(2) 중 3개 합 6등급 영어 제외
충남대	종합	저소득층학생	4	1단계(3배수): 서류100 2단계: 1단계70+면접30	없음
합계			100		

모집군	대학명	전형명	모집인원	전형방법	수능활용지표	수능 영역별 반영 비율	수, 과 가산점
가	계명대 (제약)	고른기회	2	수능100	백	국 25 + 수(미/기) 25 + 영 25 + 과(2) 25	-
가	연세대 (국제)	한마음	3	수능100	표+백	국 22.2 + 수(미/기) 33.3 + 영 11.1 + 과(2) 33.3	-
가	중앙대	기초생활수급자 및 차상위계층	4	수능100	표+백	국 25 + 수(미/기) 40 + 과(2) 35	-
가	충북대 (약학)	경제배려대상자	2	수능100	표	국 20 + 수(미/기) 30 + 영 20 + 과(2) 30	-
가	충북대 (제약)	경제배려대상자	2	수능100	표	국 20 + 수(미/기) 30 + 영 20 + 과(2) 30	-
나	경희대	수급자 등	2	수능100	표+백	국 20 + 수(미/기) 35 + 영 15 + 과(2) 30	-
나	고려대 (세종)	교육기회균등	3	수능100	표+백	국 16.7 + 수 33.3 + 영 33.3 + 과(2) 16.7	-
나	동국대 (바이오메디)	기초생활 수급자/차상위 계층	3	수능100	표+백	국 25 + 수(미/기) 30 + 영 20 + 과(2) 20 + 한국사 5	-
나	동덕여대	기회균등	4	수능100	백	국 25 + 수(미/기) 30 + 영 25 + 과(2) 20	-
나	서울대	기회균형II 저소득	3	수능100	표+백	국 33.3 + 수(미/기) 40 + 과(2) 26.7	-
나	서울대	기회균형III 특수·북한	2	서류60+면접40	-	-	-
나	숙명여대	기회균형	6	수능100	표+백	국 25 + 수(미/기) 35 + 영 20 + 과(2) 20	-
나	우석대	기회균형	2	수능100	백	국 20 + 수 30 + 영 20 + 과(2) 30	수(미/기) 10% 가산
나	한양대 (ERICA)	기회균형	3	수능100	표+백	국 25 + 수(미/기) 30 + 영 20 + 과(2) 25	-
다	계명대 (약학)	고른기회	2	수능100	백	국 25 + 수(미/기) 25 + 영 25 + 과(2) 25	-
다	아주대	기초생활수급자, 차상위계층, 한부모가족지원 대상자	3	1단계(10배수): 수능100 2단계: 수95+면접5	표+백	국 20 + 수(미/기) 35 + 영 15 + 과(2) 30	-
	합계		46				

대학명	유형	전형명	모집인원	전형방법	수능 최저학력기준
가천대	종합	농어촌	2	1단계(4배수): 서류100 2단계: 1단계50+면접50	국, 수(미/기), 영, 과(2/절사) 중 3개 합 5등급
가톨릭대	종합	농어촌	2	서류100	국, 수(미/기), 영, 과(1) 중 3개 합 7등급
경북대	종합	농어촌	2	서류100	국, 수(미/기), 영, 과(2, 절사) 중 3개 합 6등급
경상국립대	종합	농어촌	3	서류100	국, 수(미/기), 영, 과(1) 중 3개 합 7등급 - 수(미/기) 포함
경성대	교과	농어촌	1	학생부교과100	국, 수(미/기), 영, 과(1) 중 3개 합 5등급
고려대 (세종)	교과	농어촌	3	학생부교과100	국, 수, 영, 과(2) 중 3개 합 5등급
대구 가톨릭대	교과	농어촌	5	학생부교과100	국, 수(미/기), 영, 과(1) 중 3개 합 6등급
서울대	종합	농어촌	3	1단계(2배수): 서류100 2단계: 1단계70+면접 30	없음
순천대	종합	농어촌	3	1단계(5배수): 서류100 2단계: 1단계70+면접30	수(미/기), 과(2), 국 또는 영 3개 합 8등급 수과 포함
영남대	교과	농어촌	5	학생부교과100	국, 수(미/기), 영, 과(1) 4개 합 8등급
우석대	교과	농어촌	2	학생부교과90+출결10	국, 수(미/기), 영, 과(1) 중 수(미/기) 포함 3개 합 7등급
원광대	종합	농어촌	2	1단계(5배수): 서류100 2단계: 1단계70+면접30	없음
인제대	교과	농어촌	3	1단계(5배수): 학생부교과100 2단계: 1단계80+면접20	없음
전남대	교과	농어촌	1	학생부교과100	국, 수(미/기), 영, 과(1) 중 3개 합 8등급
제주대	종합	농어촌	1	서류100	없음
차의과학대	종합	농어촌	3	서류100	국, 수(미/기), 사/과(2) 중 3개 합 6등급
충남대	종합	농어촌	1	1단계(3배수): 서류100 2단계: 1단계70+면접30	없음
한양대(ERICA)	교과	농어촌	3	학생부교과100	없음
합계			**45**		

모집군	대학명	전형명	모집인원	전형방법	수능 활용지표	반영 비율	수, 과 가산점
가	계명대 (제약)	농어촌	1	수능100	백	국 25 + 수(미/기) 25 + 영 25 + 과(2) 25	-
가	연세대 (국제)	농어촌	2	수능100	표+백	국 22.2 + 수(미/기) 33.3 + 영 11.1 + 과(2) 33.3	-
나 (가→나)	경희대	농어촌	2	수능100	표+백	국 20 + 수(미/기) 35 + 영 15 + 과(2) 30	-
나 (가→나)	동국대 (바이오메디)	농어촌	2	수능100	표+백	국 25 + 수(미/기) 30 + 영 20 + 과(2) 20 + 한국사 5	-
나	우석대	농어촌	2	수능100	백	국 20 + 수 30 + 영 20 + 과(2) 30	수(미/기) 10% 가산
다	계명대 (약학)	농어촌	1	수능100	백	국 25 + 수(미/기) 25 + 영 25 + 과(2) 25	-
다	삼육대	농어촌	2	수능100	백	국 25 + 수 30 + 영 25 + 탐(2) 20 인문계 지원 가능	수(미/기) 5%, 과탐 3% 가산
다	아주대	농어촌	3	1단계(10배수): 수능100 2단계: 수95+면접5	표+백	국 20 + 수(미/기) 35 + 영 15 + 과(2) 30	-
	합계		15				

CHAPTER 07

약학과 대입전형(2023학년도)

대학명	수시모집 전형유형	수시모집 전형명	수시모집 모집인원	수시모집 전형방법	수시모집 수능 최저	수시모집 학생부 반영방법	정시모집 모집군/모집인원
가천대	교과	지역균형	3	1단계(10배): 교과100 / 2단계: 1단계50+면접50	국,수(미,기)/영/과(과탐 중 3개합5	국,영,수,과, 진학연 전과목	가군/15
	종합	가천의약학	12	1단계(4배): 서류100(학,자)			
	종합	농어촌	2	서류100(학,자)			
	교과	교약기회균형	3	2단계: 서류50+면접50			
가톨릭대	교과	지역균형	5	교과100	국,수(미,기)/영/과탐(1) 중 3개 합 5	국,수,한국사,사회(역사)/도덕 포함), 과학 교과 전과목	가군/10
	종합	학교장추천	10	1단계(4배): 서류100(학,자) / 2단계: 1단계70+면접30			
	종합	고른기회II	3	서류 100(학,자)	국,수(미,기)/영/과탐(1) 중 3개 합 7		
	종합	농어촌	2		국,수(미,기)/영/과탐(1) 중 3개 합 5		
	논술	논술전형	5	논술70+교과30			
강원대	교과	일반	15	교과 100	국/수(미,기)/과탐(1)/과(2) 중 수학과 과탐 1과목 필수 포함 3개 합 7, 영어2	국,수,영,과,사,한국사 전과목	가군/15
	교과	지역인재	11	교과 100	국/수(미,기)/과탐(1)/과(2) 중 수학과 과탐 1과목 필수 포함 3개 합 8, 영어2		
	종합	미래인재	9	1단계(3배): 서류100(학) / 2단계: 1단계70+면접30	없음		
	종합	저소득	4	서류100(학)			
	교과	교과우수자	10	교과100			
전북대	교과	지역인재	15	1단계(5배): 서류 100(학) / 2단계: 1단계70+면접30	국/수(미,기)/영/과탐 중 과탐 포함 3개 합 5	국,수,영,과,사,한국사 전과목	가군/5
	종합	농어촌	2	서류 100(학)	국/수(미,기)/영/과탐 중 과탐 포함 3개 합 6		
	종합	기초생활수급자	1				

대학명	수시모집 전형유형	수시모집 전형명	수시모집 모집인원	수시모집 전형방법	수시모집 수능 최저	수시모집 학생부 반영방법	정시모집 모집군/모집인원
경성대	교과	일반	8	교과100	국/수(미,기)/영/과탐(1) 중 수학 포함 3개 합 6	국,영,수,사,과 전과목	가군/ 일반4, 지역4
	교과	지역인재	7				
	종합	일반전형	3	1단계(3배): 서류 100(학) 2단계: 1단계80+면접20	국/수(미,기)/영/과탐(1) 합 7		
	종합	지역인재	4	서류 100(학)			
	종합	기초생활수급자등(外)	3				
	종합	농어촌	3				
경상대	교과	일반계고교과	15	교과 100	국/수(미,기)/영/과탐(1) 중 3개 합 5	국,영,수,과 전과목	가군/20
	교과	지역인재	15				
	교과	농어촌	1				
	교과	저소득층학생	4				
경희대	교과	지역균형	4	교과/비교과 70+교과종합평가130	국/수(미,기)/영/과탐(1) 중 3개 합 4, 한국사 5	국,수,영,과 전과목	나군/일반14, 농어촌2, 수급자2
	종합	네오르네상스	14	1단계(3배): 서류 100(학,자) 2단계: 1단계70+면접30	폐지		
	논술	논술우수자	8	교과/비교과30+논술70	국/수(미,기)/영/과탐(1) 중 3개 합 4, 한국사 5		
계명대(약학)	교과	일반	4	교과 100	국/수(미,기)/영/과탐(1) 중 3개 합 5	국,수,영,한국사,사,과 전과목	약학: 다군/일반5, 고른기회2, 농어촌1 제약: 가군/일반5, 고른기회2, 농어촌1
	교과	지역	6				
	교과	일반	4				
계명대(제약)	교과	지역	6	교과 100	국/수(미,기)/영/과탐(1) 중 3개 합 5		
고려대(세종)	교과	학생부교과	6	1단계(5배): 교과 100 2단계: 교과70+면접30	국/수(미,기)/영/과탐(1) 중 3개 합 5	국,영,수,과 전과목	나군/12
	교과	지역인재	9				
	교과	농어촌	3				
	논술	논술	6	논술70+교과30			

대학명	수시모집 전형유형	수시모집 전형명	수시모집 모집인원	수시모집 전형방법	수시모집 수능 최저	수시모집 학생부 반영방법	정시모집 모집군/모집인원
단국대(천안)	종합	DKU인재	8	서류 100(확)	국/수(미,기)/영/과탐 중 수학 포함 3개 합 6	국,수,영,과 전과목 국(20)+수(30)+영(30)+과(20)	가군/22
대구가톨릭대	교과	기회균형	3	1단계(7배): 교과 100 2단계: 1단계80+면접20	국/수(미,기)/영/과탐(1) 중 3개 합 5		나군/20
	교과	교과우수자	10	1단계(7배): 교과 100 2단계: 1단계80+면접20	국/수(미,기)/영/과탐(1) 중 3개 합 5		
	교과	지역교과우수자	15	1단계(7배): 교과 100 2단계: 1단계80+면접20	국/수(미,기)/영/과탐(1) 중 3개 합 5		
	종합	농어촌학생	5	교과 100	국/수(미,기)/영/과탐(1) 중 3개 합 6		
	교과	기회균형	4	교과 100	국/수(미,기)/영/과탐(1) 중 3개 합 6		
덕성여대	교과	DCU인재	5	서류 100(확)	국/수(미,기)/영/과탐 중 수학포함 3개 합 6	국,영,수,사/과 중 상위 3개 교과의 각 상위 4개 과목 반영 ※단, 각 상위4개 과목은 총12단위이상 이수	가군/40
	교과	학생부100%	15	교과 100	없음		
	종합	덕성인재I	25	서류 100(확,자)	없음		
	종합	기초생활수급자 등	6	서류 100(확,자)	없음		
동국대	교과	학교장추천인재	3	교과70+서류30(확)	국/수(미,기)/영/과탐(1) 중 (수 또는 과탐 포함)3개 합 4, 한국사4	교과: 국,수,영,과,한국사 논술: 국,수,영,사,과,한국사 *상위10과목	나군/일반12, 농어촌2, 수급자3
	종합	Do Dream	9	1단계(4배): 서류 100(확,자) 2단계: 1단계70+면접30	없음		
	논술	논술	6	논술70+교과20+출결10	국/수(미,기)/영/과탐(1) 중 (수 또는 과탐 포함)3개 합 4, 한국사4		
동덕여대	교과	학생부교과우수자	24	교과 100	국/수(미,기)/영/과탐(1) 중 2개 합 4	국,영,수,과 전과목	나군/20
	교과	교과일반	6	교과90+출결10	국/수(미,기)/영/과탐(1) 중 3개 합 6		
	교과	지역인재	9	교과90+출결10	국/수(미,기)/영/과탐(1) 중 3개 합 7		
	교과	고른기회	2	교과90+출결10	국/수(미,기)/영/과탐(1) 중 3개 합 8		
	종합	기초차상위(차)	2	교과90+출결10	국/수(미,기)/영/과탐(1) 중 3개 합 7		
목포대	종합	지역인재	3	1단계(6배): 서류 100(확) 2단계: 1단계80+면접20	국/수(미,기)/영/과탐(1) 중 수학포함 3개	국,영,수,사/과 전과목	가군/10
	교과	지역인재	10	교과 100	국/수(미,기)/영/과탐(1) 중 수학포함 3개		
부산대	종합	지역인재	16	1단계(4배): 서류 100(확) 2단계: 서류80+면접20	국/수(미,기)/영/과탐(1) 중 수학포함 3개 한국사 4	*공통과목+일반선택(국,수,영,과) 전과목 공통(30%)+일반(50%)+진로선택(20%)	가군/10(일반), 나군/12(지역)
	종합	저소득층학생	5	서류 100(확)	없음		

대학명	수시모집 전형유형	수시모집 전형명	수시모집 모집인원	수시모집 전형방법	수시모집 수능 최저	수시모집 학생부 반영방법	정시모집 모집군/모집인원
삼육대	교과	일반	4	1단계(5배): 교과 80+출결/봉사20 / 2단계: 1단계60+면접40	국/수/영/탐구(1) 중 3개 합 5	일반: 국,영,수,사/과 중 3개 교과 전과목(50/35/15%순 반영) 교과우수자-국,영,수,사,과전과목	다군/일반12, 농어촌2
	종합	세종인재	8	교과 100	없음		
		재림교회목회자추천	3	1단계(4배): 서류100(학,자) / 2단계: 1단계60+면접40	국/수/영/탐구(1) 중 3개 합 5		
		기회균형	3				
		특수교육대상자	2				
서울대	종합	일반전형	29	1단계(2배): 서류100(학,자) / 2단계: 1단계100+면접및구술고사100	없음	종합 정성평가	나군/31 일반(16) 지균(10) 저소득(3) 기균II(2)
	종합	지역균형선발	8	1단계(3배): 서류100(학,자) / 2단계: 서류70+면접30	국/수(미,기)/영/과탐 중 3개 합 7		
		농어촌학생	3	1단계(2배): 서류100(학,자) / 2단계: 서류70+면접30	없음		
성균관대	종합	학과모집	30	서류100(학,자)	없음	종합 정성평가	가군/30
	종합	이웃사랑	5	서류100(학,자)	없음		
	논술	논술우수	5	논술 100	국/수(미,기)/영/과탐(1)/과탐(2) 중 3개 합 5		
	교과	지역균형	5	교과 100	국/수(미,기)/영/과탐(1) 중 수학포함 3개 합 5		
숙명여대	종합	숙명인재II (면접형)	22	1단계(4배): 서류100(학,자) / 2단계: 1단계60+면접40	없음	국,수,외국어(영),사,과,한국사 전과목	나군/일반53, 기회균형6

대학명	수시모집 전형유형	수시모집 전형명	수시모집 모집인원	수시모집 전형방법	수시모집 수능 최저	수시모집 학생부 반영방법	정시모집 모집군/모집인원
순천대	교과	지역인재	10	교과 100	수(미,기)/과탐 + (국/영 중 택1) 3개 합 7	국,영,수,과 전과목	다군/17
	종합	일반학생	3	1단계(5배): 서류 100(학) 2단계: 1단계70+면접30	수(미,기)/과탐 + (국/영 중 택1) 3개 합 8		
		농어촌	3				
		기초생활등	2	2단계: 1단계70+면접30			
아주대	종합	ACE	15	1단계(3배): 서류 100(학,자) 2단계: 1단계70+면접30	국/수(미,기)/영/과탐 4개 합 7등급	종합 정성평가	다군/21
연세대	교과	추천형	6	1단계(5배): 교과 100 2단계: 1단계60+면접40	없음	전과목 반영(공통30+일반50+진로20) A:국,수,영,사(한국사/역사/도덕포함),과학 B:A제외기타과목 Z점수(50%)+등급점수(50%)	기군/17
	종합	활동우수형	6	1단계(2배): 서류 100(학,자) 2단계: 1단계60+면접40	국어/수학(미,기) 중 12개 과목을 포함하여 1등급 2개 이상. 영어3, 한국사4		
		기회균형 I	1	2단계: 1단계60+면접40	없음		
	논술	논술	5	논술 100			
영남대	교과	일반학생	17	교과90+출결10	국/수(미,기)/영/과탐(1) 4개 합 6, 한국사4	1학년: 국,수,영,한국사,사(역/도 포함),과 2/3학년: 국,수,영,한국사,과	나군/28
	교과	지역인재	25		국/수(미,기)/영/과탐(1) 4개 합 8, 한국사4		
		농어촌	5				
		약학고른기회	5				
우석대	교과	교과중심	16	1단계(4배): 교과90+출결10 2단계: 면접40	국/수(미,기)/영/과탐(1) 중 수학포함 3개 합 7	국,수,영,사(한국사 포함),과 교과 중 상위 15과목	나군/16
	교과	지역인재	12	교과90+출결10	국/수(미,기)/영/과탐(1) 중 수학포함 3개 합 7		
		기회균형	2				
		농어촌	2	교과90+출결10			
		특수교육대상자	2				
원광대	종합	서류면접	14	1단계(5배): 서류 100(학,자) 2단계: 1단계70+면접30	국/수(미,기)/영/과탐(1) 중 수학 포함 3개 합 7	국,영,수,사,과 교과 중 상위 15과목	나군/10
		지역인재(전북)	11		국/수(미,기)/영/과탐(1) 중 수학 포함 3개 합 7		
		지역인재(광주전남)	5		국/수(미,기)/영/과탐(1) 중 수학 포함 3개 합 7		
		기회균등	3		없음		
		농어촌학생	2				

대학명	수시모집 전형유형	수시모집 전형명	수시모집 모집인원	수시모집 전형방법	수시모집 수능 최저	수시모집 학생부 반영방법	정시모집 모집군/모집인원
이화여대 (약학전공)	종합	미래인재	20	서류 100(학)	국/수(미,기)/영/과탐(1) 4개 합 5	종합 정성평가	나군/70
이화여대 (미래산업약학전공)	종합	미래인재	10(인문)	서류 100(학)	국/수/영/탐구(1) 4개 합 5	종합 정성평가	나군/20
인제대	교과	약학	9	1단계(5배): 교과 100 2단계 실질반영 (67.5)+(32.5)	국/수(미,기)/영/과탐(1) 4개 합 9	국,수,영 교과의 모든 과목+과학교과 2과목	가군/12
	교과	지역인재	9	교과 100	없음		
	교과	농어촌	3				
	교과	기초생활수급자	6				
전남대	교과	일반전형	9	교과 100	국/수(미,기)/영/과탐(1) 3개 합 6	국,영,수,한국사,사,과 전과목	나군/일반11, 지역9
	교과	지역인재	27		국/수(미,기)/영/과탐(1) 3개 합 7		
	교과	기초/차상위/한부모	4		국/수(미,기)/영/과탐(1) 3개 합8		
	교과	농어촌	1				
	종합	고교생활우수자	4	1단계(6배): 서류 100(학) 2단계: 1단계70+면접30	국/수(미,기)/영/과탐(1) 3개 합 7		
전북대	교과	일반학생	4	교과 100	국/수(미,기)/영/과(2) 중 수학포함 3개 합 70내	국,영,수,사,과,한국사 전과목	나군/9
	교과	지역인재	15				
	종합	큰사람	2	1단계(4배): 서류100(학) 2단계: 1단계70+면접30	없음		
	종합	기회균형	3				
제주대	교과	일반	10	교과 100	국/수(미,기)/영/과탐 중 수학포함 3개 합 7	기초/탐구교과 전과목	다군/10
	교과	지역인재	10				
	종합	고른기회	2	서류 100(학)	없음		
조선대	종합	농어촌	1		국/수(미,기)/영/과탐(1) 3개 합 6	국,수,영,사,과,한국사 전과목	가군/일반10, 지역14
	교과	일반	21	교과90+출결10	국/수(미,기)/영/과탐(1) 3개 합 7		
	교과	지역인재	24	교과90+출결10	국/수(미,기)/영/과탐(1) 3개 합 8		
	종합	기초생활	6	1단계(5배): 서류 100(학) 2단계: 1단계70+면접30	국/수(미,기)/영/과탐(1) 3개 합 7		

대학명	수시모집 전형유형	수시모집 전형명	수시모집 모집인원	수시모집 전형방법	수시모집 수능 최저	수시모집 학생부 반영방법	정시모집 모집군/모집인원
중앙대	교과	지역균형	6	교과70+출결/봉사30	국/수(미,기)/영/과(1) 4개 합 5, 한국사 4	국,수,영,사,과 전과목	가군/65, 기초수급4
	종합	다빈치형인재	12	1단계(3.5배): 100(학) 2단계:서류70+면접30	없음		
		탐구형인재	15	서류 100(학,자)			
		기초생활수급자	5				
	논술	논술	22	교과20+출결10+논술70	국/수(미,기)/영/과 4개 합 5, 한국사 4		
차의과학대	교과	CHA학생부교과	4	1단계(4배): 교과100 2단계: 1단계70+면접30	국/수(미,기)/탐 3개 합 6	국,영,수,사,과, 한국사 전과목	나군/12
		CHA지역균형선발	4	교과 100			
	종합	CHA학생부종합	10	1단계(3배): 서류 100(학,자) 2단계: 1단계70+면접30	국/수(미,기)/탐 3개 합 5		
		농어촌학생	3	서류 100(학,자)			
		기회균등	5	교과 100	국/수(미,기)/탐 3개 합 6		
충남대	교과	일반	17	교과 100	수(미,기)/영/과탐 3개 합 5	국,수,영,한국사,사,과,기술가정,제2외,한문	나군/일반8, 지역12
		지역인재	8		수(미,기)/영/과탐 3개 합 6		
	종합	PRISM	5	1단계(3배): 서류 100(학,자) 2단계: 1단계66.7+면접33.3	없음		
		농어촌	1	1단계(3배): 서류 100(학,자) 2단계:			
		저소득층학생	4	1단계66.7+면접33.3			

대학명	수시모집 전형유형	수시모집 전형명	수시모집 모집인원	수시모집 전형방법	수시모집 수능 최저	수시모집 학생부 반영방법	정시모집 모집군/모집인원
충북대 (약학과)	교과	학생부교과	4	교과 100	국/수(미,기)/영/과탐 중 수학 포함 3개 합 7	1학년(국,영,수,사,과)+ 2/3학년(국,영,수,과) 전과목	가군/일반5, 지역5, 경제배려 대상자2
	교과	지역인재	4	교과 100	국/수(미,기)/영/과탐 중 수학 포함 3개 합 8		
	종합	학생부종합Ⅰ	4	서류 100(학)	없음		
	종합	학생부종합Ⅱ	3	서류 100(학,자)	국/수(미,기)/영/과탐 중 수학 포함 3개 합 8		
충북대 (제약학과)	교과	학생부교과	4	교과 100	국/수(미,기)/영/과탐 중 수학 포함 3개 합 7	1학년(국,영,수,사,과)+ 2/3학년(국,영,수,과) 전과목	가군/일반5, 지역5, 경제배려 대상자2
	교과	지역인재	4	교과 100	국/수(미,기)/영/과탐 중 수학 포함 3개 합 8		
	종합	학생부종합Ⅰ	4	서류 100(학)	없음		
	종합	학생부종합Ⅱ	3	서류 100(학,자)	국/수(미,기)/영/과탐(1) 중 3개 합 5		
한양대 (ERICA)	교과	지역균형	5	교과 100	없음	국,수,영,사,과,한국사 전과목 수학교과에서 미/기중1과목+과학교과에서Ⅱ과목 중 1과목 필수 이수	나군/16, 기회균형3
	종합	농어촌	3	서류 100(학,자)			
	종합	일반	9	학생부종합평가 100	없음		

* 2023학년도 대학입학전형 시행계획 기준 수시모집 인원 1,111명, 정시모집 인원 822명, 총 1,933명

* 수능 최저학력기준 표기방법: '과탐'은 과탐 2과목 반영, '과탐(1)'은 과탐 1과목 반영, '수(미,기)'는 미적분과 기하 중 택1, '국'은 화법과 작문과 언어와 매체 중 택1, '수'는 확률과 통계, 미적분, 기하 중 택1

04

약학과

면접 기출문제

(2022학년도)

CHAPTER 01

고려대(세종)

Q 졸업 후 무엇을 하고 싶은가요?

Q 왜 고려대학교 약학과를 선택했나요?

Q 자신의 장·단점에 대해서 설명해주세요.

Q 공부한 교과목 중 가장 좋아하는 교과목과 그 이유는 무엇입니까?

Q 다른 사람들은 본인을 어떤 사람이라고 말하나요?

Q OOO 활동을 할 때 팀에서 본인의 역할과 성과를 달성하기 위해 기여한 부분이 어떤 것이었는지 설명해주세요.

CHAPTER 02

대구가톨릭대

01 인성

Q 2년 가까이 코로나19가 지속되면서 학교뿐만 아니라 사회 전반에 비대면 활동이 많아졌습니다. 이러한 때에 우리 대학에 입학하게 된다면 새로운 사람들을 많이 만나게될 텐데, 어떻게 하면 그들과 좋은 관계를 맺을 수 있을까요?

Q 지금까지 살아오면서 사랑과 봉사를 실천했던 경험을 말해보세요.

02 창의성 – 사고력

Q 4차 산업혁명시대에서 약학자의 역할을 말해보세요.

03 창의성 – 미래지향성

Q 약학대학의 지원 이유와 진로 계획을 말해보세요.

04 공동체성

Q 약사로서 사회 기여 방안을 말해보세요.

동국대(바이오메디)

Q 트로이목마 면역세포를 이용한 항암 요법에 대한 동영상을 제작하였는데, 제작 과정 중 가장 어려웠던 점과 그 해결방법을 설명해주세요.(학생부-동아리활동)

Q 약 개발 과정에서 사람을 대상으로 시행되는 임상시험에 있어 피험자 보호를 위해 윤리적으로 접근해야 한다고 했는데, 이를 위한 가장 중요한 사항은 무엇이라고 생각하나요?(학생부-진로활동)

Q 단백질 신약에 대한 관심이 많아 FRET, CUPID와 같은 실험방법을 학습했다고 했는데, 각각을 간단히 설명해줄 수 있나요?(자기소개서 1번)

Q 바이오의약품 개발에 관심을 가지고 있는데, 바이오의약품이 무엇이며, 어떤 의약품이 바이오의약품에 속하는지 사례를 들어 설명해주세요.(자기소개서 1번)

CHAPTER 04

서울대

지원자별 서류 기반 면접 [지역균형선발전형]

Q '정보과학' 수업시간에 했던 활동과 왜 수강을 했는지 이유를 말해보세요.

Q 코로나19 확진자 관련해서 개인정보 문제에 관해서는 어떻게 생각하는지 말해보세요.

Q 프리바이오틱스(Prebiotics) 실험 수행했던 일을 말해보세요.

Q 개인별로 어떤 미생물은 치명적인 결과를 불러오기도 하는데 이런 문제점은 어떻게 해결하면 좋을지 말해보세요.

Q 미생물은 많은 변화를 보이는데 특정시간에 채취한 미생물이 유의미한지 말해보세요.

Q 마지막으로 하고 싶은 말이 있으면 해보세요.

활동(근거) 과학과제연구 시간에 아세트아미노펜이 식물에 끼치는 영향을 주제로 탐구실험

Q 실험 중 시행착오가 있었다고 기록되어 있는데 어떤 시행착오였나요? 원인분석은 했나요?

Q 재설계 실험 결과는 어떠했나요?

활동(근거) 진로 활동으로 의료계열에서 빅데이터 이용가능성 탐구

Q 의료분야에서의 빅데이터 적용의 한계는 무엇이 있고 그것에 대한 본인의 의견은 어떤가요?

활동(근거) 자율활동 시간에 마이크로 RNA를 이용한 바이러스 치료제에 대해 탐구·실현 가능성에 대해 예리하게 파고들었다고 기재

Q 실현 가능성에 대해 어떻게 생각하며, 그렇게 생각하는 이유(근거)는 무엇인가요?

1) 약학부 1교시

(가) 토끼는 호주(오스트레일리아)에 서식하지 않던 동물이다. 그런데 1859년 호주로 이주한 영국인이 사냥용으로 풀어놓은 24마리가 20세기 초에는 6억 마리 이상으로 급격히 번식하여 호주의 생태계를 크게 훼손하였다. 1950년, 호주 정부는 토끼에게 치명적이지만 인간에는 무해한 점액종(mxoma) 바이러스를 살포하여 95% 이상의 토끼를 몰살시켰고, 생태계 복원이 성공하는 것처럼 보였다. 그러나 일정 시간이 지나자 독성 바이러스로부터 생존한 토끼가 다시 번식하여 개체 수가 바이러스 살포 이전으로 되돌아갔다. 한편, 토끼에게 100%에 근접한 치사율을 보이던 이 바이러스의 독성이 낮아진 것이 관찰되었는데, 1960년대 초에 호주 전역에서 채취한 점액종 바이러스 샘플을 분석했더니 치사율이 70~95%까지 감소한 변이형이 많이 관찰되었고, 심지어 치사율이 50% 미만인 경우도 있었다.

(나) 약 100년 전, 스페인 독감(A형 인플루엔자)이 유럽 대륙에서 발생하여 전 세계로 확산하였다. 이 감염성 질환의 초기 증세는 심한 감기 정도였지만, 폐렴이 합병증으로 발생하거나 지병을 앓던 사람이 사망하는 사례가 속출하였다. 1918~1919년 기간 동안 세계인구의 27%에 해당하는 5억 명이 스페인 독감에 감염되었고, 이 중 2,500만~5,000만 명이 사망했다고 추산된다. 하지만 이렇게 맹위를 떨치던 스페인 독감은 1920년 경 갑자기 세계 각지에서 그 자취를 감추었다.

(다) 1955년 소아마비 백신을 개발한 조너스 소크 박사는 "특허는 없습니다. 태양에도 특허를 낼수 있나요?"라고 말하며 새로운 과학기술의 발전은 인류의 축적된 지식을 공유했기에 가능한 것임을 강조했다. 이 백신이 개발된 지 불과 2년 만에 미국의 소아마비 발생은 90%나 줄었으며, 현재 인류는 소아마비의 완전한 종식을 눈앞에 두고 있다. 코로나19 팬데믹 상황에서 인류가 코로나19 백신을 기록적으로 빨리 개발할 수 있었던 것은 각국이 가진 지식과 자본을 협력적으로 집중투자한 결과이다. 여러 국가와 자선단체들이 기부한 공적 자금을 바탕으로 코로나19 백신을 개발한 A사는 핵심 기술을 제공한 B대학과 독점계약을 체결하면서 코로나19 팬데믹이 끝날 때까지 백신 판매로 이윤을 얻지 않을 것을 합의하였다. 이는 전 인류적 위기 상황에서 필수적인 기술의 공적 활용을 중시한 결정이었다.

문항1 제시문 (가)의 사례와 비슷하게, 현재 겨울철마다 유행하는 독감은 제시문 (나)의 스페인 독감보다 현저히 낮은 사망률을 보인다. 감염성 질환을 일으키는 바이러스의 치사율이 일반적으로 여러 해에 걸쳐 감소하는 경향을 보이는 이유를 설명하시오.

문항2 제시문 (나)에서 스페인 독감이 자취를 감춘 이유를 추론하고, 코로나19 팬데믹 종식을 위해 인류가 어떻게 대처하고 있는지에 대해 스페인 독감과 제시문 (다)의 소아마비 사례를 고려하여 설명하시오.

문항3 개발도상국들은 코로나19 백신의 원활한 공급을 늘리기 위해서 개발사들이 지식재산권을 포기해야 한다고 주장한다. 이 주장을 따를 때 예상되는 긍정적, 부정적 결과를 설명하시오.

2) 약학부 2교시

(가) 인체의 장(腸) 속에는 다양한 미생물이 살고 있으나 이 중 실험실에서 배양이 가능한 것은 1% 미만에 불과하여 과거에는 장내 미생물에 관한 연구가 제한되었다. 근래 유전체 분석기술의 발달에 힘입어 장내 미생물에 대한 총체적 관찰이 가능해짐에 따라, 장내 미생물이 인체의 건강에 미치는 영향에 관한 연구가 활발하게 진행되고 있다. 예전의 연구들이 대장균 (Escherichia coli)과 같은 미생물 종 각각에 집중하였다면, 최근의 연구는 마치 숲을 이루는 나무의 조성을 분석하듯 장내 미생물의 다양성과 그 구성비를 관찰하여 미생물군 전체를 하나의 생태계로써 다룬다.

(나) 인체의 장내 미생물군은 숙주와 환경의 상호작용을 매개하는 복잡한 생태계이다. 장내 미생물군의 변화는 소화 및 대사, 다양한 면역반응의 변화를 유발하기도 한다. 다음은 음식물에 포함된 화합물 A가 장내 미생물에 의해 다양한 화합물 B ~ F로 대사되는 과정의 모식도이다. 이 중 화합물 F는 체내로 흡수되어 인체의 면역기능을 활성화한다.

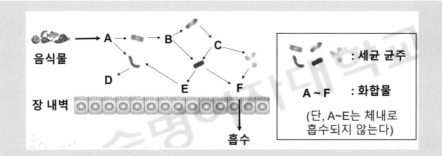

(다) 인체로 투여된 약물은 대사 과정을 거치는데 어떤 약물은 대사에 의해 흡수과정이 촉진되거나 비활성형으로 전환되어 약효가 사라지기도 하며, 부작용이나 독성이 나타나기도 한다. 최근 연구들에서 장내 미생물이 의약품의 대사에 중요한 역할을 한다는 사실이 밝혀졌다. 그 예로 장내 서식하는 엔테로코커스 페칼리스(Enterococcus faecalis)라는 세균은 파킨슨병 치료제인 레보도파(levodopa)를 분해하여 약효를 낮춘다. 또한, 에거텔라 렌타(Eggerthella lenta)라는 세균도 심장병 치료제인 디곡신(digoxin)을 분해하여 약효를 낮춘다. 디곡신은 적정량을 초과하여 사용하면 사망에 이르는 심각한 부작용을 일으킬 수 있다.

문항1 제시문 (가)에 언급된 대로 인체의 장내 미생물군은 생태계적 특성을 가진다. 생태계 구성이 계속 변하듯이, 장내 미생물 조성도 출생부터 노년기까지 끊임없이 변한다. 일생 혹은 일상의 어떤 사건이 장내 미생물 조성에 영향을 줄 수 있는지 생각해보고 이 과정을 미생물 군집의 천이(遷移, succession) 과정으로 설명하시오.

문항2 제시문 (가)와 (나)를 바탕으로, 장내 미생물의 구성은 어떤 상태가 이상적이며, 왜 그렇게 생각하는지 설명하시오.

문항3 제시문 (나)와 (다)를 바탕으로, 만일 디곡신을 복용 중인 심장병 환자가 급성 장염으로 항생제를 디곡신과 동시에 복용해야 한다면 어떤 일이 발생할지 설명하시오.

순천대

Q 순천대학교 약학과 지원동기를 말해보세요.

Q 고교 재학 중 지원학과와 관련된 의미 있었던 활동을 말해보세요.

Q 본교 약학과 졸업 후 진로 계획을 말해보세요.

아주대

정시 면접 문항

1) 상황제시문을 기반으로 인성 면접을 진행

우리는 일주일에 보통 70~100시간을 앉아서 보낸다. 이렇게 앉아서 일하는 사람은 스마트폰 화면과 컴퓨터 글자판 위에서 하루 최대 수 킬로미터를 움직이지만 발은 한 달 내내 1Km도 움직이지 않는다는 연구 결과가 나오기로 했다. 냉장고에는 남미에서 온 바나나와 아보카도가 들어 있다. 모두 전기가 일상화된 탓이다.

Q 밤을 밝히는 전기는 인간 생물학에 어떤 영향을 끼쳤을까?

2) 상황제시문을 기반으로 인성 면접을 진행

율리우스 바그너-야우레그 박사는 어떤 매독 환자들은 말라리아에 걸리면 회복이 빨라진다는 현상을 빌견하여 보고했다. 또한 말라리이가 흔한 지역에는 매독 환지가 드물다. 말라리아 증세 중 하나는 주기적으로 체온이 올라가는 것이다. 체온이 올라 면역 기능이 좋아질 수 있지만 열이 나면 영양분 소모가 최대 20%까지 늘고 일시적으로 남성을 불임 상태로 유도할 수 있다. 불쾌감도 크다. 해열제를 먹을 수도 있고 그렇지 않고 참을 수도 있다.

Q 열이 난다고 찾아온 환자에게 약사로서 올바른 대처 방안은 무엇일까?

CHAPTER 08

원광대

Q 감염병 치료제들이 가져야 할 특징은 어떤 것들이 있을까요?

Q 약과 독의 차이는 무엇이라 생각하나요?

Q '고급 생명과학' 교과 수업 시간에 배운 내용을 신약개발 시 어떻게 적용하면 좋을까요?

Q NSAID(비스테로이드성 항염증제)의 작용기전과 부작용에 대해 설명해보세요.

Q 수학교과에 관심이 많은 것으로 보입니다. 수학이 약학에 어떻게 적용될 수 있을까요?

CHAPTER 09

인제대

Q 응시자는 고등학교에서 봉사활동을 어떻게 탐색하여 수행하였는지 말해보세요. 봉사 경험이 인제대학교 약학대학을 선택하여 지원하는 데 어떤 영향을 미쳤는가를 말해보세요.

Q 응시자는 인생의 최종 목표는 무엇인가요?
1년 후, 10년 후, 그리고 20년 후 본인의 모습을 말해보세요.
응시자는 미래를 위하여 현재 어떠한 준비를 하고 있나요?

Q 전 세계적인 코로나19 감염증의 유행으로 우리의 생활은 이전에 비하여 크게 바뀌었습니다. 응시자 본인의 삶에는 코로나19 바이러스 유행이 어떠한 영향을 미쳤나요? 이러한 변화에 대하여 응시자는 어떻게 대처했는지 말해보세요.

Q 약사가 가져야 할 자질을 가장 중요한 것부터 차례대로 세 가지를 말하고, 그러한 자질을 갖추기 위해 지원자는 어떠한 노력을 할 것인지 말해보세요.

Q 지원자가 생각하는 "국내 사회적 문제" 중 가장 심각한 것 1가지를 말하고, 그 문제의 해결을 위한 방안에 대해 말해보세요.

Q 지원자가 생각하는 "성공적인 삶"은 어떤 삶인지 말해보세요.

Q 인제대학교 약학대학에서 학업을 이수하게 되면, 지원자의 진로나 장래계획에 어떤 점이 도움이 될 것인지 말해보세요.

Q 팀을 성공적으로 이끌 수 있는 '리더'(leader)란 어떤 사람이고, 어떤 요건을 갖추어야 할지 말해보세요. 지원자 본인이나 타인의 경험을 근거로 이야기해도 됩니다.

Q 삶을 살면서 '타인에 대한 진정한 공감'을 해본 적이 있는지를 말해보세요.

2022학년도 예시문항

1) 문항유형 1

학교에서 팀별 과제를 수행하는데 협력적이지 않은 학생 1명으로 인해 팀의 구성원인 다른 학생들의 불만이 많아진 상태에서 마감 시일 이내에 과제를 완료해 제출해야 하는 상황이다.

가. 이 상황을 어떻게 생각하십니까?
나. 응시자가 팀 리더가 아닌, 팀원 중에 한 명이라면 이 상황을 어떻게 해결하겠습니까?
다. 응시자가 팀을 이끄는 리더 학생이라면 이 상황을 어떻게 해결하겠습니까?

2) 문항유형 2

본인에게 맡겨진 일을 잘 수행하기 위해 어려움이 있어도 끝까지 포기하지 않고 노력하여 완수한 경험을 말해보세요.

차의과학대

CHAPTER 10

1) 전공적합성

Q 지원동기를 말해보세요.

Q ○○동아리 활동 중 기억에 남는 경험에 대해 말해보세요.

Q ○○동아리 활동에서 경험한 인터뷰 내용은 무엇이었고, 어떠한 기사를 작성해보았는지 이야기해보세요.

Q 진로에 영향을 준 책은 무엇이었는지 이야기해보세요.

Q 약학 관련 흥미나 관심을 가지게 된 계기를 말해보세요.

Q 약학과 진학 후 학업 계획과 진로계획을 말해보세요.

2) 발전가능성

Q 독서가 진로 결정에 어떤 도움을 주었는지 이야기해보세요.

Q 약학과 전공 관련 독서 활동을 말해보세요.

Q 약학과 전공 관련 동아리활동을 말해보세요.

Q 희망 진로를 위해 고교 생활 중 노력한 것은 무엇인지 말해보세요.

Q 성격의 장점과 단점은 무엇인지 말해보세요.

Q ○○탐구 동아리 활동에서 어려웠던 일과 극복한 경험이 있다면 무엇인지 이야기해 보세요.

Q 과학 실험활동 중 인상 깊은 내용과 어려움 그리고 극복사례를 말해보세요.

3) 인성

Q 조별 과제를 할 때에 어떠한 역할을 하였는지 이야기해보세요.

Q 다양한 봉사활동 경험이 진로 결정에 어떠한 도움을 주었는지 말해보세요.

Q 교내 활동 중 갈등해결 경험이 있다면 말해보세요.

약학과
수시·정시모집
입학결과
(2022학년도)

05

약학과 수시모집 입학결과 총론

1) 용어 정의

- '22충원(최초): 대입상담포털 어디가샘 2022학년도 입결 사례 중에서, 충원합격 사례 중 가장 높은 점수 또는 최초합격 사례 중 가장 낮은 점수.
- '22충원(+1): 대입상담포털 어디가샘 2022학년도 입결 사례 중에서, 충원합격 사례 중 가장 낮은 점수 바로 앞에 점수. 최하점에서 차하점 점수.
- '22충원(최종): 대입상담포털 어디가샘 2022학년도 입결 사례 중에서, 충원합격 사례 중 가장 낮은 점수.

대학명	지역명	학과명	전형유형	'22충원 (최초)	'22충원 (+1)	'22충원 (최종)
가천대	인천	약학과	교과	1.35	1.50	1.76
가톨릭대	경기	약학과	교과	1.08	1.16	1.16
가톨릭대	경기	약학과	종합	1.34	1.54	1.67
강원대	강원	약학과	교과	1.24	1.52	1.57
강원대	강원	약학과	종합	1.31	1.41	1.69
경북대	대구	약학과	교과	1.16	1.34	1.34
경상대	경남	약학과	교과	1.30	1.38	1.53
경상대	경남	약학과	종합	1.08	1.52	
경상대	경남(지역)	약학과	교과	1.11	1.18	1.22
경상대	경남(지역)	약학과	종합	1.26	1.44	1.67
경성대	부산	약학과	교과	1.42	1.51	1.57
경성대	부산	약학과(지역)	교과	1.31	1.63	1.67
경희대	서울	약학과	종합	1.18	1.31	1.47

대학명	지역명	학과명	전형유형	'22충원 (최초)	'22충원 (+1)	'22충원 (최종)
계명대	대구	약학과	교과	1.36	1.36	1.57
계명대	대구	제약학과	교과	1.40	1.69	
고려대(세종)	세종	약학과	교과	1.39	1.61	1.69
단국대	충남	약학과	종합	1.58	1.69	1.84
대구가톨릭대	경북	약학과	교과	1.40		
대구가톨릭대	경북	약학과	종합	1.49	1.62	1.85
동국대	경기	약학과	교과	1.00	1.00	1.00
동국대	경기	약학과	종합	1.24	1.53	1.61
목포대	전남	약학과	교과	1.34	1.51	1.51
부산대	부산	약학과	종합	1.44	1.84	2.24
부산대	부산(지역)	약학과	교과	1.59	1.63	1.65
삼육대	서울	약학과	교과	1.00	1.10	
삼육대	서울	약학과	교과	1.11	1.28	1.30
서울대	서울	약학계열	교과	1.06	1.15	1.38
서울대	서울	약학계열	종합	1.18	1.43	1.65
성균관대	경기	약학과	종합	1.06	1.19	1.44
순천대	전남	약학과	종합	1.93	2.17	
아주대	경기	약학과	종합	1.61	2.18	2.33
연세대	서울	약학과	교과	1.04	1.30	1.40
연세대	서울	약학과	종합	1.31	1.32	
영남대	경북	약학부	교과	1.77	1.90	1.92
우석대	전북	약학과	교과	1.00	1.00	1.00
인제대	경남	약학과	교과	1.31	1.34	1.37
인제대	경남	약학과(지역)	교과	1.18	1.29	1.29
전남대	광주	약학부	교과	1.07	1.15	1.24
전남대	광주	약학부	종합	1.58	1.58	1.61
전북대	전북	약학과	교과	1.25		

대학명	지역명	학과명	전형유형	'22충원 (최초)	'22충원 (+1)	'22충원 (최종)
전북대	전북	약학과	종합	1.94		
제주대	제주	약학과	교과	0.90	1.00	1.00
조선대	광주	약학과	교과	1.27	1.41	1.45
중앙대	서울	약학부	교과	1.29	1.46	1.52
중앙대	서울	약학부	종합	1.03	1.41	1.63
중앙대	서울	약학과	종합	1.38	1.63	1.92
차의과대	경기	약학과	교과	1.07	1.88	
차의과대	경기	약학과	종합	1.76	1.87	
충남대	대전	약학과	교과	1.62	1.75	1.81
충남대	대전	약학과	종합	1.83	1.87	
충북대	충북	약학과	교과	1.04	1.07	1.07
충북대	충북	약학과	종합	1.00	1.29	1.36
충북대	충북	약학과	종합	1.06	1.45	1.57
충북대	충북	제약학과	교과	1.03	1.07	1.08
충북대	충북	제약학과	종합	1.26		
충북대	충북	제약학과	종합	1.22	1.32	1.42
한양대(ERICA)	경기	약학과	교과	1.07	1.15	1.24
한양대(ERICA)	경기	약학과	종합	1.15	1.15	
덕성여대	서울	약학과	교과	1.00	1.00	1.25
덕성여대	서울	약학과	종합	1.10	1.34	1.44
동덕여대	서울	약학과	교과	1.29	1.50	1.58
숙명여대	서울	약학과	교과	1.10		
숙명여대	서울	약학과	종합	1.23	1.23	1.31
이화여대	서울	미래산업약학	종합			2.52
이화여대	서울	약학과	종합	1.81	2.06	2.21

약대 진로 진학 특강

CHAPTER 02

약학과 수시모집 입학결과[가톨릭대학교]

1) 학생부교과전형

전형명	모집인원	예비순위	충원율	최종합격자 내신 등급		
				최고	평균	최저
지역균형	5	11	220.0	1.08	1.12	1.17

2) 학생부종합전형

전형명	모집인원	경쟁률	지원자 중 최저 통과율	최종합격자 내신 등급		
				최고	평균	최저
학교장추천	13	14.77	47.9(92명)	1.17	2.16	4.13
고른기회 II	3	12.67	36.8(13명)	1.36	2.07	3.46
농어촌학생	2	18.00	44.4(16명)	1.17	1.39	1.61

CHAPTER 03

약학과 수시 · 정시모집 입학결과[강원대학교]

1) 학생부교과전형

전형명	모집인원	경쟁률	최종등록자 내신 등급 평균	최종등록자 내신 등급 최고	최종등록자 내신 등급 최저
일반	15	21.73	1.37	1.21	1.57

2) 학생부종합전형

전형명	모집인원	경쟁률	최종등록자 내신 등급 평균	최종등록자 내신 등급 최고	최종등록자 내신 등급 최저
미래인재	9	31.33	1.39	1.00	2.38

3) 정시모집

전형명	모집인원	경쟁률	최종등록자 국어 수능 백분위 평균	최종등록자 수학 수능 백분위 평균	최종등록자 영어 수능 백분위 평균	최종등록자 탐구(2과목) 수능 백분위 평균
일반	15	6.80	95.27	97.60	97.60	96.67 (1.8등급)

CHAPTER 04

약학과 수시 · 정시모집 입학결과[경북대학교]

1) 학생부교과전형

전형명	모집인원	경쟁률	최종등록자 내신 등급 평균	최종등록자 내신 등급 70%	최종등록자 내신 등급 85%
일반학생	10	38.8	1.24	1.27	1.33

2) 학생부종합전형

전형명	모집인원	경쟁률	최종등록자 내신 등급 평균	최종등록자 내신 등급 70%	최종등록자 내신 등급 85%
지역인재	15	15.5	1.96	2.23	2.44

3) 정시모집

전형명	모집인원	경쟁률	최종등록자 국어 수능 백분위 70%	최종등록자 수학 수능 백분위 70%	최종등록자 영어 수능 등급 70%	최종등록자 탐구(2과목) 수능 백분위 70%
일반	5	11.80	93	99	1.60	89

약학과 수시·정시모집 입학결과[경상국립대학교]

1) 학생부교과전형

전형명	모집인원	경쟁률	최종등록자 내신 등급 평균	최종등록자 내신 등급 80%	충원합격
일반	6	26.17 (실질경쟁률 7.50)	1.39	1.53	8
지역인재	5	30.00 (실질경쟁률 12.80)	1.24	1.26	4

2) 학생부종합전형

전형명	모집인원	경쟁률	최종등록자 내신 등급 평균	최종등록자 내신 등급 80%	충원합격
일반	3	31.33	1.39	–	1
지역인재	4	29.75	1.28	–	5

3) 정시모집

전형명	모집인원	경쟁률	수능 등급 평균	수능 등급 80%	수능 등급 표준편차	충원합격
일반	9	8.78	1.80	1.88	0.23	8
지역인재	6	8.50	1.58	1.50	0.07	3

전형명	수능 국어 백분위	수능 국어 표준편차	수능 수학 미적분 백분위	수능 수학 미적분 표준편차	수능 수학 기하 백분위	수능 수학 기하 표준편차	수능 과탐 (2과목 평균) 백분위	수능 과탐 (2과목 평균) 표준편차
일반	94.38	4.17	98.00	1.73	98.00	3.46	90.19	4.78
지역인재	96.00	1.87	98.75	0.96	100.00	0.00	90.40	6.85

약학과 수시 · 정시모집 입학결과[경희대학교]

1) 학생부종합전형

전형명	모집인원	경쟁률	합격자 내신 등급 평균	합격자 평균 성적 서류	합격자 평균 성적 면접	충원 합격
네오르네상스	20	33.3	1.6	90.8	88.5	10번 (50%)

2) 논술전형

전형명	모집인원	경쟁률	합격자 논술 점수 평균	합격자 내신 등급 평균	수능 최저 충족률	실질경 쟁률	충원 합격
논술우수자	8	431.6	83.4	3.3	61.8%	266.9	2

3) 정시모집

전형명	모집 인원	경쟁률	최종등록자 수학 선택과목 응시비율 미적분	최종등록자 수학 선택과목 응시비율 기하	최종등록자 국어 백분위 70%	최종등록자 수학 백분위70%	최종등록자 탐구 백분위70%	최종등록자 백분위 70% 평균	영어 등급 평균	충원 합격
수능 위주	12	6.5	90.9%	9.1%	92	99	92	94.8	1	10 (83.3%)

약학과 수시·정시모집 입학결과[단국대학교(천안)]

1) 학생부종합전형

전형명	모집인원	경쟁률	최종등록자 내신 등급 평균	충원합격
DKU인재	8	33.38	2.03	4

2) 정시모집

전형명	모집인원	경쟁률	최종등록자 수능 백분위 평균	충원합격
일반학생	22	6.95	94.77	13

CHAPTER 08

약학과 수시·정시모집 입학결과[대구가톨릭대학교]

1) 학생부교과전형

전형명	모집인원	경쟁률	최종등록자 내신 등급 평균	최종등록자 내신 등급 90%	충원합격
교과우수자	5	28.2	1.45	1.51	2
지역교과 우수자	20	18.7	1.58	1.87	5

2) 학생부종합전형

전형명	모집인원	경쟁률	최종등록자 내신 등급 평균	최종등록자 내신 등급 90%	충원합격
종합인재	5	38.6	1.66	1.78	1

2022학년도 수시모집 입시결과

모집 단위	전형명	모집 인원	지원 인원	경쟁률	평균 등급	100% 컷
약학부	지역교과우수자전형	20	373	18.7	1.58 (2.04)	1.95
	DCU자기추천전형	5	141	28.2	1.45 (1.67)	1.53
	DCU인재전형 (학생부종합)	5	193	38.6	1.66 (2.33)	1.81
	농어촌학생전형	5	115	23.0	1.40	1.59

2022학년도 정시모집 입시결과

모집단위	전형점수	국어	수학	영어	과탐
약학부	573.085	98.9	95.9	1등급	96.0

*국어, 수학, 과탐은 백분위 평균임

약학과 수시모집 입학결과[덕성여자대학교]

1) 학생부교과전형

전형명	모집인원	경쟁률	최종등록자 내신 등급 평균	최종등록자 내신 등급 상위 70%	충원합격
학생부 100%	15	35.13	1.00	1.00	14

2) 학생부종합전형

전형명	모집인원	경쟁률	최종등록자 내신 등급 평균	최종등록자 내신 등급 상위 70%	충원합격
덕성인재 I	25	30.0	1.55	1.37	24

약학과 수시모집 입학결과[동국대학교(바이오메디)]

1) 학생부교과전형

전형명	모집인원	경쟁률	충원율[1]	지원자 내신 등급 평균	최종합격자 내신 등급 평균	최종합격자 내신 등급 최저
학교장추천	3	57.33	0%	2.00	1.11	1.17

2) 학생부종합전형

전형명	모집인원	경쟁률	충원율	1단계합격자 내신 등급 평균	지원자 내신 등급 평균	최종합격자 내신 등급 평균	최종합격자 내신 등급 최저
Do Dream	9	38.89	56%	2.65	3.40	2.66	2.00

3) 논술전형

전형명	모집인원	경쟁률	충원율	최종합격자 내신 등급 평균	최종합격자 내신 등급 최저
논술	6	583.50 (실질경쟁률[2] 115.67)	0%	1.33	1.90

1 충원율: 모집인원 대비 충원합격인원의 비율(모집인원 10명에 예비 9번까지 합격한 경우 충원율은 90%).

2 실경쟁률 : 모집인원 대비 논술고사 응시자 중 수능최저학력기준 충족자기준의 경쟁률.

약학과 수시모집 입학결과[동덕여자대학교]

1) 학생부교과전형

전형명	모집인원	경쟁률	최종등록자 내신 등급 평균	최종등록자 내신 등급 상위 70%	충원합격
학생부 100%	15	35.13	1.00	1.00	14

2) 학생부종합전형

전형명	모집인원	경쟁률	최종등록자 내신 등급 평균	최종등록자 내신 등급 상위 70%	충원합격
덕성인재 I	25	30.0	1.55	1.37	24

약학과 수시·정시모집 입학결과[목포대학교]

1) 학생부교과전형

전형명	모집 인원	경쟁률	최종등록자 내신 등급 최고	최종등록자 내신 등급 최저	최종등록자 내신 등급 평균	충원 합격
교과일반	3	30.00	1.29	1.35	1.32	4
지역인재	9	26.33	1.33	1.53	1.45	15

2) 학생부종합전형

전형명	모집 인원	경쟁률	최종등록자 내신 등급 최고	최종등록자 내신 등급 최저	최종등록자 내신 등급 평균	충원 합격
지역인재	3	20.00	1.59	2.66	1.97	2

3) 정시모집

전형명	모집 인원	경쟁률	최종등록자 수능 등급 최고	최종등록자 수능 등급 최저	최종등록자 수능 등급 평균	충원 합격
일반	15	18.27	1.00	1.00	1.00	2

약학과 수시·정시모집 입학결과[부산대학교]

1) 학생부교과전형

전형명	모집인원	경쟁률	최종등록자 내신 등급 평균	최종등록자 내신 등급 70%	충원합격
지역인재	10	25.20	1.53	1.65	7

2) 학생부종합전형

전형명	모집인원	경쟁률	최종등록자 내신 등급 평균	최종등록자 내신 등급 70%	충원합격
지역인재	16	17.06	2.06	1.84	2

3) 논술전형

전형명	모집인원	경쟁률	최종등록자 내신 등급 평균	최종등록자 내신 등급 70%	충원합격
지역인재	10	74.50	3.80	3.19	1

4) 정시모집

전형명	모집인원	경쟁률	최종등록자 수능 등급 평균	최종등록자 수능 등급 70%	충원합격
수능	28	6.96	1.54	1.63	24

약학과 수시·정시모집 입학결과[삼육대학교]

1) 학생부교과전형

전형명	모집인원	경쟁률	최종등록자 내신 등급 최고	최종등록자 내신 등급 평균	충원합격
일반	4	30.50	1.00	1.00	–
학생부교과 우수자	8	24.13	1.05	1.23	19

2) 정시모집

전형명	모집 인원	경쟁률	최종등록자 수능 등급 최고	최종등록자 수능 등급 평균	최종등록자 수능 백분위 최고	최종등록자 수능 백분위 평균	충원 합격
일반	14	43.29	1.00	1.14	101.33	100.92	56
농어촌	2	19.50	1.45	1.50	99.53	99.37	1

약학과 수시모집 입학결과[숙명여자대학교]

1) 학생부교과전형

전형명	모집인원	경쟁률	최종등록자 내신 등급 평균	충원합격
지역균형	3	22.7	1.13	1

2) 학생부종합전형

전형명	모집인원	경쟁률	최종등록자 내신 등급 평균	충원합격
숙명인재Ⅱ 면접형	15	31.2	1.95	8

CHAPTER 16

약학과 수시모집 입학결과[연세대학교(국제)]

의예, 치의예, 약학과

1) 학생부교과전형

전형명	지원자 내신 등급 평균	1단계 합격자 내신 등급 평균	최종 합격자 내신 등급 평균
추천형	1.20	1.10	1.00

2) 학생부종합전형

전형명	지원자 내신 등급 평균	1단계 합격자 내신 등급 평균	최종 합격자 내신 등급 평균
활동우수형	1.84	1.43	1.47
기회균형 I	2.05	1.40	1.75

3) 논술전형

전형명	지원자 내신 등급 평균	응시자 내신 등급 평균	최종 합격자 내신 등급 평균	논술 성적 지원자 평균	논술 성적 합격자 평균
논술전형	4	3.08	3.65	36.5점	78.6점

약학과 수시·정시모집 입학결과[영남대학교]

1) 학생부교과전형

전형명	모집 인원	경쟁률	최종등록자 내신 등급 최고	최종등록자 내신 등급 평균	최종등록자 내신 등급 상위 85%	충원 합격
일반	17	46.35	1.49	1.76	1.85	17
지역인재	25	18.36	1.71	2.26	2.59	10

2) 정시모집

전형명	모집인원	경쟁률	최종등록자 수능 백분위 평균	최종등록자 수능 백분위 85%	충원 합격
수능위주	28	8.79	289.46 (96.45)	289 (96.33)	28
수능위주 (약학고른)	3	4.67	277.5 (92.50)	281.5 (93.83)	2

약학과 수시모집 입학결과[원광대학교]

1) 학생부종합전형

전형명	모집인원	경쟁률	최종등록자 내신 등급 50%	최종등록자 내신 등급 70%	충원합격
서류면접전형	14	27.50	1.42	1.46	14

약학과 수시모집 입학결과[이화여자대학교]

1) 학생부종합전형

전형명	모집단위	모집인원	경쟁률	최초합격자 내신 등급 평균	등록자 70%	충원율 (%)
미래인재	미래산업 약학전공	10	21.8	1.5	2.2	80
미래인재	약학전공	20	33.4	1.6	1.9	55

약학과 수시·정시모집 입학결과[인제대학교]

1) 학생부교과전형

전형명	모집인원	경쟁률	최종등록자 내신 등급 평균	최종등록자 내신 등급 70%	충원 합격
약학	9	29.11	1.43	1.47	5
지역인재	9	22.33	1.35	1.44	3
농어촌학생	3	12.67	1.09	–	1
기초생활수급자	6	10.67	1.51	1.65	9

2) 정시모집

전형명	모집인원	경쟁률	최종등록자 수능 영어 평균 등급	최종등록자 수능 국,수,탐 평균 등급	충원 합격
자연계열	15	8.27	1.20	2.00	11
인문계열	3	11.33	1.00	1.75	13

CHAPTER 21

약학과 수시·정시모집 입학결과[전남대학교]

1) 학생부교과전형

전형명	모집인원	경쟁률	최종등록자 내신 등급 평균	최종등록자 내신 등급 50%	최종등록자 내신 등급 70%	충원합격
일반	13	29.4	1.12	1.14	1.15	21
지역인재	18	20.2	1.24	1.27	1.29	21
기초/차상위/한부모	5	17	1.37	1.33	1.40	4

2) 학생부종합전형

전형명	모집인원	경쟁률	최종등록자 내신 등급 평균	최종등록자 내신 등급 50%	최종등록자 내신 등급 70%	충원합격
고교생활우수자	6	30.3	1.47	1.46	1.60	3

3) 정시모집

전형명	모집인원	경쟁률	최종등록자 수능 등급 평균	최종등록자 수능 등급 70%	국어 백분위 70%	수학 백분위 70%	탐구 백분위 70%	전체 백분위 70%	영어 등급 평균	충원합격
일반	18	7.8	1.40	1.50	96	98	85	93.68	1.06	12
지역인재	6	9.8	1.38	1.50	98	98	93	95.58	1.50	5

CHAPTER 22

약학과 수시·정시모집 입학결과[전북대학교]

1) 학생부교과전형

전형명	모집인원	경쟁률	최종등록자 내신 등급 평균	최종등록자 내신 등급 50%	최종등록자 내신 등급 70%	충원 합격
일반학생	4	26.31	1.59	1.46	1.71	4
지역인재	15	14.21	1.45	1.43	1.53	8

2) 정시모집

전형명	모집 인원	경쟁률	국어 백분위 70%	수학 백분위 70%	탐구 백분위 70%	전체 백분위 70% 평균	수능 등급 평균 국어	수능 등급 평균 수학	수능 등급 평균 영어	수능 등급 평균 탐구	충원 합격
일반	9	11.31	94	100	93	95.5	1.33	1.11	1.78	1.89	10

CHAPTER 23

약학과 수시·정시모집 입학결과[제주대학교]

1) 학생부교과전형

전형명	모집인원	경쟁률	성적구간	국어 내신 등급	수학 내신 등급	영어 내신 등급	사회 내신 등급	과학 내신 등급	충원합격
일반학생	10	36.9	평균	1.25	1.55	1.17	1.31	1.53	8
			50%	1.21	1.52	1.08	1.3	1.5	
			70%	1.3	1.8	1.26	1.42	1.75	
지역인재	10	7	평균	1.53	1.62	1.94	1.84	1.9	10
			50%	1.44	1.54	1.9	1.73	1.82	
			70%	1.62	1.72	2.2	2.06	2	

2) 정시모집

전형명	모집인원	경쟁률	성적구간	국어 수능 등급	수학 수능 등급	탐구 수능 등급	충원합격
일반학생	10	44	평균	97	94.67	97	68
			50%	97	95	97	
			70%	96	93.2	95.4	

CHAPTER 24

약학과 수시·정시모집 입학결과[조선대학교]

1) 학생부교과전형

전형명	모집인원	경쟁률	최종등록자 내신 등급 평균	최종등록자 내신 등급 50%	최종등록자 내신 등급 70%	충원 합격
일반학생	38	31.6	1.30	1.32	1.33	66
지역인재	13	23.6	1.61	1.75	1.66	14
기초생활 수급자 및 차상위계층	6	12.3	2.40	1.89	1.94	8

2) 정시모집

전형명	모집 인원	경쟁률	최종등록자 수능 등급 평균	최종등록자 수능 등급 70%	최종등록자 수능 국어 백분위 70%	최종등록자 수능 수학 백분위 70%	최종등록자 수능 탐구 백분위 70%	최종등록자 수능 영어 등급 평균	충원 합격
일반 학생	14	9.5	1.11	1.25	99.00	97.00	95.00	1.00	11
지역 인재	10	8.3	1.15	1.25	99.00	95.00	97.00	1.00	6

약학과 수시·정시모집 입학결과[충남대학교]

CHAPTER 25

1) 학생부교과전형

전형명	모집인원	경쟁률	최종등록자 내신 등급 평균	최종등록자 내신 등급 70%	충원 합격
일반	17	23.9	1.65	1.72	16

2) 학생부종합전형

전형명	모집 인원	경쟁률	1단계 합격자 내신 등급 최고	1단계 합격자 내신 등급 평균	1단계 합격자 내신 등급 최저	충원 합격
PRISM인재	5	22.2	1.14	1.87	5.42	0

3) 정시모집

전형명	모집 인원	경쟁률	국어 백분위평균	수학 백분위평균	탐구 백분위평균	영어 등급 평균	충원 합격
일반	10	12.70	92.90	100	91.05	1.70	9

CHAPTER 26 약학과 수시·정시모집 입학결과[충북대학교]

1) 학생부교과전형

전형명	모집인원	경쟁률	최초합격자 내신 등급 평균	최종등록자 내신 등급 평균	충원 합격
학생부교과 –약학과	4	32.25	1.01	1.02	3
학생부교과 –제약학과	4	25.00	1.04	1.14	10
지역인재 –약학과	4	17.75	1.03	1.05	3
지역인재 –제약학과	4	17.25	1.17	1.24	2

2) 정시모집

전형명	모집 인원	경쟁률	최종등록자 화법과 작문 표준점수 평균	최종등록자 언어와 매체 표준점수 평균	최종등록자 미적분 표준점수 평균	최종등록자 기하 표준점수 평균	최종등록자 과학탐구 표준점수 평균	영어 등급 평균	충원 합격
일반 약학과	5	13.00	133	127.67	143.25	142	63.9	1.2	3
일반 –제약학과	5	13.60	117	130.75	140.8	–	65	1	5
지역인재 –약학과	5	9.60	142.5	139.67	140.8	–	64.7	1	2
지역인재 –제약학과	5	9.40	134	141.5	140	–	65.3	1	1

CHAPTER 27

약학과 수시·정시모집 입학결과[한양대학교(ERICA)]

1) 학생부교과전형

전형명	모집 인원	경쟁률	최초합격자 내신 등급 평균	최종합격자 내신 등급 평균	충원율 (%)
지역 균형선발	5	35.4 (실질경쟁률13.2)	1.07	1.45	240.0

2) 학생부종합전형

전형명	모집 인원	경쟁률	최초합격자 내신 등급 평균	최종합격자 내신 등급 평균	충원율 (%)
일반	9	62.1	2.96	2.67	166.7

3) 정시모집

전형명	모집 인원	경쟁률	최초합격자 수능 백분위 평균	최종합격자 수능 백분위 평균	충원율 (%)
일반	16	8.0	97.01	96.39	200.0

CHAPTER 28

약학과 수시·정시모집 입학결과[중앙대학교]

1) 학생부교과전형

전형명	모집인원	경쟁률	실질 경쟁률 (수능 최저 충족 후)	최종합격자 내신 등급 평균	충원율 (%)
지역균형	5	61.8	10.0	1.3	260.0

2) 학생부종합전형

전형명	모집인원	경쟁률	최종합격자 내신 등급 평균	충원율 (%)
다빈치형인재	10	39.5	1.6	70.0
탐구형인재	15	29.7	2.2	166.7

3) 논술전형

전형명	모집 인원	경쟁률	실질 경쟁률 (수능 최저 충족)	최종합격자 내신 등급 평균	최종합격자 내신 등급 상위10%	최종합격자 논술 점수 평균	충원율 (%)
논술 전형	20	147.3	3.1	2.8	1.8	68.8	10

4) 정시모집

전형명	모집인원	경쟁률	최초합격자 수능 백분위 평균	최종합격자 수능 백분위 평균	충원율 (%)
일반전형	16	8.0	97.01	96.39	200.0